MASTERING
GERMAN 2
German Language and Culture

E. J. NEATHER

EDITORIAL CONSULTANT
BETTY PARR

MACMILLAN

First published 1989

Published by
MACMILLAN EDUCATION LTD
Houndmills, Basingstoke, Hampshire RG21 2XS
and London
Companies and representatives
throughout the world

Typeset by TecSet Ltd, Wallington, Surrey

Printed in the People's Republic of China

British Library Cataloguing in Publication Data
Neather, E. J.
Mastering German 2 : German language and culture —
(Macmillan masters series).
1. German language—Questions & answers
I. Title
438
ISBN 0–333–43570–2
ISBN 0–333–43571–0 Pbk
ISBN 0–333–43572–9 Pbk export

MASTERING

GERMAN 2

German Language and Culture

MACMILLAN MASTER SERIES

Astronomy
Australian History
Background to Business
Basic English Law
Basic Management
Biology
British Politics
Business Communication
Business Law
Business Microcomputing
Catering Science
Catering Theory
Chemistry
COBOL Programming
Commerce
Computer Programming
Computers
Data Processing
Economic and Social History
Economics
Electrical Engineering
Electronics
English Grammar
English Language
English Literature
English as a Foreign Language
Financial Accounting
French
French 2

German
German 2
Hairdressing
Italian
Italian 2
Japanese
Keyboarding
Marketing
Mathematics
Modern British History
Modern European History
Modern World History
Nutrition
Office Practice
Pascal Programming
Physics
Practical Writing
Principles of Accounts
Restaurant Service
Social Welfare
Sociology
Spanish
Spanish 2
Spreadsheets
Statistics
Statistics with your Microcomputer
Study Skills
Typewriting Skills
Word Processing

CONTENTS

CONTENTS

SERIES EDITOR'S PREFACE

Mastering German 2 is intended for students working, with or without a teacher, to extend their command of spoken and written German and to learn more about the German-speaking countries and their people. When the first German book in the series was published in 1982, it was suggested that it could 'provide a carefully planned introduction to the language as well as a secure foundation for further study'. The present publication should offer an excellent basis for more advanced work within a stimulating and carefully planned programme.

The introductory course placed the main emphasis on understanding and using the spoken language, although due attention was paid to reading and writing. In *Mastering German 2*, the reading comprehension and effective use of written German are important objectives, though listening and responding to the contemporary spoken language are important elements in the learning process. The table of contents shows that this is an anthology with a difference. An imaginatively chosen selection of authentic passages from contemporary sources gives a glimpse of various aspects of life in present-day West and East Germany, in Austria and in Switzerland. Some of these texts form the topics of discussions by native speakers, whose recorded conversations provide a further source of information and opinion, as well as an excellent example of the language as spoken by intelligent and cultivated German-speaking people. Another series of extracts from the poetry and prose of earlier writing recaptures past traditions in a way that also illuminates the present. These excursions into the past are aptly named *Literarische Zwischenspiele*.

The author's helpful comments on each extract are followed by explanations of more unusual words and phrases, and by reference to some of the features of grammar and syntax exemplified in the chosen passages and dialogues. The contemporary extracts and associated conversations are followed by exercises devised to lead to a clearer understanding of the passage and to a more competent use of the language within that context.

A Reference Section contains a key to the exercises and a helpful guide to pronunciation. The latter should obviously be studied in conjunction with the accompanying cassette, which contains recordings by native speakers of relevant passages in the book.

PREFACE

An important item in the reference section is a comprehensive and comprehensible Grammar Summary, with its own index for ease of study. A distinctive feature of this summary is the skilful way in which the grammatical explanations have been illustrated by examples from the selected texts, so the grammar is studied in context, not in isolation.

The author's own Introduction gives a clear analysis of the aims and objectives of this publication and suggests ways of using it effectively. The student should study thi. section carefully before embarking on this unusual anthology which will surely chart the course for a rewarding and effective voyage of discovery of the German language and the people who speak it.

BETTY PARR
Editorial Consultant

INTRODUCTION:
HOW TO USE THIS BOOK

Mastering German 2 is intended for students who already have a working knowledge of German, either dating back to their school-days, or acquired more recently at evening classes, from radio or television programmes, or from studying a book such as the first volume of *Mastering German*.

GENERAL AIMS

The book has two main aims:

1. To offer students the chance to familiarise themselves with the contemporary German language as expressed in a wide range of written texts and spoken dialogues.
2. To gain some knowledge of the heritage of the German language and of German-speaking cultures by an introduction to selected reading passages from literary works.

Of course, a book of this size cannot hope to be complete in its coverage, and there have been difficult choices to make, both in selecting the topics which form the framework for the chapters, and in choosing texts to illustrate them. Without making any impossible claims, the author believes that the final choice, both of topics and texts, provides a balance of content and style which will enable students to make significant strides in their mastery of the language.

LANGUAGE TEACHING OBJECTIVES

Within the two main aims expressed above the book pursues certain specific objectives in developing students' language skills:

INTRODUCTION

1. Reading skills, by extending recognition and understanding of vocabulary and structures within a range of topics.
2. Listening skills, by the use of recordings of dialogues related to the same range of topics.
3. Speaking skills, in exercises involving the use of language heard in the dialogues.
4. Writing skills, within certain limited fields, such as letter writing.

For a course-book such as this, aimed at the individual learner, the first two objectives above are the prime concern, since the student's chances to encounter the more advanced levels of the foreign language are perhaps more frequent through the written word of books and magazines and the spoken word of the radio and, increasingly, television.

CULTURAL OBJECTIVES

It is not possible to use language, whether reading, listening, speaking or writing, unless one uses it *for* something. At an elementary level, one may be satisfied with basic communication, but beyond that, any encounter with the language is an encounter with the culture of the language and the people who speak it. German is particularly rich in this respect, in that the language is the medium for the culture of Austria and Switzerland, as well as that of the Federal Republic and the German Democratic Republic. The cold war attitudes to the GDR have melted now, and athough restrictions still exist on journeys by GDR citizens outside their state, visits by citizens of the Federal Republic and others have revealed the GDR as a German-speaking culture in its own right and with its own separate identity. An attempt is made in this book to represent all four of these significant German-speaking cultures. All the texts in the book are authentic, that is to say they are written or spoken by native speakers of German and not constructed only for a textbook. All the extracts convey something about the German-speaking cultures and their people, whether in the contemporary context – as when dealing with the use of computers for issuing railway tickets – or from a more historical point of view – as when presenting a text on the immediate post-war situation or on the joint anniversary of the birth of Handel and Bach. Knowledge of different cultures is not something which can be quickly acquired, by means of a single book. The author hopes only that the student will feel better informed and more knowledgeable at the end of the book, and anxious to find out more. The study of foreign languages breeds an undying curiosity about other ways and other countries.

LEVELS OF DIFFICULTY AND THE USE OF THIS BOOK

In using authentic materials, written and spoken, such as are found in a book of this kind, it is not always possible to grade the texts according to levels of difficulty. The texts of Chapter 1, 2 and 3 are relatively straightforward in terms of vocabulary and structures, and are intended to allow the reader to make a start on developing reading skills and to revise some of the elements of basic grammar such as word order and case endings. Subsequently, students should not expect the texts to follow a clear progression of difficulty, though the texts from Chapter 11 onwards are more demanding than those earlier in the book. Depending on the students' present level of competence in the language, some of the texts may, at first, seem a little daunting and difficult. It is important, however, not to be put off by unknown vocabulary or by structures which have not previously been encountered. One of the important skills to develop is that of 'reading for gist' and realising that one does not need to understand every word. The exercises follow a pattern which is intended to assist this initial understanding. Each chapter is organised as follows, as an aid to working with the materials:

1. *Reading passage*, preceded by information about its context.
2. *Exercises – Section A* These are exercises designed to help understanding and develop methods of coping with new ma-terials in the foreign language. The suggestion is that students should attempt these exercises *before* studying the vocabulary and grammatical explanations, so as to develop the capacity to guess at the meaning of words in context and appreciate the internal pattern of organisation of a text.
3. *Explanations* This section consists of a select vocabulary, and a list of expressions and idioms which may be new to the reader and which will help comprehension of the passage. There is inevitably a certain arbitrary element in choosing words and phrases from the text in this way and the choice will not suit every individual. With texts of this level of difficulty it is important to make use of a good dictionary, and some suggestions are given in the Bibliography at the end of the book. After the word lists

there is a summary of the main items of grammar selected for practice in the exercises of Section B, and a reference to the section of the Grammar Summary where the explanations can be found. Finally in this section, there are, in some chapters, notes which either explain references in the text, or give brief comments on aspects of the grammar of the text not treated in detail.

4. *Exercises – Section B* These are exercises which concern themselves with practising the specific grammatical points selected from the text. They may use types of manipulation and word replacement techniques which are somewhat out of fashion in current language teaching trends which place a stress on communication rather than structure. In a highly inflected and complex language such as German, the author feels that the student needs such practice in structures to achieve also the skills of fluent and correct communication.

After the four chapters in Part I, each of which contains only one reading text, subsequent chapters have two texts related to the chosen theme, and the same sequence of exercises and explanations is followed for both texts. Some of the chapters then have a recorded dialogue and exercises in listening comprehension and suggestions for developing speaking skills and powers of expression.

Although there is a gradual progression of difficulty in the presentation of structure (e.g., the use of the Passive Voice or the Conditional of Modal Verbs coming later), the student may not wish to work methodically through the book from p. 1. One may choose a particular topic of interest, or decide to work on a particular aspect of grammar or on developing reading skills by concentrating on Section A exercises. The book offers a resource, and students will develop their own ways of drawing on the range of materials offered.

I would particularly like to thank my German language consultant Mrs Gabi Winter, for her help in the preparation of this book, and particularly for her checking of the correctness of language used in the exercises.

E. J. NEATHER

ACKNOWLEDGEMENTS

The author and publishers wish to acknowledge the following photographic sources:

The Bettmann Archive Inc./Eschen-Roy Bernard Co., Embassy of the Federal Republic of Germany, Sally and Richard Greenhill, Hulton Picture Co., Mansell Collection, Popperfoto.

The author and publishers wish to thank the following who have kindly given permission for the use of copyright material.

Paula Almqvist for material from *Mitgefangen, mitgehangen. Über das Leben im Zeitgeist-Takt* by Paula Almqvist, Rowohlt Verlag, 1988.

Buchverlag der Morgen for material from *Guten Morgen, du Schöne* by Maxie Wander, 1977.

Cornelsen Verlag Schwann-Girardet GmbH & Co. for material from *Kleines Wörterbuch des DDR-Wortschatzes* by Michael Kinnes and Birgit Stube-Edelmann.

Gemeinnützige Gesellschaft Gesamtschule e.V. for material from 'Gesamtschule – was ist das eigentlich?' by Ernst Röse, 1982.

Wilhelm Goldmann Verlag GmbH for material from *BP Kursbuch Deutschland, 1985/6*.

Harenberg Kommunikation for material from *Aktuell – Das Lexikon der Gegenwart*, 1984.

Hoffmann und Campe for material from *Die DDR: Politik, Gesellschaft, Wirtschaft* by Kurt Sontheimer and Wilhelm Bleek. Hoffmann und Campe Verlag, 1979.

Jugendscala for material from various issues of *Jugendscala* and *Scala*.

Gustav Lübbe Verlag GmbH for material from *Die Stunde Adenauers und Ulbrichts* by Henric L. Wuermeling, 1983.

Luchterhand Literaturverlag GmbH for material from *Der Mauerspringer* by Peter Schneider, 1982.

Stern for material from various issues of *Stern* and two cartoons by Markus.

Suhrkamp Verlag for 'Das Liad von der Wehrlosigkeit der Götter und Guten' from *Der gute Mensch von Sezuan* from Bertolt Brecht. Copyright © 1955 by Suhrkamp Verlag.

Veitsburg-Verlag for material from *Des Herrgotts Kegelspiel* by Ludwig Finckh.

Verkehrsverband Zentralschweiz for material from one of their publications.

Verlag Kiepenheuer & Witsch GmbH & Co. for extracts from *Essayistische Schriften und Reden* by Heinrich Böll, Bd.1u.2. Copyright © 1979 by Verlag Kiepenheuer & Witsch.

Walter Verlag GmbH for 'Eigentlich möchte Frau Blum den Milchmann kennenlernen' from *Neue Deutsche Kurzprose* by Peter Bichsel.

The publishers have made every effort to trace all the copyrightholders, but if any have been inadvertently overlooked they will be pleased to make the necessary arrangement at the first opportunity.

TEACHING UNITS

2

Deutschland im 19ten Jahrhundert

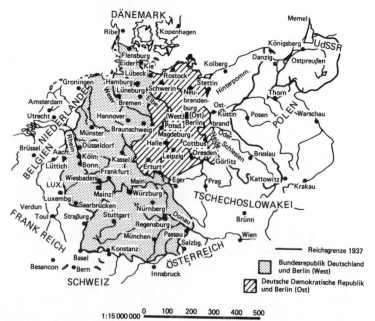

Die BRD und die DDR Heute

PART I

ZWEI DEUTSCHE STAATEN

It is not a simple matter to explain the meaning of the adjective 'German'. When applied to the language, the word 'German' refers to a wide range of language forms used in a variety of cultures, including those of Austria and Switzerland. When applied to a country or a people the use of the word 'German' becomes even more complicated. Historically, what we refer to in general terms as 'Germany' has been united for only a relatively short period, and parts of the area would have been better known, in earlier days, as the kingdoms of Prussia or Bavaria, Saxony or Hanover, the duchies of Saxe-Weimar or Baden, the principalities of Hohenzollern or Hesse-Homburg. The 'German' confederation of 1815 had 33 members, with the Austrian Empire acting as the dominant partner. Earlier still, between the Peace of Westphalia in 1648 and the Napoleonic conquest a century and a half later, Germany was 'a mosaic of more than 1800 political entities ranging in size and influence from the 77 major secular principalities down to the 51 Imperial cities, 45 Imperial villages and 1475 territories ruled by Imperial knights' (E. J. Passant, *A Short History of Germany*).

The effects of a succession of wars and the policies of Bismarck and Hitler created a German nation, still strongly conscious of its regional variations but also with a sense of national purpose. But the policies which raised the German nation, firstly of Wilhelmine Germany and later of the Third Reich brought disrepute to the concept of German nationalism, and after 1945 a new phase of history brought into being two German states, each with its claim to individual German nationhood.

This division into two German states is the most significant factor in understanding the present nature of what we call 'German'. How did the post-war situation come into being? The text in Chapter 1 describes how, even before the signing of the ceasefire, the Ameri-

Die Stunde Null – Eine Deutsche Stadt Liegt in Trümmern am Ende des Krieges

cans on the one hand and the Russians on the other had already selected the man each wanted to lead their own version of the new Germany.

EIN STÜCK GESCHICHTE

1.1 DIE STUNDE ADENAUERS UND ULBRICHTS

17. März, 1945. Adenauer

Der Fahrer schaltet vom zweiten Gang in den ersten. Der Mann neben ihm schaut auf den Zettel in seiner rechten Hand. Der Motor des Jeeps heult auf. Der Weg steigt an, wird steinig. Rhöndorf liegt im Morgenlicht einer fahlen Märzsonne. »Zennigsweg eight a.« Der Mann mit dem Zettel deutet auf ein Haus oben am Berghang. »Perhaps this house.« Das letzte Stück gehen sie zu Fuß. Die beiden Männer sind Amerikaner. Offiziere der US-Army in Uniform. Sie steigen die 58 Stufen zum Haus hinauf. Sie sehen am Hang des Grundstücks einen Gärtner bei der Arbeit. Sie gehen weiter, auf das weiße Haus zu. Eine Frau öffnet ihnen. Der Offizier mit dem Zettel in der Hand, ein hochgewachsener, dunkler Mann, fragt in einwandfreiem Deutsch: «Wohnt hier Doktor Adenauer?» Die beiden werden ins Haus gebeten. Sie hören, wie die Frau »Konrad« ruft. Dann Stille. Nur das Ticken einer Standuhr. »Sie wünschen, meine Herren?« Eine kühle Männerstimme. Erschrocken drehen sich die beiden US-Offiziere um. Vor ihnen steht der Gärtner mit Schürze und Strohhut, in der Hand eine Baumschere.

»Wir kommen im Auftrag des Kommandanten von Köln . . . « Der Offizier, der noch immer den Zettel in der Hand hält, schaut auf die hohe, abgemagerte Gestalt, schaut in das faltige Gesicht mit den hervorstehenden Backenknochen. Dieser Mann, bestimmt schon an die Siebzig, soll identisch sein mit dem Doktor Adenauer auf der »Weißen Liste«? Unglaublich, aber . . . Der Offizier schluckt seine Zweifel hinunter. »Wären Sie bereit, Herr Doktor Adenauer, die Verwaltung der Stadt Köln zu übernehmen? In diesem Fall würden Sie sofort wieder als Oberbürgermeister eingesetzt werden.«

30 April 1945. Ulbricht

Der Luftraum zwischen Moskau und Berlin ist in sowjetischer Hand. Die Maschine fliegt ohne Jägerschütz. Es ist ein amerikanisches Flugzeug mit sowjetischen Hoheitszeichen, ein Transporter vom Typ »Douglas«. Schweigsam sitzt Walter Ulbricht auf der Holzbank. Das Dröhnen der zweimotorigen Maschine macht ihn fast taub. Ihn und die neun Genossen, die bei ihm sind. Die »Gruppe Ulbricht«, Stalins Aufgebot für ein Deutschland nach der Niederlage, fliegt ihrem Ziel entgegen. Die Genossen haben alle die gleiche Grundausstattung: 1000 Rubel (für kleine Anschaffungen) und 2000 Deutsche Reichsmark (neue, von den Amerikanern gedruckte Scheine), außerdem einen sowjetischen Personalausweis. Jeder von ihnen hat neue Hosen und Jacken nach mitteleuropäischem Schnitt erhalten, damit man sie nicht gleich für Sowjets hält... Ein Bus hat die Gruppe zum Flughafen gebracht... Nach zweieinhalbstündigem Flug mit Zwischenlandung in Minsk erreicht man deutschen Boden. Die Maschine landet unsanft. Die Piste ist nur für die Landung von Militärflugzeugen präpariert... Die Gruppe steigt auf einen Lastwagen, später wechselt man auf Limousinen über. Mit roten Standarten werden die deutschen Genossen aus Moskau zum Sitz des politischen Stabes der Schukow-Armee gefahren... Trotz aller Heimlichkeit spricht es sich herum, wer da nach Bruchmühle unterwegs ist. Noch vor dem Ziel wird der Transport von sowjetischen Offizieren begrüßt: »Wir haben gehört, daß Sie die Mitglieder der neuen deutschen Regierung sind.«

(Henric L. Wuermeling,
Die Stunde Adenauers und Ulbrichts
© Gustav Lübbe Verlag GmbH, 1983)

1.2 EXERCISES

Section A

1.2.1 Comprehension

(a) Imagine you are one of the American officers in the section on Adenauer above, and write a brief account in English of your memories of the meeting.

(b) State five facts which you learn in the first two paragraphs of the section on Ulbricht.

(c) What are the members of Ulbricht's group wearing, and why?

(d) Why do they have a bumpy landing?

(e) What have the Soviet officers who meet them heard already?

1.2.2 Matching Sentences

The left-hand and right-hand halves of the sentences below have become jumbled. Rewrite the sentences so that the two halves match up.

Der Mann neben ihm schaut	wie die Frau »Konrad« ruft.
Der Mann mit dem Zettel deutet	auf einen Lastwagen.
Sie sehen am Hang des Grundstücks	erreicht man deutschen Boden.
Sie hören	auf den Zettel.
Nach zweieinhalbstündigem Flug	auf ein Haus oben am Berghang.
Die Gruppe steigt	einen Gärtner bei der Arbeit.

1.2.3 Gapped Text

Choose words from the list given below the passage to fill in the gaps.

Die Genossen haben alle die . . . Grundausstattung: 1000 Rubel und 2000 . . . Reichsmark . . . einen sowjetischen Personalausweis. Jeder von ihnen hat . . . Hosen und Jacken . . . mitteleuropäichem Schnitt erhalten, damit man sie nicht . . . für Sowjets hält. Ein Bus hat die . . . zum Flughafen gebracht.

(*Deutsche; Gruppe; neue; gleich; gleiche; außerdem; von*)

1.3 EXPLANATIONS

1.3.1 Select Vocabulary

schalten	to switch, change gear
der Gang (ë)	gear
schauen auf (+Acc.)	to look at
der Zettel (-)	piece of paper
aufheulen	to wail, scream
deuten auf (+ Acc.)	to point to
einwandfrei	flawless
erschrocken	scared
die Schürze (-n)	apron
die Schere (-n)	scissors, shears
abgemagert	emaciated
faltig	wrinkled
hervorstehend	prominent
der Zweifel (-)	doubt
die Verwaltung (-en)	administration
der Jägerschutz	fighter escort
das Hoheitszeichen	nationality marking
das Dröhnen	drone
taub	deaf
der Genosse (-n)	comrade
die Grundaustattung	basic equipment
die Anschaffung	acquisition
gedruckt	printed
außerdem	besides
der Ausweis (-e)	pass
überwechseln auf (+ Acc.)	to change over to
der Stab (ë)	staff
das Mitglied (-er)	member

1.3.2 Expressions and Idioms

der Weg steigt an auf das weiße Haus zu	the road climbs steeply towards the white house
die beiden werden ins Haus gebeten	the two are invited into the house
an die Siebzig	getting on for seventy
... soll identisch sein mit ...	is supposed to be the same man as ...
wären Sie bereit ...	would you be ready ...

in diesem Fall würden Sie sofort wieder als Ober- bürgermeister eingesetzt werden.	in that case you would immediately be appointed again as Lord Mayor
fliegt ihrem Ziel entgegen	flies towards its goal/ destination
nach mitteleuropäischem Schnitt	of central European cut/style
damit man sie nicht gleich für Sowjets hält	so that they are not immediately taken for Rus- sians
trotz aller Heimlichkeit	in spite of all the secrecy

1.3.3 Grammar

The following are the grammatical points in the text which form the basis for the exercises in Section B.

(a) Present Tense (Grammar Summary 12.8(a)).
(b) Case system (Grammar Summary 1.5).
(c) Personal pronouns, 3rd person singular and plural, Nom., Acc. and Dat. (Grammar Summary 7).
(d) Use of common prepositions. (Grammar Summary 14).
(e) Definite and Indefinite articles. (Grammar Summary 2,3).

Although students embarking on a book such as this one have certainly encountered the German case system, rules for agreement, word order and the other main characteristics of the language, this chapter aims to provide a revision of these features.

1.4 EXERCISES

Section B

1.4.1 Practise word order with the Present tense of separable verbs by rewriting the sentences below, taking care to put the verbs in their correct form and place in the sentence.

(a) Der Motor des Jeeps (aufheulen).
(b) Der Weg (ansteigen).
(c) Sie (hinaufsteigen) die 58 Stufen zum Haus.
(d) Sie (weitergehen).
(e) Der Offizier (hinunterschlucken) seine Zweifel.
(f) Die »Gruppe Ulbricht« (entgegenfliegen) ihrem Ziel.

1.4.2

Rewrite the following passages, without reference to the original text, filling in the correct forms of all definite articles, and of *dies-*, which follows the pattern of definite article endings.

(a) D—— Offizier, der noch immer d—— Zettel in d—— Hand hält, schaut auf d—— hohe Gestalt, schaut in d—— faltige Gesicht mit d—— hervorstehenden Backenknochen. Dies—— Mann, bestimmt schon an d—— Siebzig, soll identisch sein mit d—— Doktor Adenauer auf d—— »Weißen Liste«?

(b) Schweigsam sitzt Walter Ulbricht auf d—— Holzbank. D—— Dröhnen d—— zweimotorigen Maschine macht ihn fast taub . . . D—— Genossen haben alle d—— gleiche Grundausstattung. Jed—— von ihnen hat neue Hosen und Jacken erhalten . . . D—— Maschine landet unsanft. D—— Piste ist nur für d—— Landung von Militärflugzeugen präpariert.

GETEILTES DEUTSCHLAND

The text in Chapter 1 gave a little of the historical background to the beginning of the process which has resulted today in two German states, the Federal Republic and the German Democratic Republic. For many years after the end of the war, the GDR was not recognised by the Federal Republic or by other states. It was often referred to just as **die Zone**, because it had begun life as the Soviet zone of occupation in 1945. Then there was a period during which the name of the state was used, but always prefixed by the words 'so-called', **die sogenannte DDR**. The year 1961 marked a significant development in the post-war history of the two states, when the Berlin Wall was constructed, offering a constant, physical reminder of the two separate cultures and world views on each side of the wall, and a reminder too of the problems for GDR citizens who wished to travel outside the confines of their state. Because the wall closed off one of the main points of exit for refugees from the east, it had the advantage for the GDR of staunching the flow of skilled and educated labour to the West, and marked the start of the economic progress of the Marxist part of Germany. Now, the wall remains as a terrible reminder of the divisions of Germany and of the world. (An aerial view of the divided city is given in a text in Chapter 4.)

For younger citizens of the GDR, the war is ancient history and they know no other world but the society they have grown up with and the view of the West which they see on their TV screens. As some young people explain in the passage below, they would welcome the chance to travel, but many are sufficiently satisfied with their life to want to continue living where they are − hence the title of the passage, **Ich möchte hier nicht weg.**

Straßenszene in Weimar

2.1 »ICH MÖCHTE HIER NICHT WEG«

Sabine wird im Juli 16, ihre Freundin Anja ein paar Monate später. Beide besuchen die 9. Klasse der Goethe-Schule in Weimar. Sabine arbeitet in der evangelischen »Jungen Gemeinde«, »was mir unheimlich Spaß macht«. Sie ist – wie nur wenige Jugendliche in der DDR – nicht in der FDJ (*Freie Deutsche Jugend, staatliche Jugendorganisation der DDR*). Gibt es da später nicht Probleme mit dem Beruf? »Ja, eigentlich schon, aber ich will später im evangelischen Krankenhaus arbeiten, da können sie mir nichts.«

Anjas Mutter ist in der Partei. »Da mußte ich in die FDJ.« Beide Mädchen ziehen an ihrer Zigarette. Sie sitzen mit uns an einem Tisch im *Café Esplanade* in Weimar. Es ist die erste Begegnung der DDR-Mädchen mit »Westlern«. Wir, Stefan, Karen und Marion, sind Schüler aus einer westdeutschen Klein-

stadt. Anja berichtet:»In der Schule, vor allem in Staatsbürgerkunde, wird sehr viel Schlechtes über euch im Westen erzählet: Arbeitslosigkeit, Wohnungsnot, Ausländerfeindlichkeit, Aggression der Polizei gegen Friedensdemonstranten.«»Glaubt ihr das?« fragt Karin.»Es ist immer dasselbe. Viele hören schon gar nicht mehr hin. Die meisten sehen sowieso West-Fernsehen. So können wir uns ungefähr ein Bild von euch machen.« Aus der DDR-Hitparade kennt Sabine keinen Titel. Sie hört nur Westmusik.
»Die haben gar keine Angst«, flüstert Stefan. Anja lächelt. »Warum auch? Wenn ich natürlich öffentlich sage, DDR ist Scheiße, dann holen sie mich. Also sage ich in der Schule, die DDR ist gut und schön.« Denken alle so wie sie?»30 Prozent sind überzeugte Sozialisten«, meint Anja.»Sozialismus direkt ist nicht schlecht, aber er müßte freier sein, ehrlicher.»Als ein westdeutscher Politiker vor einiger Zeit nach Weimar kam, wurde die Schillerstraße für die einfachen Leute gesperrt. Polizisten in Zivil spielten»Fußgänger«. Warum so ein Theater.?«
Und was finden sie gut an der DDR? Anja überlegt.»Unsere Wohnungen sind billiger als bei euch. Jeder bekommt einen Arbeitsplatz. Der Arztbesuch ist kostenlos. Und der Staat tut eine Menge für die Familie.« Aber viele Menschen wollen ausreisen aus der DDR, sagen wir. Jetzt wird Sabine energisch:»Die machen einen großen Fehler – wo die Arbeitslosigkeit so hoch ist bei euch!« Und Anja meint:»Irgendwie finde ich das feige, einfach davonzulaufen.« Beide glauben, daß das Fernsehen schuld daran ist. Anja:»Die Werbung im West-Fernsehen macht die Leute verrückt. Sie glauben, bei euch ist das Paradies. – Nein, hier bin ich geboren, ich möchte nicht weg. Hier ist meine Heimat. Den Westen besuchen – ja, aber vielleicht zuerst Frankreich, Paris.« Sabine nickt.»Aber wir würden wieder zurückkommen.

(©JUGENDSCALA, 4/5, September 1986)

2.2 EXERCISES

Section A

2.2.1 Comprehension
(a) What is the occasion described in this passage?
(b) What picture of the West do young people in the GDR get at school?

14

(c) What other source of information about the West do they have?
(d) What are Anja's views about Socialism?
(e) What happened when a West German politician visited Weimar?
(f) What are the advantages for citizens of the GDR?
(g) What sometimes persuades people to leave the GDR?

2.2.2 Richtig/Falsch

Decide whether the following statements about the passage are true or false.

(a) Sabine ist in der Partei.
(b) Schüler von der DDR und von der BRD treffen sich oft.
(c) DDR-Bürger sehen oft West-Fernsehen.
(d) Die DDR-Hitparade ist von allen Leuten gut bekannt.
(e) Anja glaubt, Sozialismus ist nicht frei genug.
(f) Die Wohnungen im Westen sind teurer als in der DDR.

2.3 EXPLANATIONS

2.3.1 Select Vocabulary

der Beruf (-e)	profession; job
das Krankenhaus (ër)	hospital
berichten	to report
die Arbeitslosigkeit	unemployment
die Wohnungsnot	housing need
die Ausländerfeindlichkeit	xenophobia; hostility to foreigners
sowieso	anyway
ungefähr	approximately
gesperrt	blocked; barricaded
überlegen	to consider; reflect
der Fehler (-)	mistake
irgenwie	somehow
die Werbung	advertising

2.3.2 Expressions and Idioms

was mir unheimlich Spaß macht	and that's tremendous fun for me
ja, eigentlich schon	yes, that's quite true

da können sie mir nichts	they can't do anything to me there
da mußte ich in die FDJ	so I just had to join the FDJ
... wird sehr viel Schlechtes erzählt	they tell us a lot of bad things
die haben gar keine Angst	they just aren't at all afraid
er müßte freier sein	it ought to be freer
der Staat tut eine Menge	the state does a great deal
ich möchte nicht weg	I don't want to go away

2.3.3 Grammar

The following are the grammatical points in the text which form the basis for the exercises in Section B.

(a) Subordinate clauses after *was; wenn; als; wo; daß,* (Grammar Summary 13.2).

(b) Question forms, including *was?; warum?*(Grammar Summary 8.2).

(c) Expressions of quantity; *viel/viele; ein paar; eine Menge; einige; wenige; beide; die meisten* (Grammar Summary 1.4; 2.2(g); 8.5).

(d) Introduction to Modal verbs (Grammar Summary 12.11).

2.3.4 Notes to the Chapter

In the GDR, as in all Marxist states, belonging to the Party is often a necessary feature of getting a particular job, or getting on in society. Because Anja's mother was in the Party, Anja herself was obliged to join the FDJ, *(Freie Deutsche Jugend)* the main youth organisation. In fact, the great majority of youngsters are members of the organisation, and Sabine is unusual. She has no fears for later problems with a job, because of her association with the Evangelical Church. The church remains an important force in the society of the GDR, although membership of the church and of the Party are, of course, incompatible.

The GDR is in an unusual position among Eastern European states in that almost all parts of the territory can receive western TV stations. Citizens of the GDR thus live almost in two worlds, that of newspapers and public pronouncements which follow the party line, and that of the western capitalist consumer society portrayed by commercial television companies. In the schools, the official view is put across in *Staatsbürgerkunde* lessons, which represent instruction in citizenship within the Marxist state.

Despite the concentration in the western media upon escapes from the GDR, there is a good deal of pride in what has been achieved socially, allied to a fear of some of the undesirable aspects of the consumer society as seen on TV. The view expressed here by Anja and Sabine, that they would love to travel to the West, but would return, is a view which is commonly expressed by GDR citizens, most of whom are able to travel only to other countries of Eastern Europe, or, as they say, *im sozialistischen Ausland.*

2.4 EXERCISES

Section B

2.4.1 Here are a series of answers to questions which were put to Sabine and Anja. Write out what you think were the *questions*.

(a) Ich werde im Juli 16 Jahre alt.
(b) Ich besuche die Goethe-Schule in Weimar.
(c) Nein, es gibt keine Probleme später, weil ich für ein evangelisches Krankenhaus arbeiten will.
(d) Weil meine Mutter in der Partei ist.
(e) Nein, das glauben wir nicht alles.
(f) Nein, nicht alle denken so, aber schon viele.
(g) Weil sie die Werbung im West-Fernsehen sehen. Das macht sie verrückt.
(h) Weil meine Heimat hier ist.

2.4.2 In the following sentences the *first word* is the only word in its correct position. Starting with this word, rewrite the sentences so that you get the correct order for all the words in the sentence.

(a) So ein Bild von können uns euch wir machen ungefähr.
(b) Aber Menschen ausreisen viele DDR der aus wollen.
(c) Also in der Schule gut und schön die DDR ist ich sage.

2.4.3 The column on the left below gives you the beginning of a sentence. Write down this beginning, choose an appropriate conjunction from the list given at the end of the exercise, and complete the sentence with the words given in the right hand column, making sure to get the word order right.

(a)	Beide besuchen die Goethe-Schule	macht ihnen Spaß
(b)	Die Straße wurde gesperrt	ein Politiker kam nach Weimar.
(c)	Ich möchte wohnen	die Arbeitslosigkeit ist nicht so hoch.
(d)	Sie glauben	das Paradies ist im Westen.
(e)	Wir möchten ausreisen	wir würden wieder zurückkommen.
(f)	Sie holen mich	ich sage so was öffentlich.

aber; als; wenn; wo; daß; was.

2.4.4 Rewrite each of the following sentences to include the Modal Verb given in brackets after the sentence, for example:

Model: **Wir besuchen nicht Westdeutschland (können)**

Response: **Wir können Westdeutschland nicht besuchen.**

(a)	Ich arbeite später im Krankenhaus.	(*wollen*)
(b)	Sie hat gar keine Angst.	(*müssen*)
(c)	In der DDR besuchen Sie Weimar, nicht?	(*dürfen*)
(d)	Viele Menschen reisen aus der DDR aus.	(*wollen*)
(e)	Wir finden hier viel Arbeit.	(*können*)

2.5 LISTENING COMPREHENSION

Listen to the tape and attempt the exercises *before* you look at the written text of the conversation.

Two young citizens of the Federal Republic discuss their views of the GDR.

Gabi: Wie ich aufgewachsen bin, hat man eigentlich über Krieg und so weiter nicht mehr geredet. Da war der Schuldkomplex noch viel zu groß. Man hat eigentlich von der Zeit nichts gehört, und deshalb war einem das nie so bewußt, daß es einen anderen deutschen Staat gibt. Man weiß es, aber gefühlsmäßig ist da überhaupt keine Verbindung vorhanden.

Manfred: Aber vor allem bei jüngeren Leuten, nicht? Also was ich so von Politikern höre, wenn die von Wiedervereinigung

und solchen Sachen reden, da kann ich echt nur drüber
lachen, weil ich finde, daß das völlig unmöglich ist.

Gabi: Eine gemeinsame Identität gibt es nicht. Wenn man zum
Beispiel Olympiaden beobachtet, ich meine, was jetzt die DDR
da gewinnt, das betrifft einen nicht. Was deutsche Geschichte
betrifft, so Luther und Bach oder so, würde ich sagen,
gefühlsmäßig gehören sie schon zu unserem Deutschland.

Manfred: OK, das ist eine gemeinsame Vergangenheit, aber es
ist seither auch so unterschiedlich gehandhabt worden. Ich
würde sagen, daß jeder, der jetzt in der DDR groß wird, daß
der jetzt eine völlig andere Lebenseinstellung kriegt, nicht?

Gabi: Wenn man zu mir »Deutschland« sagt, muß man nicht
präzisieren, daß man Westdeutschland meint. Deutschland ist
Westdeutschland.

Manfred: Aber die DDR braucht eine eigene Identität, und
wenn man »deutsch« oder »Deutschland« sagt, dann hat die
DDR keine Identität. Also sagen sie »Staatsbürger der DDR«
und sprechen von »Westlern« und »Bundis«. Das sind andere
Deutsche.

Gabi: Ich kenne keine DDR-Bürger. Ich war auch noch nie in
der DDR.

Manfred: Die meisten Engländer denken, daß die DDR-Bürger
alle versuchen, nach Westdeutschland zu kommen. Das
stimmt einfach überhaupt nicht.

2.6 EXERCISES

2.6.1 Comprehension

(a) How does Gabi explain the fact that nobody spoke about the
other German state when she was growing up?

(b) What does Manfred feel about politicians who talk about
reunion?

(c) When watching GDR successes at the Olympic Games, does
Gabi feel any sense of pride for the 'other' Germany?

(d) Does Manfred feel that common history is an important factor
in the view of life which people have today in East and West?

(e) What does Manfred feel are the views of most English people
about GDR citizens?

2.6.2 Listen again to the tape and write down the German expressions which are translated by the English given below:

(a) When I grew up.
(b) Instinctively.
(c) Absolutely no connection.
(d) Among young people above all.
(e) As far as German history is concerned.
(f) I would say . . .
(g) I have never been to the GDR.
(h) Most English people.

2.6.3 Formulate questions which you might put to Gabi or Manfred about any aspect of what they have said during their conversation. For example:

(a) Gabi, wo sind Sie aufgewachsen?
(b) Wäre es nicht doch interessant, mit jungen DDR-Bürgern zu sprechen?
(c) Manfred, was für eine andere Lebenseinstellung haben die DDR-Bürger? etc., etc.

DER BUNDESPRÄSIDENT

The text of Chapter 1 dealt with events at the end of the war and with the beginning of the division into two German states. That division has now lasted more than 40 years, and the two states have grown apart in a number of ways. Most significant are their different forms of government. The GDR is essentially a one-party state subscribing to a Marxist philosophy, and falling within the sphere of influence of the Soviet Union and the Warsaw Pact. The Federal Republic was established by the Basic Law of 1948 as a federal state, with a democratically elected government and open participation of political

Der Bundespräsident

Die Wahl des Bundespräsidenten und seine wichtigsten Aufgaben

WAHL
Bundesversammlung

| alle Bundestags-
abgeordneten |
| Ländervertreter
(gewählte Mitglieder)
aller Länderparlamente |

AUFGABEN

| Völkerrechtliche Vertretung
der Bundesrepublik |
| Ausfertigung und Verkündung von
Bundesgesetzen |
| Wahlvorschlag für den Bundeskanzler |
| Ernennung und Entlassung von
Bundesministern usw. |
| Verlangen auf Einberufung/Auflösung
des Bundestages |
| Erlaß von Anordnungen und
Verfügungen |
| Begnadigungen |
| Ordensverleihungen |

© Bertelsmann LEXIKOTHEK Verlag

parties in the democratic process. The most powerful figure in the central government is the *Bundeskanzler*, who may be compared to the British Prime Minister in being Head of the Government by virtue of being leader of the majority party in power. Adenauer, as leader of the Christian Democrats (CDU) became the first *Bundeskanzler* in 1948. The Head of State, however, is the *Bundespräsident*, a non-party figure who holds office for a 5-year term. The figure above shows how the *Bundespräsident* is elected and what his duties are. The text then gives an account of a visit by a group of school pupils to meet Richard von Weizsäcker, President since 1984.

Richard von Weizsäcker – Bundespräsident:

3.1 TOLL, DIESER PRÄSIDENT

Der Bus fährt auf der Autobahn in Richtung Bonn. Drinnen sitzen 26 Schüler aus der Klasse 8a des Cusanus-Gymnasiums in Erkelenz. Ihr Ziel ist die Villa Hammerschmidt in Bonn, das Haus des Bundespräsidenten. Ein Jahr lang haben wir auf diesen Tag gewartet. Punkt 17.30 Uhr stehen wir vor dem Tor der Villa Hammerschmidt. Ein eleganter Herr mit grauem Haar – ein Mitarbeiter des Präsidenten – wartet schon. Nein, keine Ausweise, nur schnell hinein, denn die Zeit ist knapp. Mantel an die Garderobe, noch mal auf die Toilette, Gruppenfoto in der Eingangshalle, und – da ist er schon. Richard von Weizsäcker sagt ein paar freundliche Worte und gibt einigen die Hand. Wir setzen uns an den großen langen Tisch im Konferenzraum. Zwei Kellner servieren Fruchtsäfte auf Silbertabletts. »Wir fangen am besten gleich mit dem Gespräch an«, sagt der Bundespräsident. »Um 19 Uhr kommt schon mein nächster Gast, Herr Mitterrand, Präsident von Frankreich.«

Jörg (14): »Wollten Sie schon immer Politiker werden?«

Weizsäcker: »Ich bin fast 50 Jahre alt geworden, bevor ich die Politik zu meinem Beruf gemacht habe. Das ist eine große Ausnahme. Aber ich habe mich als Kind schon für Politik interessiert. Mit zwölf habe ich jeden Tag zwei Zeitungen gelesen, aber nicht nur den Sportteil. Dann war ich viele Jahre Manager in der Stahl – und Bergbauindustrie. Ich finde, wenn jemand die Politik zum Beruf machen will, dann sollte er nicht gleich in die Politik gehen, sondern zuerst in einen anderen Beruf.«

Andreas (14): »Schreiben Sie Ihre Reden selbst, oder lassen Sie die von anderen schreiben?«

Weizsäcker: »Beides. Ich will Euch zwei Beispiele geben: Am Sonntag bin ich in München. Da wird ein großes Kulturzentrum eröffnet. *Gasteig* heißt das. – Da gibt es zur Zeit viel Krach, weil es so teuer ist ... – Ich soll dort 'ne kleine Ansprache halten. Darum muß ich wissen, um welches Ziel es geht, was es kostet, was für einen Streit es darüber in der Öffentlichkeit gibt. Da muß also jemand nachforschen und mir Stichworte aufschreiben.

Ein anderes Beispiel: Am nächsten Dienstag wird die Bundeswehr 30 Jahre alt. Da gibt es eine Feier. Die wird auch im Fernsehen übertragen. Dazu muß ich sprechen. Das ist eine wichtige Aufgabe, die ich gut vorbereiten muß. Dazu habe ich schon eine ganze Reihe von Gesprächen geführt. Mit jungen Soldaten, die ihre Wehrpflicht ableisten, und mit Jugendoffizieren, mit dem Generalinspekteur der Bundeswehr und mit Leuten, die den Wehrdienst nicht machen. Außerdem gibt es in meinem Hause Mitarbeiter, die mir ihre Gedanken dazu aufschreiben. Ich selbst habe heute vormittag zwei Stunden dagesessen, und aufgeschrieben, was ich dazu sagen will ... Also: Je schwieriger das Thema und je wichtiger der

Anlaß ist, desto mehr muß ich bis in die Formulierungen hinein selber daran arbeiten.«

Andrea will wissen, wie der Arbeitstag des Präsidenten aussieht, und Lothar fragt nach der Freizeit. Weizsäcker erklärt, daß er manchmal Fußballspiele im Fernsehen anschaut, oder mit seinem Schachcomputer spielt. Aber er hat nicht viel Freizeit. Sein Arbeitstag beginnt vor sieben Uhr morgens und endet oft erst nach 21 Uhr. Dazu kommt noch viel Arbeit am Wochenende.

Armin: »Sie müssen doch alle Gesetze unterschreiben. Was passiert eigentlich, wenn Sie eine Unterschrift verweigern?«

Weizsäcker: »Ich kann natürlich nicht einfach sagen, dieses Gesetz paßt mir, das unterschreib' ich und dieses paßt mir nicht, das unterschreib' ich nicht. Als Bundespräsident muß ich beurteilen, ob das Gesetz gegen die Verfassung verstößt. In diesem Fall kann ich meine Unterschrift verweigern. Damit ist die Sache aber nicht zuende. Wenn dann der Bundestag oder ein anderes Verfassungsorgan meint, daß ich mich irre, dann kann ich vor dem Bundesverfassungsgericht verklagt werden. Dann muß ich das Gesetz unterschreiben.«

Der französische Präsident kommt in fünf Minuten. Darum muß Weizsäcker nun wirklich gehen.

(©*JUGENDSCALA* 3,
April – Mai 1986)

3.2 EXERCISES

Section A

3.2.1 Answer the following questions in English

(a) The pupils have been waiting a whole year. What for?

(b) Describe the appearance and the job of the man who meets the group.

(c) What are President Weizsäcker's views about the best age to start in politics?

(d) Why does the President need someone to do research for his speech in Munich?

(e) When is the only occasion upon which the President might refuse to sign a new law?

3.2.2 Put back the punctuation in the following extract from the text.

ich bin fast 50 Jahre alt geworden bevor ich die Politik zu
meinem Beruf gemacht habe das ist eine große Ausnahme aber
ich habe mich als Kind schon für Politik interessiert mit zwölf
habe ich jeden Tag zwei Zeitungen gelesen aber nicht nur den
Sportteil dann war ich viele Jahre Manager in der Stahl – und
Bergbauindustrie ich finde wenn jemand die Politik zum Beruf
machen will dann sollte er nicht gleich in die Politik gehen
sondern zuerst in einen anderen Beruf

3.3 EXPLANATIONS

3.3.1 Select Vocabulary

drinnen	inside
das Ziel (-e)	goal
der Mitarbeiter (-)	colleague
der Ausweis (-e)	identity-card; pass
der Fruchtsaft (¨e)	fruit-juice
die Ausnahme (-n)	exception
der Sportteil (-e)	sports section
die Stahl- und Bergbauindustrie (-n)	steel and mining industry
die Rede (-n)	speech
eröffnen	to open
die Ansprache (-n)	address; speech
der Streit (-n)	quarrel
die Öffentlichkeit	public
nachforschen	research
das Stichwort (-e)	key-word; cue
die Feier (-n)	celebration
vorbereiten	to prepare
der Gedanke (-n)	thought
der Anlaß (¨e)	cause
der Schachcomputer (-)	chess computer
das Gesetz (-e)	law
unterschreiben (ie, ie)	to sign
die Unterschrift (-en)	signature
verweigern	to refuse
beurteilen	to judge
die Verfassung (-en)	constitution
sich irren	to make a mistake

3.3.2 Expressions and Idioms

dann sollte er nicht gleich in die Politik gehen	then he ought not to go straight into politics
lassen Sie die von anderen schreiben?	do you have them written by other people?
da gibt es zur Zeit viel Krach	there is a lot of argument about it at the moment
die wird auch im Fernsehen übertragen	that will also be shown on TV
die ihre Wehrpflicht ableisten	who are doing their military service
je schwieriger das Thema . . .	the more difficult the theme, the
desto mehr muß ich . . . selber daran arbeiten	more I must work at it myself
dann kann ich vor dem Bundes-verfassungsgericht verklagt werden	then I can be subject to proceedings before the state constitutional court

3.3.3 Grammar

The following are the grammatical points in the text which form the basis for the exercises in Section B.

(a) Perfect Tense (Grammar Summary 12.6; 12.8(d)).
(b) *sollte* and *wollte* (Grammar Summary 12.11(b)).
(c) Time o'clock, and other expressions of time (Grammar Summary 11.1, 11.3).

3.4 EXERCISES

Section B

3.4.1 Give an answer in the Perfect Tense to the following questions, speaking in the first person *ich* as though you were the President replying. Make use of the phrase in brackets, as shown in the Model:

Model: Warten Sie schon lange darauf? (*Schon ein Jahr*)

Response: Ich habe schon ein Jahr darauf gewartet.

(a) Machen Sie die Politik zu Ihrem Beruf? (*schon vor Jahren*)
(b) Interessieren Sie sich für Politik? (*schon als Kind*)

(c)   Lesen Sie eine Zeitung? (*immer zwei Zeitungen*)
(d)   Schreiben Sie Ihre eigenen Reden? (*immer*)
(e)   Unterschreiben Sie alle Gesetze? (*immer*)

3.4.2 Answer the following questions using a pronoun in your answer and choosing one of the expressions of time listed below the exercise. Where times are given, write out the time in full, as in the model.

Model: Wann kommt der Bus an?

Response: Er kommt punkt halb sechs an.

(a)   Wann kommt der nächste Gast?
(b)   Wie lange haben Sie auf diesen Tag gewartet?
(c)   Wann fangen wir mit dem Gespräch an?
(d)   Wann haben Sie angefangen, Zeitungen zu lesen?
(e)   Wann war der Präsident in München?
(f)   Wann wird die Bundeswehr 30 Jahre alt?
(g)   Wann hat der Präsident die Rede aufgeschrieben?
(h)   Wann beginnt sein Arbeitstag?
(i)   Wann kommt der französische Präsident?
(j)   Wann endet oft sein Arbeitstag?

heute vormittag; in fünf Minuten; um 19 Uhr; gleich; am Sonntag; ein Jahr lang; vor 7 Uhr morgens; mit zwölf; erst nach 21 Uhr; am nächsten Dienstag;

3.4.3 For each of the statements below, form a question using *wollten Sie?* as in the Model:

Model: Ich bin jetzt Politiker.

Response: Wollten Sie schon immer Politiker werden?

(a)   Ich bin zurzeit Lehrer.
(b)   Ich wohne jetzt in Bonn.
(c)   Ich arbeite jetzt in München.

3.4.4 Rewrite each of the sentences below so that the first half of the sentence forms a *wenn* clause, and the second half uses *sollte* or *sollte nicht*, as shown in the Model:

Model: Er will die Politik zum Beruf machen. (*nicht gleich in die Politik gehen*)

Response: Wenn er die Politik zum Beruf machen will, sollte er nicht gleich in die Politik gehen.

(a) Er will den Präsidenten besuchen. (*ein Jahr warten*)
(b) Sie will viele Fragen stellen. (*gleich mit dem Gespräch anfangen*)
(c) Der Präsident will seine Reden selbst schreiben. (*sie nicht von anderen schreiben lassen*)

BERLIN: DIE GETEILTE STADT

Berlin, the former capital of the German *Reich*, now stands as a monument to the divisions of Germany. Split among the four powers at the end of the war, the freedom of movement it allowed between East and West proved an impossible drain on the manpower and economy of the GDR, and in 1962 the Berlin Wall was built, dividing the city into two, separating families, standing as a physical reminder of the Cold War. After so many years the wall retains its eerie fascination, viewed as a tourist attraction from the West and as an impossible barrier from the East. The following extract from Peter Schneider's novel *Der Mauerspringer* describes the effect of arriving in Berlin by plane, and catching one's first glimpse of the divided city from the air. Schneider's aim in the passage is to give an airline passenger's view of Berlin as an ordinary city, the divisions only being revealed gradually as the wall comes into sight, its purpose not at first clear, and not finally revealed until the free-flying shadow of the plane touches down on one side of the frontier.

4.1 ANKUNFT IN BERLIN

Das Wetter wird in Berlin in der Regel von westlichen Winden beherrscht. Ein Reisender, der sich im Flugzeug nähert, hat aus diesem Grund ausgiebig Zeit, die Stadt von oben zu betrachten. Um gegen den Wind landen zu können, muß das aus dem Westen einfliegende Flugzeug die Stadt und das sie teilende Bauwerk dreimal überqueren: zunächst in östlicher Richtung fliegend, erreicht das Flugzeug Westberliner Luftraum, überfliegt darauf in einer weiten Linkskurve den östlichen Teil der Stadt und überwindet dann, jetzt aus dem Osten kommend,

Berlin – Die Geteilte Stadt

das raumaufteilende Bauwerk in Richtung Landebahn Tegel ein drittes Mal. Aus der Luft betrachtet, bietet die Stadt einen durchaus einheitlichen Anblick. Nichts bringt den Ortsunkundigen auf die Idee, Daß er sich einer Gegend nähert, in der zwei politische Kontinente aneinander stoßen.

Vorherrschend ist der Eindruck einer linearen, auf dem Rechteck aufbauenden Ordnung, aus der alles Krumme verbannt ist. Im Stadtkern fällt der Festungscharakter der Mietshäuser auf, die meist im Viereck um einen Innenhof herumgebaut sind, darin die eine Kastanie steht ... Auch im Niedergehen des Flugzeugs wird der Ortsfremde die beiden Stadtteile nicht voneinander unterscheiden.

Zwischen all diesen Rechtecken wirkt die Mauer in ihrem phantastischen Zickzackkurs wie die Ausgeburt einer anarchistischen Phantasie. Nachmittags von der untergehenden Sonne und nachts verschwenderisch vom Scheinwerferlicht angestrahlt, erscheint sie eher als städtebauliches Kunstwerk denn als Grenze.

Bei schönem Wetter kann der Reisende den Schatten des Flugzeugs beobachten, der zwischen beiden Stadtteilen hin und her huscht. Er kann die Annäherung des Flugzeugs an seinen Schatten verfolgen bis zu dem Augenblick, da das Flugzeug in seinem Schatten aufsetzt. Erst wenn der Reisende ausgestiegen ist, bemerkt er, daß der wiedergefundene Schatten in dieser Stadt einen Verlust bedeutet. Nachträglich stellt er fest, daß sich einzig der Schatten des Flugzeugs frei zwischen beiden Stadtteilen bewegen konnte, und plötzlich erscheint ihm das Flugzeug als eines jener von Einstein erträumten Verkehrsmittel, aus dem lächerlich jung und ahnungslos Reisende steigen und eine Stadt besichtigen, in der seit gestern tausend Jahre vergangen sind.

(Peter Schneider, *Der Mauerspringer*,
© Hermann Luchterhand Verlag, 1982)

4.2 EXERCISES

Section A

4.2.1 Find the *German equivalents* in the text for the following expressions:

(a) for this reason;
(b) as a rule;
(c) in the afternoon;
(d) plenty of time;
(e) when the weather is fine;
(f) in an easterly direction;
(g) to and fro;
(h) for a third time;
(i) right up until the moment;
(j) predominant;
(k) belatedly;
(l) in the heart of the city;
(m) laughably young;
(n) as the aircraft descends;
(o) since yesterday;

4.2.2 Answer the following questions in *English*:

(a) Why does the traveller have so much time to view Berlin from the air as he arrives by plane?

(b) The view from the air is of a unified town. What does the uninformed traveller fail to realise?

(c) Why is the line followed by the Berlin wall different from the main lines of the town seen from the air?

(d) At what times does the wall look more like a work of urban art, rather than a frontier?

(e) What is the particular point made by the writer about the shadow of the plane?

4.3 EXPLANATIONS

4.3.1 Select Vocabulary

beherrschen	to rule
sich nähern	to approach
betrachten	to observe
überqueren	to cross
überwinden	to overcome; surmount
einheitlich	unified
der Ortsunkundige (-n)	person who does not know the place
vorherrschend	predominant
der Stadtkern (-e)	city centre
die Kastanie (-n)	chestnut tree
der Ortsfremde (-n)	stranger to the place
unterscheiden (ie, ie)	to distinguish
die Ausgeburt	monstrous invention
verschwenderisch	extravagant
huschen	to flit; dart
der Verlust (-e)	loss
nachträglich	belatedly
feststellen	to ascertain; find out
ahnungslos	unsuspecting

4.3.2 Expressions and Idioms
das Wetter wird in Berlin in der Regel von westlichen Winden beherrscht

the weather in Berlin is determined, as a rule, by westerly winds

das aus dem Westen fliegende Flugzeug
the plane flying in from the west

aus der alles Krumme verbannt ist
from which everything crooked is banned

. . . fällt der Festungscharakter der Mietshäuser auf
the fortress-like character of the tenement buildings is striking

sie wirken wie Zementblöcke, die . . . abgeworfen wurden
they give the effect of blocks of cement, which were thrown down . . .

erscheint sie eher als städtebauliches Kunstwerk denn als Grenze
it seems more like an urban work of art rather than a frontier

erst wenn der Reisende ausgestiegen ist
not until the traveller has left the plane

4.3.3 Grammar
The following are the grammatical points in the text which form the basis for the exercises in Section B.

(a) Relative Pronoun (Grammar Summary 8.4).
(b) Practice with word order in complex sentences (Grammar Summary 15).
(c) Some uses of the Present Participle (Grammar Summary 12.13).

4.4 EXERCISES

Section B

4.4.1 Each of the items below contains *two* sentences. Combine the two parts to make a single sentence by the use of a relative pronoun.

Model: Die Mietshäuser haben einen Festungscharakter. Sie sind meist im Viereck um einen Innenhof herumgebaut.

Response: Die Mietshäuser, die meist im Viereck um einen Innenhof herumgebaut sind, haben einen Festungscharakter.

(a) Der Reisende hat Zeit, die Stadt zu betrachten. Er nähert sich im Flugzeug.

(b) Er nähert sich der Gegend. In dieser Gegend stoßen zwei politische Kontinente aneinander.

(c) Der Eindruck einer linearen Ordnung ist vorherrschend. Aus dieser Ordnung ist alles Krumme verbannt.

(d) Der Reisende beobachtet den Schatten des Flugzeugs. Der Schatten huscht zwischen beiden Stadtteilen hin und her.

(e) Das Flugzeug ist wie ein erträumtes Verkehrsmittel. Aus diesem Verkehrsmittel steigen junge Reisende.

(f) Sie besichtigen die Stadt. In dieser Stadt sind seit gestern tausend Jahre vergangen.

4.4.2 One of the reasons why the style of this passage seems more complex than that of the other texts so far presented in this book, is the use of quite lengthy adjectives and adjectival phrases preceding the noun – e.g., das aus dem Westen einfliegende Flugzeug. Translate the phrases below, finding an appropriate English way of rendering this structure.

(a) Das aus dem Westen einfliegende Flugzeug.
(b) Die Stadt und das sie teilende Bauwerk.
(c) Das raumaufteilende Bauwerk.
(d) Der Eindruck einer linearen, auf dem Rechteck aufbauenden Ordnung.
(e) Der wiedergefundene Schatten.
(f) Eines jener von Einstein erträumten Verkehrsmittel.

4.4.3 The following passage from the text has certain key words left out. Rewrite the paragraph inserting appropriate words chosen from the list below the extract.

Um gegen den Wind landen —————— können, muß das —————— dem Westen einfliegende Flugzeug die Stadt und das —————— teilende Bauwerk dreimal überqueren: —————— in östlicher Richtung fliegend, erreicht das Flugzeug Westberliner Luftraum, überfliegt —————— in einer weiten Linkskurve den östlichen Teil der Stadt und überwindet —————— , jetzt aus dem

Osten ——————, das raumaufteilende Bauwerk in Richtung Landebahn Tegel ein drittes Mal. Aus der Luft betrachtet, bietet die
Stadt einen —————— einheitlichen Anblick. —————— bringt den
Ortsunkundingen —————— die Idee, —————— er sich einer Gegend nähert, in der zwei politische Kontinente —————— stoßen.

darauf; nichts; zu; dann; aneinander; aus; daß; sie; zunächst;
durchaus; auf; kommend.

LITERARISCHE ZWISCHENSPIELE I

LITERARISCHE ZWISCHENSPIELE I

LZ 1.1 MARTIN LUTHER – ST LUKE'S GOSPEL

In 1522 Martin Luther's translation of the New Testament appeared, and in 1534 his translation of the whole Bible. Luther's Bible is not only a major work of the Reformation, it is a literary and linguistic monument. Luther's idea of translation was to produce a work written in the German of the people. So his translation is the greatest work of creative genius in the German language in a period of over three centuries. It gave to German – as Chaucer gave to English – a language which ultimately became the literary language of the German-speaking world. As he himself wrote in one of his *Tischreden*:

Ich hab keine gewisse, sonderliche, eigene Sprache im Teutschen, sondern brauche der gemeinen Teutschen Sprache, dass mich beyde, Ober und Niderländer verstehen mögen.

Und es waren Hirten in derselben Gegend auf dem Felde bei den Hürden, die hüteten des Nachts ihre Herde. Und siehe, des Herrn Engel trat zu ihnen, und die Klarheit des Herrn leuchtete um sie; und sie fürchteten sich sehr. Und der Engel sprach zu ihnen: »Fürchtet euch nicht; siehe, ich verkündige euch große Freude, die allem Volk widerfahren wird; denn euch ist heute der Heiland geboren, welcher ist Christus, der Herr, in der Stadt Davids. Und das habt zum Zeichen: Ihr werdet finden das Kind in Windeln gewickelt und in einer Krippe liegen.« Und alsbald war da bei dem Engel die Menge der himmlischen Heerscharen, die lobten Gott und sprachen: »Ehre sei Gott in der Höhe, und Frieden auf Erden, und den Menschen ein Wohlgefallen!«

(Lukas, ii. 8–14)

LZ 1.2 GOETHE – MAILIED

The latter half of the eighteenth century was a period of growing
self-confidence for the German language and achievements in German literature. The most dominant figure in the literary landscape of
the time is Goethe, who, in his long life from 1749 until 1832 achieved
eminence in many fields, as poet, playwright, scientist and statesman.
As a young man Goethe studied in Straßburg in 1770–1, and his love
affair with Friederike Brion, the daughter of the pastor of Sesenheim,
some 20 miles from Straßburg, inspired Goethe to some of the finest
lyrics in German since the mediaeval songs of Walther von der
Vogelweide. *Mailied* is an example of the vigour and freshness which
established Goethe as the greatest poet of the German language.

Wie herrlich leuchtet
Mir die Natur!
Wie glänzt die Sonne!
Wie lacht die Flur!

Es dringen Blüten
Aus jedem Zweig
Und tausend Stimmen
Aus dem Gesträuch,

Und Freud' und Wonne
Aus jeder Brust.
O Erd', o Sonne!
O Glück, o Lust!

O Lieb', o Liebe!
So golden schön,
Wie Morgenwolken
Auf jenen Höhn!

Du segnest herrlich
Das frische Feld,
Im Blütendampfe
Die volle Welt.

O Mädchen, Mädchen,
Wie lieb' ich dich!
Wie blickt dein Auge!
Wie liebst du mich!

So liebt die Lerche
Gesang und Luft,
Und Morgenblumen
Den Himmelsduft,

Wie ich dich liebe
Mit warmen Blut,
Die du mir Jugend
Und Freud und Mut

Zu neuen Liedern
Und Tänzen gibst.
Sei ewig glücklich,
Wie du mich liebst.

LZ   1.3   GOETHE – DIE LEIDEN DES JUNGEN WERTHERS

The love affair with Friederike was perhaps too idyllic to last, and
Goethe left her and left Straßburg to move back to his home town of
Frankfurt, and then, in 1772, for four months to Wetzlar as part of his
legal studies. It was here that he made a new circle of friends from
whom he drew inspiration for the novel which made him a European
literary figure when it was published in 1774. This was *Die Leiden
des Jungen Werthers*, a novel perfectly attuned to the emotional
life of its age, with its Rousseauistic merging of mood and nature, and
its portrayal of a sensitive individual who commits suicide as a result
of an unfulfilled love affair. The following extract, taken from early
in the novel, shows Werther at a moment where he finds his own
intense love of life reflected by nature in Springtime.

Eine wunderbare Heiterkeit hat meine ganze Seele eingenom-
men, gleich den süßen Frühlingsmorgen, die ich mit ganzem
Herzen genieße. Ich bin allein und freue mich meines Lebens in
dieser Gegend, die für solche Seelen geschaffen ist, wie die
meine. Ich bin so glücklich, mein Bester, so ganz in dem Gefühle
vom ruhigen Dasein versunken, daß meine Kunst darunter
leidet. Ich könnte jetzt nicht zeichnen, nicht einen Strich, und bin
nie ein größerer Maler gewesen als in diesen Augenblicken.
Wenn das liebe Tal um mich dämpft, und die hohe Sonne an der
Oberfläche der undurchdringlichen Finsternis meines Waldes
ruht, und nur einzelne Strahlen sich in das innere Heiligtum
stehlen, ich dann im hohen Grase am fallenden Bache liege, und

näher an der Erde tausend mannigfaltige Gräschen mir merkwürdig werden; wenn ich das Wimmeln der kleinen Welt zwischen Halmen, die unzähligen, unergründlichen Gestalten der Würmchen, der Mückchen näher an meinem Herzen fühle, und fühle die Gegenwart des Allmächtigen, der uns nach seinem Bilde schuf, das Wehen des Allliebenden, der uns in ewiger Wonne schwebend trägt und erhält; mein Freund! wenn's dann um meine Augen dämmert, und die Welt um mich her und der Himmel ganz in meiner Seele ruhn wie die Gestalt einer Geliebten, dann sehne ich mich oft und denke: ach könntest du das wieder ausdrücken, könntest du dem Papiere das einhauchen, was so voll, so warm in dir lebt, daß es würde der Spiegel deiner Seele, wie deine Seele ist der Spiegel des unendlichen Gottes!

LZ 1.4 EICHENDORFF – AUS DEM LEBEN EINES TAUGENICHTS

During the 1790s and subsequent years a rich seam of literary talent was revealed by the Romantic movement. The movement evoked a new sense of the German past, which led to a glorification of the Middle Ages and to important collections of folk tales, such as the stories collected by the Grimm brothers, and folk songs, collected by Arnim and Brentano in *Des Knaben Wunderhorn*. One of the most characteristic writers of the later period of German Romantic literature is Joseph von Eichendorff, who wrote many nature lyrics inspired by the metres of folk song. Among his prose writings, *Aus dem Leben eines Taugenichts* (1826) is a little masterpiece, full of the yearning of Romanticism, but full of fun and pleasure in life as well.

Das Rad an meines Vaters Mühle brauste und rauste schon wieder recht lustig, der Schnee tröpfelte emsig vom Dache, die Sperlinge zwitscherten und tummelten sich dazwischen; ich saß auf der Türschwelle und wischte mir den Schlaf aus den Augen; mir war so recht wohl in dem warmen Sonnenscheine. Da trat der Vater aus dem Hause; er hatte schon seit Tagesanbruch in der Mühle rumort und die Schlafmütze schief auf dem Kopfe, der sagte zu mir: »Du Taugenichts! da sonnst du dich schon wieder und dehnst und reckst dir die Knochen müde und läßt mich alle Arbeit allein tun. Ich kann dich hier nicht länger füttern. Der Frühling ist vor der Tür, geh auch einmal hinaus in die Welt und erwirb dir selber dein Brot.« »Nun,« sagte ich, »wenn ich ein

Taugenichts bin, so ist's gut, so will ich in die Welt gehen und mein Glück machen.« . . . Ich ging also in das Haus hinein und holte meine Geige, die ich recht artig spielte, von der Wand; mein Vater gab mir noch einige Groschen Geld mit auf den Weg, und so schlenderte ich durch das lange Dorf hinaus . . . Und als ich endlich ins freie Feld hinaus kam, da nahm ich meine liebe Geige vor und spielte und sang, auf der Landstraße fortgehend:

> Wem Gott will rechte Gunst erweisen,
> Den schickt er in die weite Welt,
> Dem will er seine Wunder weisen
> In Berg und Wald und Strom und Feld.

PART II
REISEN IN
DEUTSCHSPRACHIGEN LÄNDERN

TOURISMUS

Chapters 1–4 dealt with the important question of the division of Germany into GDR and Federal Republic. But, of course, the German language is spoken more widely than in these two German states. Switzerland and Austria are both German-speaking, and have a very pronounced identity of their own. The two passages in this chapter show aspects of these two countries which the tourist might cherish: the mountains of central Switzerland and the city of Vienna.

5.1 DIE SCHWEIZ DER SCHWEIZ: DIE ZENTRALSCHWEIZ

Wilhelm Tell und Vierwaldstättersee, Urkern der schweizerischen Eidgenossenschaft und klassisches Reiseland, bäuerlich, ländlich und weltmännisch zugleich, meist traditionell, doch wo es darauf ankommt fortschrittlich gesinnt, mit Menschen, denen herzliche Gastfreundschaft angeboren ist: dieses und vieles mehr zeichnen eine einzigartige Ferienregion aus – die Zentralschweiz.

Jene Landschaft also, welche wohl für sich beanspruchen darf, die mannigfaltige und malerische Schweiz konzentriert in einer einzigen Region anbieten zu können. Die Schweiz der Schweiz sozusagen.

Und das kommt nicht von ungefähr. Schon rein topographisch ist alles zu haben. Von den sanften Hügeln und Hängen dehnt sich dieses aus den Kantonen Uri, Schwyz, Ob- und Nidwalden, Zug und Luzern bestehende Land zwischen dem obern Zürichsee und dem Brünigpaß gegen Süden hin bis zu den höchsten Alpengipfeln aus. Es zeigt über ein Dutzend lieblicher Seen her und hat als Zentrum eine Weltstadt der Kultur und des klassischen Tourismus: Luzern. Und hier in der

Zentralschweiz steht die Geschichte stramm angesichts der Gründung der ersten Demokratie der Welt aber auch des wichtigsten europäischen Verkehrsweges zwischen dem Norden und dem Süden: der auf Schiene und Straße erschloßenen Gotthardroute. Er hat den Handels- und Kulturaustausch zwischen Europas Völkern des Nordens und des Südens möglich gemacht und immerfort belebt. Und das erst recht heute.

Mit der erfolgten Eröffnung der oft atemberaubend kühn angelegten Gotthardautobahn (Basel-Luzern-Chiasso) mit dem längsten Straßentunnel der Welt, jenem 16 Kilometer langen durch den Gotthard, ist die Zentralschweiz noch besser ins europäische Zentrum gerückt – kaum eine Autostunde von der deutschen Grenze entfernt, keine zwei Stunden von den italienischen Schlagbäumen.

Sei es als Etappe, sei es als Ziel: die Zentralschweiz bietet viel . . .

(©Verkehrsband Zentralschweiz)

5.2 EXERCISES

Section A

5.2.1 Make brief notes *in English* to summarise what the author tells us about the following:

(a)   The people of this region (para. 1).
(b)   The landscape (para. 2).
(c)   The town of Lucerne (para. 3).
(d)   The politics of Switzerland (para. 3).
(e)   The advantages of this region for cultural exchange (para. 3).
(f)   What is special about the Gotthard tunnel? (para. 4).

5.2.2 Search the text and find the *adjectives* which are derived from the nouns listed below. The first one is given as an example.

Fortschritt – *fortschrittlich*
Länge
Herz
Topographie
Klassik
Weltmann
Land
Bauer
Kühnheit
Tradition

5.3 EXPLANATIONS

Select Vocabulary

5.3.1

der Kern (-e)	nucleus; heart
der Urkern	ancient heartland
die Eidgenossenschaft (-en)	confederation
die Gastfreundschaft	hospitality
beanspruchen	to lay claim
sich dehnen	to stretch
erschließen (o, o)	to open up

rücken	to move up
der Schlagbaum (¨e)	barrier

5.3.2 Expressions and Idioms

wo es darauf ankommt	where it really matters
das kommt nicht von ungefähr	this is not just by chance
steht die Geschichte stramm	history stands to attention
das erst recht heute	this has been achieved only in modern times
die oft atemberaubend kühn angelegte Gotthardautobahn	the Gotthard motorway which is often landscaped in a breathtakingly bold way
sei es als Etappe, sei es als Ziel	whether it is as a staging post or as a final destination

5.3.4 Grammar
The following are the grammatical points in the text which form the basis for the exercises in Section B and for further study.

(a)   Adjectival endings in all cases (Grammar Summary 4).
(b)   Superlative of adjective (Grammar Summary 6(b)).
(c)   *jenes, dieses, welches* (Grammar Summary 8.1, 8.3).

5.4   EXERCISES

Section B

5.4.1
Rewrite the following sentences with the correct *adjectival endings*.

(a)   Jen- Landschaft bietet die malerisch- Schweiz an.
(b)   Die Zentralschweiz ist ein klassisch- Reiseland, Urkern der schweizerisch- Eidgenossenschaft.
(c)   Dies- Land dehnt sich von den sanft- Hügeln bis zu den höchst- Alpen.
(d)   Es zeigt über ein Dutzend lieblich- Seen her und ist ein Zentrum des klassisch- Tourismus.
(e)   Luzern steht am Knotenpunkt des wichtigst- Verkehrsweges zwischen dem Norden und dem Süden.
(f)   Dies- kühn angelegt- Autobahn hat den längst- Straßentunnel der Welt.

(g) Mit jen- Tunnel rückt die Zentralschweiz noch besser ins europäisch- Zentrum.

5.4.2 Answer the following questions with an answer containing the *superlative* form of the adjective, as in the Model.

Model: Sind die Alpen hoch?

Response: Ja, sie sind die höchsten Berge Europas.

(a) Ist das eine ländliche Gegend?
(b) Sind diese Seen lieblich?
(c) Steht Luzern auf einem wichtigen Verkehrsweg?
(d) Ist das ein langer Tunnel?
(e) Sind die Schweizer ein traditionelles Volk?

5.5 WIEN, WO DIE WELT AM SCHÖNSTEN IST

Wien, Wien, nur du allein . . . Immer noch dreht sich die österreichische Metropole leicht beschwingt im Dreivierteltakt. Noch immer schmettern in der weltberühmten Staatsoper die Startenöre ihr hohes C, begeistert die Hohe Schule der Lipizzaner das vorwiegend ausländische Publikum, und noch immer schmeckt die echte Sachertorte einfach unvergleichlich. Mit anderen Worten: Wer diese Stadt besucht, wird genau das finden, was er sich von ihr erwartet. Angefangen beim Stephansdom (die Wiener sagen allerdings Stephanskirche) über die Hofburg und Schloß Belvedere bis hin zu den vielen Heurigenlokalen in Grinzing, die von der Musik bis zum Wein alles zu bieten haben, was Millionen Wienbesucher wünschen.

Wer allerdings Wien kennenlernen will, wie es nicht im Reiseprospekt steht, der sollte sich auf eigene Faust auf Entdeckungsreise begeben. Das Ergebnis wird ebenso erstaunlich wie amüsant sein. Am besten beginnen Sie gleich im Ersten Bezirk, der Inneren Stadt, in deren Zentrum der Stephansdom zum Himmel ragt. Dieses Wahrzeichen Wiens ist eines der bedeutendsten Denkmäler deutscher Kirchengotik. 1137 begann man mit einem römischen Bau, der 100 Jahre später durch ein Meisterwerk der Spätromantik ersetzt und dem zwischen 1304 und 1340 ein gotischer Chor angefügt wurde. 136.5m erstreckt sich der berühmte «Steffl», der Stephansturm, in den Himmel. 418 Stufen zählt die Turmtreppe, die im benachbarten Mesnerhaus ihren Anfang nimmt.

Draußen auf dem Stephansplatz stehen die Fiaker bereit, die eine große Rundfahrt anbieten. Aus dem Fond der Kutsche erleben Sie die Pracht- und Prunkbauten entlang der Ringstraße. Die Fahrt führt am Rathaus vorbei, das vor 100 Jahren im neugotischen Stil errichtet wurde. Beim Rathauspark befindet sich das Hauptgebäude der Universität im Stil der Renaissance. Im Park selbst stehen einige markante Denkmäler, unter anderen auch eines für den Walzerkomponisten Johann Strauß. Weiter geht's vorbei am weltberühmten Burgtheater und dem Parlament, das dem hellenistischen Stil nachempfunden wurde . . .

1,6 Millionen der über 7,5 Millionen Österreicher wohnen in Wien und den Vorstädten. Für diese wie auch für den Besucher gehören Ausflüge in die Umgebung zu den schönsten Wochenendvergnügen. Schloß Schönbrunn, 15 Kilometer von der Innenstadt, kann besichtigt werden. Das ehemalige kaiserliche Lustschloß mit seiner herrlichen Parkanlage gilt als eine der Hauptsehenswürdigkeiten Wiens.

(© *Freizeit Revue*, Nr 45/85)

5.6 EXERCISES

Section A

5.6.1
Answer the following questions in *English*.

(a) What aspect of Viennese musical life do you think is referred to by the word *Dreivierteltakt*?

(b) What other aspect of musical life is referred to in the first paragraph?

(c) Do you know what the *Hohe Schule der Lipizzaner* refers to?

(d) Where is it best to begin one's tour of Vienna?

(e) Write some brief notes on what you have found out about the *Stephansdom*.

(f) What form of transport is recommended for the trip round Vienna?

(g) What can you expect to see in the *Rathauspark*?

(h) What is there to see at Schönbrunn?

5.6.2 The following are dictionary definitions or synonyms of words in the text. Find the *words* to which these definitions *refer*.

(a) schwungvoll; beflügelt.
(b) besonders; in erster Linie.
(c) bewunderswert.
(d) steht steil in die Höhe.
(e) weit bekannt.
(f) hervorstechend; ausgeprägt.

5.7 EXPLANATIONS

5.7.1 Select Vocabulary

der Dreivierteltakt	waltz rhythm
schmettern	to bellow out; to smash
der Heurige	young wine
das Lokal (-e)	inn; pub
sich begeben (a, e)	to set out upon
aufragen	to tower; soar
das Wahrzeichen (-)	symbol
das Denkmal (¨er)	monument
ersetzen	to replace
anfügen	to add on
errichten	erect
nachempfinden (a, u)	to adapt (from)

5.7.2 Expressions and Idioms

das vorwiegend ausländische Publikum	the predominantly foreign audience
mit anderen Worten	in other words
auf eigene Faust	on one's own initiative
1137 begann man mit einem römischen Bau	in 1137 work was started on a romanesque building
. . . dem . . . ein gotischer Chor angefügt wurde	to which . . . a gothic choir was added
. . . das vor 100 Jahren im neugotischen Stil errichtet wurde	. . . which was erected 100 years ago in the neo-gothic style
weiter geht's	on we go
. . . kann besichtigt werden	can be visited
. . . gilt als eine der Hauptsehenswürdigkeiten Wiens	ranks as one of the principal sights of Vienna

5.7.3 Grammar

The following are the grammatical points in the text which form the basis for the exercises in Section B and for further study.

(a)   Introduction to Reflexive Verbs (Grammar Summary 7.2(d)).
(b)   Future Tense (Grammar Summary 12.8(b)).
(c)   Dates and numerals (Grammar Summary 9.6).
(d)   More practice with Relative Pronouns, including *was, deren* (Grammar Summary 8.4).

5.8   EXERCISES

Section B

5.8.1   The first verb in the following passage is in the Future Tense. Rewrite the paragraph so that all other verbs in italics are also put into the *Future*.

Das Ergebnis wird ebenso erstaunlich wie amüsant sein. Am besten *beginnen* Sie gleich im ersten Bezirk. Auf dem Stephansplatz *stehen* die Fiaker bereit, die eine große Rundfahrt *anbieten*. Aus dem Fond der Kutsche *erleben* Sie die Pracht- und Prunkbauten entlang der Ringstraße. Die Fahrt *führt* am Rathaus vorbei. Weiter *geht's*, vorbei am weltberühmten Burgtheater und dem Parlament.

5.8.2   Fill in the blanks below with the correct form of an appropriate *Reflexive Verb* chosen from the list which follows the exercise. Some of the sentences are taken from earlier texts in the book, and you should look back at these tests if you want further examples of Reflexive Verbs used in context.

(a)   Um Wien kennenzulernen, muß man ———— auf Entdeckungsreise ————.
(b)   Der Stephansturm ———— ———— 136, 5m in den Himmel.
(c)   Wien ———— ———— noch leicht beschwingt im Dreivierteltakt.
(d)   Die beiden Offiziere ———— ———— erschrocken ————.
(e)   Es ———— ———— ————, wer da unterwegs ist.
(f)   Wir ———— ———— an den großen Tisch im Konferenzraum.

(g) Ich habe ———— als Kind schon für Politik ————.
(h) Die Reisenden ———— ————der Stadt.
(i) Nur der Schatten des Flugzeugs kann ————
     frei ————zwischen beiden Stadtteilen.

sich nähern; sich drehen; sich umdrehen; sich setzen; sich begeben; sich erstrecken; sich interessieren; sich bewegen; sich herumsprechen.

5.8.3 Take as your model the sentence: *Wer Wien kennenlernen will, der sollte sich auf Entdeckungsreise begeben.* This may be translated:

Whoever wants to get to know Vienna should set out on a journey of discovery.

Translate the following sentences into German, following the *same pattern.*

(a) Whoever goes to this city should visit the world-famous state opera.
(b) Whoever wishes to get to know Switzerland should visit Lucerne.
(c) Whoever is interested in politics should read the newspapers.
(d) Whoever wants to move around freely should buy a car.

5.8.4 The following are translations of sentences in the text about Vienna which use various forms of the *Relative Pronoun. Without referring back to the text,* translate the sentences back into German and see how close you can get to the original.

(a) Whoever visits this town, will find exactly what he expects.
(b) The *Heurigenlokale* in Grinzing have everything to offer that millions of visitors to Vienna want.
(c) The best thing is to begin right in the inner city, in the centre of which the *Stephansdom* towers into the sky.

5.8.5 The section of the text from: *Dieses Wahrzeichen Wiens* to *ihren Anfang nimmt* contains a number of dates and numerals. Write out this section giving the full written form of all the numerals used.

5.8.6 Write formal letters to the tourist offices (**Verkehrsamt**) of Lucerne and Vienna expressing an interest in spending a holiday in the region. Mention the sights which particularly interest you, and ask for brochures and information. Give the dates when you are hoping to take your holiday and ask for advice on hotel accommodation which might be available at that period. (Information about letter-writing is given in Section 16.3 of the Grammar Summary.)

LANDSCHAFTEN

DER

BUNDESREPUBLIK

The variety of landscapes in the two German states is astonishing: from the beaches of the Baltic coast to the peaks of the Alps, and from the Rheinland to the Harz mountains and, further east, the lakes of Mecklenburg and the valley of the Elbe near Dresden. German poets and writers of all periods have written about their attachment to their own *Heimat*. The great cities are equally varied, whether Köln, München, Hamburg and Frankfurt in the west, or Leipzig and Dresden in the east. No selection of passages in a book of this kind can do justice to this variety, but it may be possible to surprise the reader with two little known landscapes, one in the far north flatland of the Bundesrepublik, not far from Theodor Storm's home town of Husum, and the Danish frontier; the other amongst the volcanic peaks of the Hegauland, close to Lake Constance and the Swiss border, and lying between the upper reaches of Rhine and Danube.

6.1 SCHLESWIG-HOLLANDIA

Wer von Hamburg aus in Richtung Norden die »Grüne Küstenstraße« befährt, hat Gelegenheit zu einem klassischen »Déjà-vu Erlebnis«. Er kommt nämlich unweigerlich nach Friedrichstadt, Schnittpunkt im Dreiländereck Dithmarschen, Stapelholm und Eiderstedt, eingebettet zwischen den Flüssen Treen und Eider.

Hier also wird der Reisende ausrufen: »Das habe ich schon einmal gesehen!« Aber wo? In Holland! Kaum hat er über eine der 13 Brücken den Stadtkern erreicht, wähnt er sich in einem anderen Land, gar in einer anderen Zeit.

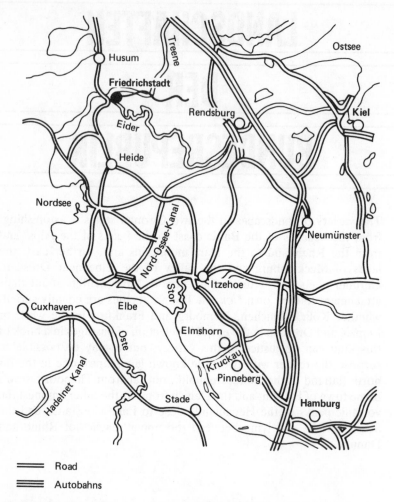

=== Road
=== Autobahns

Zwischen Hamburg und Friedrichstadt

Auffallend die schnurgeraden, einander rechtwinklig schnei-
denden Straßen und verträumten Grachten. Ebenso
ungewöhnlich die vorgeneigten Treppengiebel an den alten
Häusern. Statt prosaischer Hausnummern finden sich phantasievolle Hausmarken und Zunftzeichen. Und über allem schwebt
der Duft von Rosenstöcken.

Holland in Norddeutschland? Wie das? 1621 wurde die Stadt
gegründet. Herzog Friedrich III. von Holstein-Gottorp schaffte
hier holländischen Remonstranten, die wegen ihres Glaubens
verfolgt wurden, eine Zuflucht. In der Hoffnung, mit dem Know-

how der Niederländer ein weltweit tätiges Handelszentrum errichten zu können, sicherte Friedrich den Glaubensflüchtlingen weitgehende Privilegien zu. Seiner wie unserer Zeit weit voraus, träumte Friedrich von einem Ort der Toleranz. So schuf er hier eine religiöse Freistatt, in der bis zu sieben verschiedene Glaubensgemeinschaften in Eintracht und Frieden leben und arbeiten konnten.

Aber aus dem Handelszentrum wurde nichts. Friedrichstadt wurde kein Welthandelshafen. Jedoch hat sich die Stadt mit rund 3000 Einwohnern als Asyl für Glaubensverfolgte bewährt. Noch heute gibt es fünf verschiedene Glaubensgemeinschaften, die sich in vier Gotteshäuser teilen.

Ein Rundgang durch die Altstadt beginnt am Marktplatz mit seinem pittoresken Brunnenhäuschen. Beim Passieren der historischen Backstein-Häuserfronten mit ihren typischen Treppengiebeln kommt der Eindruck auf, durch die Kulissenstadt eines monumentalen Filmgeländes zu wandern. Das Edamer Haus erinnert nicht nur des Namens wegen an seinen holländischen Ursprung. Und die angrenzende Apotheke von 1724, über deren geschwungener Freitreppe ein frühklassizistisches Portal und, als Zeichen des dänisch-königlichen Privilegiums, ein Adler thronen, läßt ahnen, wie hier vor ein paar hundert Jahren Aufbruchstimmung für weltweiten Handel geherrscht hatte.

... Friedrichstadt, nach holländischem Vorbild angelegt und erbaut, ist eine «Pfahlbaustadt». Die Häuser haben daher nur selten Keller, die Fundamente ruhen auf Eichenpfählen. Eigentlich kein richtiger Ort, sondern ein Patchwork aus vielen kleinen Inseln, durchzogen von Grachten und Kanälen. Kein Klein-Venedig und auch kein Klein-Amsterdam, sondern eine norddeutsche Oase mit klarem, fischreichem Gewässer ...

(Thomas Brandt, © *Lufthansa Bordbuch*)

6.2 EXERCISES

Section A

6.2.1 Word Study

The following items of vocabulary may be unknown to you, but in each case the meaning of part of the word, or of a related word, is given to help you. Use this help, and the *context of the text*, to guess at the meanings of the phrases in which the words occur.

(a) Schnittpunkt (*der Schnitt* = cut).

Friedrichstadt . . . Schnittpunkt im Dreiländereck.

(b) schnurgerade (*die Schnur* = string, cord).

Die schnurgeraden Straßen.

(c) vorgeneigt (*neigen* = to bend; to lean).

Die vorgeneigten Treppengiebel.

(d) Handelszentrum (*der Handel* = trade).

Ein weltweit tätiges Handelszentrum.

(e) Glaubensverfolgte (*verfolgen* = to pursue).

Jedoch hat sich die Stadt . . . als Asyl für Glaubensverfolgte bewährt.

(f) Aufbruchstimmung (*der Aufbruch* = departure).

Aufbruchstimmung hatte hier vor ein paar hundert Jahren geherrscht.

(g) Pfahlbaustadt (*der Pfahl* = post; stake)

Friedrichstadt ist eine Pfahlbaustadt . . . die Fundamente ruhen auf Eichenpfählen.

6.2.2 Comprehension

(a) Say what features of Friedrichstadt are reminiscent of Holland.
(b) Herzog Friedrich had two main reasons for founding the town. What were they?
(c) What characteristic of the original town is still true today?
(d) Why do you think that the author says that a walk through the town is like walking through a monumental film set?
(e) Put in your own words how the town is built, according to the explanation given in the last paragraph.

6.3 EXPLANATIONS

6.3.1 Select Vocabulary

die Gelegenheit (-e)	opportunity
das Erlebnis (-se)	experience
unweigerlich	inevitably
eingebettet	nestling
sich wähnen	to imagine oneself
auffallend	striking
die Gracht (-en)	canal
der Treppengiebel (-)	stepped gable
das Zunftzeichen (-)	guild sign
der Rosenstock (-ë)	rose tree
die Zuflucht	shelter; refuge
errichten	to establish
die Freistatt	sanctuary
die Glaubensgemeinschaft (-en)	religious community
die Eintracht	harmony; concord
sich bewähren	to prove itself
die Kulisse (-n)	scenery
geschwungen	curved
die Freitreppe	flight of steps
der Adler (-)	eagle
das Gewässer (-)	stretch of water

6.3.2 Expressions and Idioms

kaum hat er den Stadtkern erreicht	hardly has he reached the heart of town
1621 wurde die Stadt gegründet	the town was founded in 1621
... schaffte hier holländischen Remonstranten eine Zuflucht	created a refuge for Dutch dissenters here
... sicherte Friedrich den Glaubensflüchtlingen weitgehende Privilegien zu	Friedrich promised extensive privileges to the religious refugees
beim Passieren der historischen Backstein-Häuserfronten	as you go past the historic brick façades

6.3.3 Grammar

The following are the grammatical points in the text which form the basis for the exercises in Section B.

(a) Imperfect Tense (Grammar Summary 12.8(c)).
(b) More on the use of the Dative case after prepositions. (Grammar Summary 14.1)

6.4 EXERCISES

Section B

6.4.1

From the brief notes given below, write a short paragraph in *German*, in the *Imperfect Tense*, summarising the main elements of the text. Add in any further details you can recall.

Herzog Friedrich III – Zuflucht schaffen – Privilegien zusichern – von einem Ort der Toleranz träumen – eine religiöse Freistatt schaffen – kein Welthandelshafen werden.

6.4.2 *Without referring back to the text*, fill in the gaps in the following sentences with a suitable preposition, and with the correct adjectival endings.

(a) Man hat Gelegenheit ——— ein- klassisch- »Déjà-vu Erlebnis«.
(b) Die Stadt ist ——— zwei Flüssen eingebettet.
(c) Der Reisende wähnt sich ——— ein- ander- Land.
(d) Es gibt Treppengiebel ——— d- alt- Häusern.
(e) ——— all- schwebt ein Duft von Rosenstöcken.
(f) Er hoffte, ——— d- Know-how der Niederländer ein Handelszentrum errichten zu können.
(g) Er war sein- Zeit weit ———.
(h) ——— d- Handelszentrum wurde nichts.
(i) Ein Rundgang beginnt ——— Marktplatz ——— sein- Brunnen.
(j) Friedrichstadt ist ——— holländisch- Vorbild angelegt.

6.5 DAS HEGAULAND

Seltsam, daß eine der gewaltigsten und zugleich lieblichsten deutschen Landschaften noch fast unbekannt ist, obwohl zum Platzen voll von Urgeschichte, Geschichte und Gegenwart: der Hegau vor dem Bodensee. Der Hegau ist ein geheiligtes Land. Jeder Stein spricht vom Urwerden der Erde. Feuer hob die Erdrinde, Qualm und Asche stieß aus dem Kratermund, und als vor Millionen Jahren die Oberfläche erkaltete, standen die vulkanischen Kegel da, kühn und herrlich geformt, jeder anders gebuckelt und gedrechselt, wie ein göttliches Kegelspiel. Eiszeiten kamen und Hitzezeiten. Zugleich mit der Auftürmung der Alpen war die Erdglut im Hegau herausgebrochen. Schnee fiel. Meere wogten, Flüsse rauschten, der Mantel der Berge verwitterte, fiel ab. Stehen blieben die harten Gesteinsmassen, welche die Lavaschlote umgaben. . . . Wer auf der Stettener Höhe aus dem Wald heraustritt, vor dem liegt der Hegau ausgebreitet wie ein Garten Gottes, und ihm wird offenbar die wunderbare Ordnung der Vulkanberge in zwei Reihen von Süd nach Nord. Einer um den andern reckt sein grünes Haupt aus den Feldern. Denn der Hegau ist unendlich fruchtbar, Korn wächst in goldenen Ähren aus der vulkanischen Erde, und die Sensen klingen. Da ist der Aachtopf nahe, die sprudelndste Quelle Deutschlands, beim Städtchen Aach, – die vorher im Boden versunkene

Der Hohentwiel im Mittelalter

Donau. Da ist der Binninger See, unterm Hohenstoffeln, der
letzte halbvermoorte Rest des Rheingletschers . . . Und da ist,
wahrhaftig, es glänzt ganz nahe: der Bodensee, der Rhein selbst
noch, der junge, silberne Strom von Radolfzell bis Stein! Denn
dieser Hegau gehört halb zu Deutschland, halb zur Schweiz.

(Ludwig Finckh, *Des Herrgotts Kegelspiel*,
© Veitsburg-Verlag, Ravensburg)

Das Bodenseegebiet

6.6 EXERCISES

6.6.1 Section A Word Study

The prefix *Ur . . .* in front of a word always means *very old*, or
ancient. What meanings would you give to the words *Urgeschichte;
Urwerden* in the text. Other examples you might try are *Urmensch;
Urgroßvater; Urzeit*.

6.6.2 Comprehension

The passage from *Feuer hob* as far as *Lavaschlote umgaben*
describes a geological process in fairly technical language. With the
help of the following translations, try to summarise *in English* the
process described.

die Erdrinde – the earth's crust
der Kratermund – mouth of the crater
die Oberfläche – surface
die Auftürmung – building up
Gesteinsmassen – masses of rock
Lavaschlote – lava chimneys

6.7 EXPLANATIONS

6.7.1 Select Vocabulary

gewaltig	powerful
lieblich	charming
die Gegenwart	present time
der Qualm	thick smoke
der Kegel (-)	skittle
gebuckelt	hunchbacked
gedrechselt	turned (as on a lathe)
wogen	to surge
verwittern	to weather
die Ähre (-n)	ear of corn
vulkanisch	volcanic
die Sense (-n)	scythe
sprudelnd	bubbling; effervescent

6.7.2 Expressions and Idioms

zum Platzen voll	full to bursting
stehen blieben die Gesteinsmassen	the masses of stone stood firm
unendlich fruchtbar	endlessly/infinitely fertile

6.7.3 Grammar

The following are the grammatical points forming the basis for the exercises in Section B.

(a) Uses of the Past Participle (Grammar Summary 12.13).
(b) More practice with strong verbs in the Imperfect Tense (Grammar Summary 12.7; 12.8(c)).

6.8 EXERCISES

6.8.1 Section B

Make a list of the *Imperfect* forms of the following strong verbs which you will find in the text.

heben; stoßen; stehen; kommen; sein; fallen; abfallen; stehen bleiben; umgeben.

6.8.2 Using the *Infinitives* given in the list below, translate into German the English phrases in parentheses.

(a) heiligen (a hallowed land).
(b) formen (beautifully formed).
(c) buckeln (each differently hunched).
(d) ausbreiten (before him the Hegau lies outstretched).
(e) versinken (the Danube, sunk into the earth).

6.9 LISTENING COMPREHENSION

Gabi is from Munich and Yvonne from Dortmund. Neither has ever visited the town where the other comes from. What sort of ideas do they have about their own home towns, and about the differences between North and South Germans?

Gabi: Also, ich hab schon immer in München gewohnt. Ich kenne auch nicht viel anderes. München ist eine sehr große Stadt, mit einer Kleinstadtatmosphäre – das ist es, worauf die Münchener am stolzesten sind, weil wir sagen, obwohl wir alle Möglichkeiten der Großstadt haben, geht's bei uns nicht hektisch zu, und man sitzt abends gemütlich im Biergarten oder auch wenn man einkaufen geht, rennt man nicht nur durch die Straßen, sondern setzt sich dazwischen zum Kaffee hin.

Yvonne: Also, ich war noch nie in München. Der einzige Eindruck, den wir haben, ist, daß es eine unheimlich teure Gegend ist. Diese Idee der Großstadt mit Kleinstadtatmosphäre ist mir völlig neu.

Gabi: Das stimmt. Es ist die teuerste Gegend in ganz Deutschland, und deswegen muß man mehr oder weniger in München geboren sein, damit man da schon seine Wohnung hat. Ein Haus in München kostet ein Vermögen. Je weiter man von München wegzieht, desto eher kann man sich ein Haus leisten.

Yvonne: Also, ich bin in Dortmund geboren, und hab da auch immer gelebt. Im Gegensatz zu München ist Dortmund sehr billig, sowohl was Häuser betrifft als auch Wohnungen, als auch jede Form von Einkauf oder so. Dortmund hat eigentlich einen schlechten Ruf. Ich kann allen nur widersprechen, denn ich lebe nämlich gern in Dortmund. Es hat einen schlechten Ruf als Industriestadt. Ich meine, es stimmt schon so einiges drum herum. Aber Dortmund hat nun schon schöne Bezirke.

Gabi: Warum, gibt's den Smog nicht mehr?

Yvonne: O ja, Smog haben wir immer noch. Was wir jetzt als Smog haben ist eigentlich im Winter eher, wenn's richtig unheimlich kalt ist – aber das gibt's auch in anderen Teilen Deutschlands so weit ich weiß.

Gabi: Man sagt, daß die Norddeutschen freundlicher und hilfsbereiter sind als die Süddeutschen – vom ersten Eindruck her. Ich war noch nie in Norddeutschland, aber von dem, was mir andere Leute sagen, ist es so.

Yvonne: Die südlichste Gegend, in der ich war, war Freiburg, oder so. Mein Vater ist aus Freiburg. Mentalitätsmäßig würde ich nicht sagen daß, der Unterschied zwischen Norddeutschen und Süddeutschen so groß ist. Das sind mehr Vorurteile als sonst was, soweit ich das beurteilen kann.

Gabi: Ich glaube, daß es in den bayerischen Dörfern auf dem Land sehr viel noch die Bayern gibt, die nicht mit den Norddeutschen reden wollen.

6.10   **EXERCISES**

6.10.1   The following *expressions of time* occur in the conversation:

schon immer; noch nie; nicht mehr; immer noch;

(a)   Listen for the sentences in which these phrases appear, and write them down.

(b)   Make up your own sentences on the same pattern, as though you were talking to German friends about the place where you come from, the length of time you have lived there, places you have never been to, etc.

6.10.2 Listen to the conversation again, and write down the *German phrases* that have the following meanings:

(a)   . . . or else, when one goes shopping, . . .
(b)   The only impression we have is . . .
(c)   This idea is completely new to me.
(d)   The further you move away from Munich the more likely you are to be able to afford a house.
(e)   I was born in Dortmund.
(f)   . . . as far as houses are concerned as well as flats.
(g)   That sort of thing is sort of vaguely true.
(h)   As far as I know.
(i)   They are a race apart.
(j)   On first impression.

6.10.3 Write an informal letter to a friend in Germany telling him or her about this conversation which you heard recently. Give your reactions to it (is it surprising that the two girls know so little about each other's part of Germany, or is this what you would expect?). Express any other views you have and repeat any of the statements heard if it helps you to make your point.

MODERNES REISEN

Chapters 5 and 6 have suggested places which are worth a visit when travelling in German-speaking countries. But although Germany was the first European country to build motorways, the modern road system is hard put to cope with the volume of traffic at certain times, and instead of getting to one's destination, perhaps the traffic jam itself becomes the scene for a little socialising, as in the first passage below. The train could prove a quicker way of getting around, and certainly the *Deutsche Bundesbahn* are doing everything to modernise the business of ticket selling, as explained in the second passage.

7.1 WARUM IST ES IM STAU SO SCHÖN?

»Bei Geiselwind wagte der Typ von nebenan den ersten Anmach-Versuch durchs Seitenfenster.« Für die Kölner Versicherungsangestellte Waltraud Weiß war es ein ganz neues Autobahnerlebnis. Knapp zwei Stunden schob sie sich Tür an Tür mit ihrem Dauernachbarn zwischen Würzburg und Nürnberg im Stau voran, immer stop and go. Weiter vorne tauschten wildfremde Menschen Kneipen- und Wandertips für das gemeinsame Feriengebiet aus, Zigaretten und Cola wurden von Wagen zu Wagen gereicht.

Für viele Autofahrer sind Ärger und Stress im Stau zum schaurigschönen Gruppenerlebnis geworden. Menschen, die sonst in ihrem Blechgehäuse isoliert sind, entdecken ein Gemeinschaftsgefühl wie am Strand von Rimini. Ein ADAC-Stauberater vor Ort: »Dabeisein ist für diese Leute alles, man zeigt, daß man dazugehört. Einige prahlen sogar später mit ihren Staurekorden am Stammtisch.« Wer nicht staut, ist offenbar nicht »in«.

In Spitzenzeiten zwischen Juni und September rollen bis zu 400 000 Fahrzeuge am Tag mehr über bundesdeutsche Autobahnen. Wenn an den Wochenenden bis zum 14. September die Reisewelle aus dem Süden zurückschwappt, ist wieder Stau-Zeit. Alte Hasen wissen, wie man mit einfachen Tricks dem Kolonnen-Kollaps entkommt, zum Beispiel mit Hilfe des Verkehrsfunks. Die Meldungen hinken zwar oft hinterher, Hinweise auf längere Staus sind aber immer mit Umleitungsempfehlungen gekoppelt. Wer an der nächsten Ausfahrt den weißen Pfeilen mit Nummer auf blauem Grund folgt, vermeidet größere Zwangspausen. Lieber über eine leere Landstraße fahren, als auf der verstopften Autobahn stehen.

Diese Umleitungsschilder werden immer noch viel zu wenig beachtet. Wolfgang Böcher, Professor für Verkehrspädagogik, glaubt den Grund zu kennen: »Die Schilder sind zu abstrakt. Da weiß keiner, wie und wo er weitergeht.« Böcher verweist auf Versuchsergebnisse in den USA, wonach nur klare Routenbeschreibungen mit genauer Zielangabe befolgt werden. Die fehlt bei den blauen Rechtecken völlig. Dennoch kann man ihnen vertrauen, weil sie den Fahrer narrensicher ohne Kartenstudium und Ortskenntnis um den Stau herumlotsen.

Wie entkrampfend solche Ausweichrouten sein können, wenn sie befolgt werden, berichtet der ADAC. Er bot den Staugeplagten eine farbig markierte weiträumige Ausweichstrecke für die überlastete Autobahn München–Salzburg an. Die »Blaue Route« führt über Straubing, Eggenfelden durchs bayrische Hinterland.

Touristiksprecher Henno Heintz: »Ein voller Erfolg, aber da standen plötzlich die Gemeindeväter bei uns auf der Matte und beschwerten sich, daß wir die stinkende Autolawine durch ihre Ferienorte schleusten.«

Gegen die schlimmsten Hindernisse, die Baustellen, kann der Urlaubsfahrer sich kaum wappnen. Insgesamt sind es in diesem Sommer 130, mehr als die Hälfte davon auf den klassischen Reiserouten. Wenn die Fahrbahn dann zwischendurch mal nicht eingeengt ist, verstopfen oft mehr Linksfahrer den Überholstreifen, während rechts genügend große Lücken frei bleiben.

Der beste Tip für eine streßfreie Ferienfahrt ist nach wie vor, die »heißen Wochenenden« zu meiden. Wer dienstags, mittwochs, donnerstags oder sonnabends reist, kommt am besten durch. Doch solche Termine scheitern häufig an den Fehlplanungen von Großbetrieben und Reiseveranstaltungen. Viele Konzerne schicken ihre Mitarbeiter immer noch zum Wochenen-

de in den Urlaub, und samstags ist traditionell »Bettenwechsel«
in den Ferienorten.

(Peter Weyer, © *STERN*, **33**, 7. August 1986)

7.2 EXERCISES

Section A

7.2.1 Word Search

German is particularly rich in its ability to invent new *compound*
words. This is particularly true of the language of newspapers and
magazines, where many compound words are used which you will not
normally find in dictionaries. These words may at first sight make the
passage look more difficult, but if you get used to working out the
meaning from the parts of the word, you can quickly extend your
reading ability and your vocabulary. Below is a list of such words
taken from the text. Using a dictionary if necessary, work out the
meanings of these words in the context, and suggest a translation:

Anmachversuch
Versicherungsangestellte
Dauernachbar
wildfremd
schaurig-schön
Blechgehäuse
Staurekord
Spitzenzeit
Reisewelle
Verkehrsfunk
Umleitungsempfehlungen
Zwangspause
Verkehrspädagogik
Versuchsergebnis
Zielangabe
narrensicher
Ausweichroute
Staugeplagten
Touristiksprecher
Autolawine

Überholstreifen
streßfrei
Fehlplanungen
Bettenwechsel

7.2.2 Answer the following questions in *English*.

(a) Give examples of the things people do while waiting in traffic jams.
(b) What happens in the traffic jam which the author feels can be compared with holidays in Rimini?
(c) How do experienced drivers manage to avoid some of the problems?
(d) Why does Professor Böcher think that people pay too little attention to signs indicating alternative routes?
(e) Who are the *Gemeindeväter*, and why do they complain about the proposed alternative holiday routes?
(f) What are the worst hold-ups caused by, and why do *Linksfahrer* make the situation worse?
(g) What is the best tip for avoiding the jams?

7.3 EXPLANATIONS

7.3.1 Select Vocabulary

der Stau (-e)	(traffic) jam
tauschen	to exchange
der Ärger (no plural)	annoyance
prahlen	to boast
zurückschwappen	to wash back
der Pfeil (-e)	arrow
vermeiden (ie, ie)	to avoid
verweisen (ie, ie) auf	to point to
sich beschweren	to complain
sich wappnen	to arm oneself
scheitern	to break down

7.3.2 Expressions and Idioms

dabeisein ist für diese Leute alles	to be part of it all is everything for these people
alte Hasen wissen	old hands (lit. *old hares*) know

die Meldungen hinken zwar oft hinterher	it's true that the announcements often limp along behind
nach wie vor	as always

7.3.3 Grammar

The following are the grammatical points which form the basis for the exercises in Section B, and for further study.

(a) Use of Imperfect Tense (Grammar Summary 12.8(c)).
(b) Passive Voice (Grammar Summary 12.8(e).
(c) Compound Nouns (Grammar Summary 1.1(g)).

7.4 EXERCISES

Section B

7.4.1

Below are sections from the text which occur in the Present Tense. Rewrite these sections putting verbs in italics into the *Imperfect Tense*.

Für viele Autofahrer *sind* Ärger und Stress im Stau zum schaurig-schönen Gruppenerlebnis geworden. Menschen, die sonst in ihrem Blechgehäuse isoliert *sind, entdecken* ein Gemeinschaftsgefühl. In Spitzenzeiten *rollen* bis zu 400 000 Fahrzeuge am Tag mehr über die Autobahnen. Alte Hasen *wissen*, wie man mit einfachen Tricks dem Kolonnen-Kollaps *entkommt*, zum Beispiel mit Hilfe des Verkehrsfunks. Die Meldungen *hinken* zwar oft hinterher, Hinweise auf längere Staus *sind* aber immer mit Umleitungsempfehlungen gekoppelt.

Gegen die schlimmsten Hindernisse, die Baustellen, *kann* der Urlaubsfahrer sich kaum wappnen. Insgesamt *sind* es in diesem Sommer mehr als 130. Wenn die Fahrbahn dann zwischendurch mal nicht eingeengt *ist, verstopfen* auch mehr Linksfahrer den Überholstreifen, während rechts genügend große Lücken frei *bleiben*.

7.4.2 Read the section in the Grammar Summary which is concerned with the Passive Voice, then write short explanations to show that you understand the use of either *werden* or *sein* as auxiliary verb in the following examples taken from the passage.

Zigaretten und Cola wurden . . . gereicht.
Menschen, die in ihrem Blechgehäuse isoliert sind.
Hinweise auf längere Staus sind immer mit Umleitungsempfehlungen gekoppelt.
Diese Umleitungsschilder werden immer noch zu wenig beachtet.
. . . wonach nur klare Routenbeschreibungen befolgt werden.
Wenn die Fahrbahn dann nicht zwischendurch mal eingeengt ist . . .

7.4.3 Put the following sentences into the *Passive Voice*, as in the Model.

Model: Menschen tauschten Wandertips für das gemeinsame Feriengebiet aus.

Response: Wandertips für das gemeinsame Feriengebiet wurden von Menschen ausgetauscht.

(a) Menschen entdecken ein Gemeinschaftsgefühl.
(b) Der Autofahrer vermeidet größere Zwangspausen.
(c) Die Fahrer beachten die Umleitungsschilder viel zu wenig.
(d) Der ADAC bot den Staugeplagten eine Ausweichstrecke.
(e) Sie schleusten die Autolawine durch die Ferienorte.
(f) Die Linksfahrer verstopfen den Überholstreifen.
(g) Die Autofahrer vermeiden die »heißen Wochenenden«.
(h) Die Konzerne schicken die Mitarbeiter zum Wochenende in den Urlaub.

7.5 MODERN MIT MOFA UND MIKROCHIP

Wie in zahlreichen Großstadtbahnhöfen geht auch in den kleineren DB-Stationen die Zeit der Pappfahrkarte und der Fahrkartendrücker zu Ende. Mehr und mehr kommen die Tickets aus dem »Mofa«-Terminal – modernisierter Fahrausweis-Verkauf mit Computer-Hilfe also.
Mofa kommt meist im Zuge der Renovierung von Grund auf: Allenthalben ist die Bahn darum bemüht, den Bahnhöfen, die gewissermaßen die »Kaufhäuser« ihrer Produkte sind, neue, kundenfreundliche Zweckmäßigkeit zu geben. So verschwinden

die althergebrachten Schalterhallen zugunsten der DB-Reisezentren. Ein neuer Begriff, der seine Äußerlichkeiten hat. Die »Abteilungen Fahrkartenverkauf« bekommen in einheitlicher, unverwechselbarer Form- und Farbgebung ein neues Gesicht. In einem mehrjährigen Investitionsprogramm baut die Bahn eine Reihe großer und kleiner Empfangsgebäude völlig um; darüber hinaus werden weitere Bahnhöfe dem Stil der »neuen Bahn« zumindest angepaßt.

Bis zum Ende des vergangenen Jahres hatte das Mofa-Zeitalter bereits in 520 Bahnhöfen begonnen. Gleichzeitig wuchs die Zahl der elektronischen Fahrkartenverkäufer: Für Nahverkehrs-Fahrkarten stehen mittlerweile bundesweit 2700 Verkaufsautomaten zur Verfügung, die unabhängig von Schalterstunden gerade in den kleineren Bahnhöfen jederzeit im »Dienst« sind und jede Fahrkarte für Reisen bis zu 50 Kilometer im Umkreis ausgeben . . .

Elektronik und Mikroprozessoren »regieren« verstärkt auch hinter den Kulissen des Bahnbetriebs: Das seit Jahrzehnten betriebene Modernisierungsprogramm für die Signaltechnik macht auch vor weniger befahrenen DB-Strecken nicht Halt. Allein im vergangenen Jahr hat die Bahn 30 moderne Gleisbildstellwerke gebaut und damit über 100 alte Anlagen von gestern und vorgestern überflüßig gemacht.

Rationalisierung, die damit unmittelbar den dünnbesiedelten Regionen zu Gute kommt: Wo die Bahn sparsam fährt, muß sie sich die Frage der Wirtschaftlichkeit viel später stellen, als wenn der Aufwand die geringeren Einnahmen gewissermaßen mit einem großen Happen verschlingt.

7.6 EXERCISES

Section A

7.6.1 Word Study – Synonyms

Find words in the text which have the *same meanings* as words in the list below:

(a) viele
(b) überall
(c) überall gleich
(d) schon

Intercity-Zug der Deutschen Bundesbahn

(e)   unterdessen
(f)   immer
(g)   unnötig; zwecklos.

7.6.2 Comprehension

(a)   What exactly is *Mofa* as described in the text?
(b)   Explain what you understand when the writer speaks of making
        the stations more *kundenfreundlich*.
(c)   What is the great advantage of automatic ticket machines?
(d)   What other aspect of the railways is being modernised, besides
        the issuing of tickets?

7.7   EXPLANATIONS

7.7.1 Select Vocabulary

die Pappfahrkarte (-n)   thin cardboard ticket
die Zweckmäßigkeit   effectiveness

althergebracht	traditional
der Begriff (-e)	concept
die Äußerlichkeit (-en)	superficiality
umbauen	to rebuild
verstärkt	more intensively
dünnbesiedelt	sparsely populated
der Aufwand	expenditure
die Einnahme (-n)	income, receipts
der Happen (-)	mouthful

7.7.2 Expressions and Idioms

die Zeit geht zu Ende	the time is coming to an end
im Zuge der Renovierung von Grund auf	in the course of fundamental renovation
darüber hinaus	in addition
2700 Verkaufsautomaten stehen zur Verfügung	2700 sales automats are available
bis zu 50 Kilometer im Umkreis	up to a radius of 50 km
macht auch vor weniger befahrenen DB-Strecken nicht Halt	is going ahead even on DB routes which are less busy
Rationalisierung, die den dünnbesiedelten Regionen zu Gute kommt	rationalisation which benefits the sparsely populated regions

7.7.3 Grammar

The following are the grammatical points in the text which form the basis for the exercises in Section B.

(a) Practice with nouns and adjectives in the plural (Grammar Summary 1. 2; 4).

(b) Use of various adverbs: *damit; jederzeit; gewissermaßen; mittlerweile; gleichzeitig* (Grammar Summary 5).

7.8 EXERCISES

7.8.1 Without referring back to the text, insert the correct *plural* endings in the gaps of the following sentences:

(a) In d- kleiner- DB-Station-.

(b) Die Bahnhöfe sind gewissermaßen d- Kaufhäuser ihr-Produkt-.

(c) Die Bahn baut eine Reihe groß- und klein- Empfangs-gebäude völlig um.

(d) Rationalisierung, die damit d- dünnbesiedelt- Region- zu Gute kommt.

7.8.2 Insert into the gaps in the following sentences an appropriate *adverb* taken from the list which follows the exercise.

(a) Die Tickets kommen ———— aus dem »Mofa«-Terminal

(b) Die Bahnhöfe werden ———— von Grund auf renoviert.

(c) Die Bahnhöfe sind ———— die Kaufhäuser ihrer Produkte.

(d) Weitere Bahnhöfe werden dem Stil der »neuen Bahn« ———— angepaßt.

(e) Das Mofa-Zeitalter hat ———— in vielen Bahnhöfen begonnen.

(f) Für Nahverkehrs-Fahrkarten stehen ———— viele Verkaufs-automaten zur Verfügung.

(g) Die Verkaufsautomaten sind ———— im Dienst.

(*bereits; gewissermaßen; mittlerweile; mehr und mehr; meist; zumindest;*

7.9 LISTENING COMPREHENSION

Reisen

Jürgen: Ich reise unheimlich gern. Das Einzige, was mich daran stört, sind normalerweise die Preise. Wenn ich wählen kann, das Transportmittel, das ich am liebsten habe, ist wahrscheinlich der Zug. Ich fahre unheimlich gern mit dem Zug, man lernt nämlich so viele Leute kennen. Man muß nicht, wie im Bus, auf dem Platz sitzen bleiben. Für mich ist es eigentlich schöner, als mit dem Rucksack irgendwo in der Gegend herumzuziehen. Im Urlaub, wenn man irgendwo hinfährt, ist es eigentlich gut, wenn das relativ lange dauert.

Petra: Anfahrtswege mag ich überhaupt nicht. Mir ist es nur wichtig, möglichst schnell am Ort anzukommen. Und die Reise selber ist eigentlich eine Strapaze – vor allem Heim-reisen kann ich überhaupt nicht ausstehen. Die Reise ist, daß man an den Ort hinkommt, dann am Ort selber schon, da fahr ich gern Bus, da fahr ich gern Zug, da fahr ich eigentlich alles gern. Aber nur für begrenzte Zeit. Ich fahr auch gern in andere Länder, aber das liebste ist mir das Flugzeug, wo man ganz schnell wo ankommt. Dann ist es mir natürlich am liebsten, wenn am Flughafen gleich ein gemietetes Auto bereit steht, – Ich hatte noch nie eines, aber das wäre das beste.

Jürgen: Die einzigen Reisen, die mich stören, ist wenn ich Strecken fahre, die ich schon kenne. Wenn ich jetzt zum Beispiel zurück nach Deutschland fahre, bin ich schon über verschiedene Strecken und mit verschiedenen Transportmitteln gefahren. Ansonsten, das beste ist, wenn ich nicht weiß, wie ich ankomme und wann ich ankomme, – das finde ich am spannendsten. Ich fahre unheimlich ungerne Auto, also Mitfahrer, da langweile ich mich immer.

Petra: Wenn wir schon wissen, daß ein Stau auf der Autobahn ist, dann fahren wir nicht. Wir warten eben, bis die ersten paar Ferientage vorbei sind. Es ist viel angenehmer in England zu fahren, vor allem auf der Autobahn, weil die Engländer sich mehr an die Geschwindigkeitsbegrenzung halten. Das heißt, wenn man in der schnellen Spur ist, fährt man eigentlich nur 80 Meilen in der Stunde, aber wenn man in Deutschland in der schnellen Spur ist, dann braucht man ein schnelles Auto, sonst schafft man's nicht.

Jürgen: Es ist schrecklich in Deutschland einen Lastwagen zu überholen. Man ist gerade dabei, zu überholen, wenn von hinten einer kommt mit Licht und Hupen. So was haße ich.

Petra: Aber es ist eben so, wenn man eine normale schnelle Geschwindigkeit von 130 Stundenkilometern fährt, kommt man eigentlich nicht in die schnelle Spur rein, und wenn man's tatsächlich mal geschafft hat, dann sitzt gleich einer hinten dran – es ist viel streßiger in Deutschland Auto zu fahren.

7.10   EXERCISES

7.10.1   Comprehension

(a)   What is it that Jürgen likes so much about travel by train?
(b)   What is Petra's view about travel in general?
(c)   What is her favourite form of transport and her dream?
(d)   What is Jürgen's pet dislike about travel?

(e) Why does Petra think it is more pleasant to drive in England?
(f) What is the problem on a German Autobahn if you try to overtake a lorry?

7.10.2 Listen again, then make two lists, one of the expressions for liking things, and the other for expressing dislike.
For example: Ich reise unheimlich gern.
Ich fahre unheimlich ungerne.

7.10.3 Read the section in the Grammar Summary (10) which deals with the use of Particles such as *mal* and *eben* in conversation. Then give colloquial English renderings for the following statements in italics in the conversation.

(a) Man lernt *nämlich* so viele Leute kennen.
(b) Für mich ist es *eigentlich* schöner . . .
(c) Wir warten *eben*, bis die ersten paar Ferientage vorbei sind.
(d) Wenn man's tatsächlich *mal* geschafft hat . . .

7.10.4 Make up your part of a conversation with a German friend expressing your likes and dislikes about travel. Use some of the expressions below to help you:

Ich reise unheimlich gern / gar nicht gern;
was ich am liebsten habe / was mich daran stört;
wenn ich wählen kann, . . .
was für mich am schönsten ist;
 . . . mag ich überhaupt nicht.
bei mir ist immer nur die Frage . . .
da fahr ich gern Bus / Zug;
ich fahre auch gern . . .
dann ist mir natürlich am liebsten, wenn . . .
das liebste ist mir . . .
das beste ist, wenn . . .
das finde ich am besten / am spannendsten / am streßigsten;
ich fahre unheimlich ungerne Auto / Bus;

LITERARISCHE ZWISCHENSPIELE II

LITERARISCHE
ZWISCHENSPIELE II

The wave of modern tourism has not been slow to discover the variety of the landscapes which lie in the German-speaking countries. But the tourists and writers of brochures are far from being the first to appreciate these pleasures. Literature is full of examples of deep attachment to the homeland by many authors, and the pleasures of travel. The following series of texts gives a selection of such writing, taking as its theme the variety of landscapes within what is now two German states between the Rhein and the Oder, and between the North Sea and the Alps, and then, beyond the boundaries of the two Germanies, to Austria and Switzerland.

LZ 2.1 STORM – DIE STADT

Starting in the far north, Theodor Storm (1817 – 88) was a native of Husum on the coast of Schleswig-Holstein. His Novelle *Der Schimmelreiter* gives a vivid picture of landscapes, people and customs in his beloved homeland, but it is above all in his lyric poetry that this intense feeling emerges most strongly. In the poem below, the *Stadt am Meer* may be grey and isolated, but for him it is the centre of an emotional universe.

          Die Stadt

> Am grauen Strand, am grauen Meer
> und seitab liegt die Stadt;
> der Nebel drückt die Dächer schwer,
> und durch die Stille braust das Meer
> eintönig um die Stadt.

Es rauscht kein Wald, es schlägt im Mai
kein Vogel ohn' Unterlaß;
die Wandergans mit hartem Schrei
nur fliegt in Herbstesnacht vorbei
am Strande weht das Gras.

Doch hängt mein ganzes Herz an dir,
du graue Stadt am Meer;
der Jugend Zauber für und für
ruht lächelnd doch auf dir, auf dir,
du graue Stadt am Meer.

LZ 2.2 HEINE – DIE NACHT AM STRANDE

Heinrich Heine (1797 – 1856) was another writer who fell under the spell of the North Sea when he went to spend a holiday on the island of Norderney in 1826. His North Sea poems use free rhythms to convey the shifting moods of the sea, and he conjures up the legendary past of the Norse sagas. Below are the first 17 lines of one of these poems:

                Die Nacht am Strande

Sternlos und kalt ist die Nacht,
Es gärt das Meer;
Und über dem Meer, platt auf dem Bauch,
Liegt der ungestaltete Nordwind,
Und heimlich, mit ächzend gedämpfter Stimme,
Wie'n störriger Griesgram, der gutgelaunt wird,
Schwatzt er ins Wasser hinein,
Und er erzählt viele tolle Geschichten,
Riesenmärchen, totschlaglaunig,
Uralte Sagen aus Norweg,
Und dazwischen, weitschallend, lacht er und heult er
Beschwörungslieder der Edda,
Auch Runensprüche,
So dunkeltrotzig und zaubergewaltig,
Daß die weißen Meereskinder
Hoch aufspringen und jauchzen,
Übermutberauscht.

LZ 2.3 **BÖLL – DER RHEIN**

Just as the North Sea carries a whole weight of history and legend
which impresses itself on Heine, so the Rhein has always had a
powerful tradition of legend and symbolism for German writers.
Amongst modern authors who have written of their feelings for the
great river is Heinrich Böll, (1917 – 86) a native of Köln. In this
passage he speaks of the Romans who founded many of the cities on
its banks:

Der Rhein ist männlichen Geschlechts, keltisch ist sein Name,
römischen Ursprungs sind die Städte an seinen Ufern. Die
Römer brachten den Stein, pflasterten Straßen, bauten Paläste,
Lager, Tempel und Villen. In Steinen brachten sie den ver-
geblichen Traum von Dauer, Steine blieben als Zeichen ihrer
vergangenen Herrschaft. Den deutschen Kaisern hinterließen
sie die Erbschaft: Herrschen bedeutet bauen und Gesetze
geben. Auf Flößen rheinabwärts, die Nebentäler hinauf, brachten die Römer Marmorblöcke, fertige Säulen, Kapitelle – und die
Lex. Der Rhein war Straße und Grenze zugleich, nicht Grenze
Deutschlands, nicht Sprachgrenze, er trennt anderes voneinander als Sprachen und Nationen. Der Rhein hat nichts von der
fälschlicherweise sprichwörtlichen rheinischen Verbindlichkeit.
Bis in die Neuzeit hinein, die ein sechshundert Meter breites
Wasser als kein Hindernis erachtete, bewies es, daß er Grenze
ist. Im Jahre des Heils 1945 war es kein geringeres Abenteuer,
als es zur Römerzeit gewesen sein muß, von einem Ufer auf das
andere zu gelangen.

(Heinrich Böll, *Der Rhein*. From Essayistische Schriften und
Reden, © Verlag Kiepenhauer und Witsch, 1979)

LZ 2.4 **GOETHE – AUF DEM SEE**

The Rhein was well-known to Goethe, born in Frankfurt on one of
the tributaries of the Rhein. Goethe was a student at Straßburg, then
a German town.
   Later in his life the Rheinland was the scene of a nostalgic journey
in 1814 and a love affair which led to an outpouring of lyrics in the
collection called *Westöstlicher Divan*. In his long life, Goethe

Landschaft im Rheintal

travelled widely in the area now known as the two German states, in Frankfurt, as a student in Leipzig, living for many years in Weimar, and touring later in life in the Rheinland. But though the frontiers of the German states and of Austria have changed with the shifts in power politics over the years, the 13 cantons of Switzerland have remained intact and largely unaffected by international political movements since the setting up of the Confederation in the sixteenth century. Goethe first went to Switzerland in May 1775, visiting Lavater and Bodmer in Zürich, and undertaking a mountain tour lasting several days. On 15 June, he took a boat up the Lake of Zürich, which is the scene of the following poem.

 Auf dem See

> Und frische Nahrung, neues Blut
> Saug' ich aus freier Welt;

Wie ist Natur so hold und gut,
Die mich am Busen hält!
Die Welle wieget unsern Kahn
Im Rudertakt hinauf,
Und Berge, wolkig himmelan,
Begegnen unserm Lauf.

Aug', mein Aug', was sinkst du nieder?
Goldne Träume, kommt ihr wieder?
Weg du Traum! so gold du bist;
Hier auch Lieb' und Leben ist.

Auf der Welle blinken
Tausend schwebende Sterne,
Weiche Nebel trinken
Rings die türmende Ferne;
Morgenwind umflügelt
Die beschattete Bucht,
Und im See bespiegelt
Sich die reifende Frucht.

LZ 2.5 STIFTER – AUSBLICK VOM STEPHANSDOM BEI SONNENAUFGANG

One of the texts in Chapter 5 refers to the Stephansdom in the centre of Vienna. The view from the top of the cathedral is described by one of the greatest masters of prose fiction in the middle of the 19th century, Adalbert Stifter (1805–68). Stifter was an Austrian, born at Oberplan in the Bohemian Forest, and he writes with harmony and serenity about nature in all her moods. Here his view from the Stephansdom spans the Alps from Switzerland to the Hungarian border.

Der Himmel fängt an, im Osten lichter zu werden, und die dunkle Landschaftsscheibe löst sich, wenn vorerst nur in einzelne größere Teile. Gegen Norden ziehen und ruhen Nebel. Dort ist die Donau, und die dunkleren Streifen, die im Nebel liegen oder mit ihm zu gehen scheinen, sind Auen, durch welche der schöne Strom wallt. Allmählich wird der Himmel im Morgen immer klarer, die Sterne blaßer, und die Rundsicht beginnt deutlicher zu werden. Jenseits des Nebels ist ein fahlroter Hauch hinaus: es ist das Marchfeld. Rechts von ihm, unter der hellsten Stelle des Himmels im Osten, schneidet sich der Rand der Scheibe am schärfsten von der Luft; dort sind die Karpathen, die ungarischen Höhenzüge, und ist die ungarische Grenze. Die Berge im Westen, welche jetzt fast unschön schwarz in den Himmel ragen, sind anmutige Höhen, die gegen ihren Fuß herab Reben hegen, in denen Landhäuser, Dörfer und Schlößer herum gestreut sind. Nach und nach wird der Morgenhimmel golden, die Sterne sind erloschen, und der Süden tritt in die Rundsicht ein. Dort steht ein Berg mit bleigrauem Lichte auf dem Schnee, den sein Rücken hie und da trägt. Es ist der Schneeberg, eine Tagereise von Wien, das letzte Haupt in jener Bergkette, welche von der Schweiz ausläuft, durch Tirol und Salzburg geht, zwischen Österreich und Steiermark hinzieht, manchen Gipfel mit Eis und Schnee zeigt, und hier gegen Ungarn hin mit einem Male ein Ende nimmt.

(*Vermischte Schriften,* 1844)

LZ 2.6 HEINE – DIE HARZREISE

Although Germany in the nineteenth century comprised numerous states, there were no restrictions on movement by frontiers as impenetrable and inhuman as the fence that runs from the Baltic to Czechoslovakia to separate the Federal Republic and the GDR. Heine's famous walk through the Harz mountains in 1824 (published as *Die Harzreise* in 1826) would not now be possible. From Göttingen, where he had studied, Heine made his way to Goslar, and then eastwards, over the present frontier with the GDR, to climb the Brocken, the highest point in the Harz, and nowadays, despite its romantic associations with Faust and Walpurgisnacht, topped by an ugly radio station.

Je höher man den Berg hinaufsteigt, desto kürzer, zwerghafter werden die Tannen, sie scheinen immer mehr und mehr zusammenzuschrumpfen, bis nur Heidelbeer-und Rotbeersträuche und Bergkräuter übrig bleiben. Da wird es auch schon fühlbar kälter. Die wunderlichen Gruppen der Granitblöcke werden hier erst recht sichtbar; diese sind oft von erstaunlicher Größe. Das mögen wohl die Spielbälle sein, die sich die bösen Geister einander zuwerfen in der Walpurgisnacht, wenn hier die Hexen auf Besenstielen und Mistgabeln einhergeritten kommen ... In der Tat, wenn man die obere Hälfte des Brockens besteigt, kann

man sich nicht erwehren, an die ergötzlichen Blocksberg-
geschichten zu denken, und besonders an die große mystische
Nationaltragödie vom Doktor Faust . . . Und ich glaube, auch
Mephisto muß mit Mühe Atem holen, wenn er seinen Lieblings-
berg ersteigt; es ist ein äußerst erschöpfender Weg, und ich war
froh, als ich endlich das langersehnte Brockenhaus zu Gesicht
bekam.

PART III
GESELLSCHAFT

UMWELT

Issues involving environmental pollution have been of enormous importance in the Federal Republic in recent years. Public awareness of environmental issues, particularly amongst the young, has been very high. *Die Grünen*, the political party whose policies stress social responsibility in the exploitation of the environment, have advanced to parliamentary status, and the language itself is full of new creations which show these concerns, words such as *umweltfreundlich, umweltbewußt*, etc. The first of the passages below shows how the concern for care of the environment is spreading even to the use of pesticides in private gardens. The second passage is concerned with a particular aspect of air pollution, the erosion of ancient stone monuments.

8.1 WERFEN SIE IHRE GIFTSPRITZE WEG!

Pestizide sind ein Sammelname für das, was die Chemieindustrie häufig beschönigend »Pflanzenschutzmittel« nennt. Pflanzen »schutz« mittel? Besser sollte man sagen: Insektentötungsmittel oder Kräutertötungsmittel.

Viele Pflanzen, die am Feld- oder Wegesrand standen, sind verschwunden und mit ihnen die Vielfalt der Lebewesen, die von und in ihnen gelebt haben: die Vögel, die Insekten und andere Pflanzen, die nur im Schatten dieser Kräuter leben konnten. Über die Luft und die Flüsse gelangen die Pestizide auch in die Nordsee, wo sie dazu beitragen, Tiere und Pflanzen zu vergiften. Im Regenwasser wurden inzwischen Pestizidkonzentrationen gemessen, die weit über den Grenzwerten von Trinkwasser liegen.

»Melden Sie Minister Töpfer, daß auch hier eine Endlagerung unmöglich ist!«

Nicht nur die Bauern mit ihrem geballten Pestizid- und Kunstdüngemitteleinsatz sind dafür verantwortlich, nicht nur Städte und Kommunen, die das Gift in Parks, an Straßenrändern und Eisenbahnstraßen einsetzen. Verantwortlich sind auch viele der mehr als 14 Millionen Bundesbürger, die einen Haus- oder Kleingarten besitzen. Etwa 2000 Tonnen Pestizidwirkstoffe werden jedes Jahr an Hobbygärtner verkauft, das sind immerhin fast zehn Prozent der Jahresproduktion.

Und wofür das alles? Scheinbar erleichtern Pestizide die Gartenarbeit. Besonders Bürger, die darin nicht sehr erfahren sind, machen Fehler, die sich mit Hilfe der Pestizide aufheben lassen. Doch wir zahlen für Gärten mit optisch makellosem Obst oder argentinischem Pampagras mit schweren ökologischen und gesundheitlichen Schäden. ... Deshalb raten wir Ihnen:

– Verwenden Sie ab sofort in Ihrem Klein- oder Hausgarten keinerlei Pestizide und künstliche Düngemittel mehr.

– Legen Sie in Ihrem Garten Mischkulturen und Komposthaufen an. Verwenden Sie nur standortnahe Pflanzen, und verzichten Sie auf exotische Kulturen. Informieren Sie sich in der einschlägigen Literatur oder bei den Verbraucherzentralen über Wege eines »Gärtnerns ohne Gift«. Gewinnen Sie auch Ihre Nachbarn und Freunde dafür.

– Restbestände an Kunstdünger und Pestizide werfen Sie nicht in den Hausmüll, sondern geben Sie bei der Sondermüll-Sammelstelle ab oder dort, wo Sie die Chemikalien gekauft haben.

– Setzten Sie sich dafür ein, daß das Pflanzenschutzgesetz eingehalten wird und in Supermärkten, Gartencentern, etc. keine chemischen Mittel ohne gezielte Beratung – am besten gar nicht mehr – verkauft werden!

– Setzen Sie sich bei Ihren Behörden dafür ein, daß im »öffentlichen Grün« wie auf Friedhöfen und Parkanlagen keine Pestizide mehr angewendet werden. Verlangen Sie, daß die »Anwendungsverordnung« für Pestizide endlich dahingehend geändert wird, daß hochgiftige und langlebige Substanzen wie 2, 4, 5-T (»Agent Orange«, bekannt aus dem Vietnam-Krieg) nicht mehr angewendet werden dürfen.

(Monika Griefahn und Michael Braungart,
© STERN, 21. Juli 1988).

8.2 EXERCISES

Section A

8.2.1 Word Study

From the information given below, devise suitable *English translations* for the following compound words in the text.

Pflanzenschutzmittel; Kräutertötungsmittel; Kunstdüngemitteleinsatz; Pestizidwirkstoffe; Sammelname; Sondermüll-Sammelstelle; Anwendungsverordnung.

(*schützen* = to protect; *das Mittel* = method, means, agent; *das Kraut* = herb, plant; *töten* = to kill; *künstlich* = artificial; *düngen* = to fertilise; *der Wirkstoff* = active substance; *der Müll* = rubbish; *sammeln* = to collect; *anwenden* = to use, apply; *verordnen* = to prescribe).

8.2.2 Comprehension

(a) What is the significance of the authors' wish to change the description of pesticides from *Pflanzenschutzmittel* to *Kräutertötungsmittel?*

(b) The use of pesticides has caused the disappearance of many plants, but what wider effects are also noted?

(c) There are positive effects to the use of pesticides. What are they?

8.2.3 Summary

The passage concludes with 5 recommendations. Summarise these recommendations as briefly as possible, in *English*.

8.2.4 Punctuation

Without reference back to the text, insert punctuation and capital letters into the following passage.

nicht nur die bauern mit ihrem geballten pestizid und kunstdüngemitteleinsatz sind dafür verantwortlich nicht nur städte und kommunen die das gift in parks an straßenrändern und eisenbahnstraßen einsetzen verantwortlich sind auch viele der mehr als 14 millionen bundesbürger die einen haus oder kleingarten besitzen etwa 2000 tonnen pestizidwirkstoffe werden jedes jahr an hobbygärtner verkauft das sind immerhin fast zehn prozent der jahresproduktion und wofür das alles

8.3 EXPLANATIONS

8.3.1 Select Vocabulary

beschönigend	euphemistically
das Kraut (-¨er)	herb; green plant
verschwinden (a, u)	to disappear

die Vielfalt	variety
gelangen (in)	to reach
beitragen (u, a) (zu)	to contribute (to)
vergiften	to poison
das Gift (-e)	poison; toxin
geballt	concentrated
einsetzten	to use; apply
verantwortlich	responsible
immerhin	after all; at any rate
makellos	faultless; immaculate
der Schaden (¨)	damage
raten (ie, a) +Dative	to advise
verwenden	to use
der Standort	habitat; location
verzichten (auf)	to renounce; give up
einschlägig	appropriate; relevant
gärtnern	to garden; do gardening
die Behörde (-n)	authority
der Friedhof (¨e)	cemetery
verlangen	to demand

8.3.2 Expressions and Idioms

. . . die weit über den Grenzwerten von Trinkwasser liegen	which lie well above the limits fixed for drinking water
. . . machen Fehler, die sich mit Hilfe der Pestizide aufheben lassen	make mistakes which can be cancelled out with the help of pesticides
ab sofort	starting straight away
setzten Sie sich dafür ein . . .	commit yourself to the cause . . .
. . . daß hochgiftige Substanzen nicht mehr angewendet werden dürfen	that highly toxic substances must no longer be used

8.3.3 Notes

German makes use of a number of verbs which may all be translated into English by the verb *to use*. In this text you will find *verwenden, anwenden, einsetzen,* and in addition there are the verbs *gebrauchen, verbrauchen, benutzen.*

benutzen refers to a definite purpose – e.g., er benutzt das Wörterbuch, um ein Wort zu übersetzen.

gebrauchen is a more general word meaning *to find a use for* – e.g., *ich gebrauche immer das Wörterbuch.*

verbrauchen means *to use up or consume,* and so is often found in articles on environmental issues – e.g., *der Wagen verbraucht sehr viel Benzin.*

verwenden means *to make use of,* or *to put to use* – e.g., *verwenden Sie nur standortnahe Pflanzen.*

einsetzen means *to deploy, to bring into action* – e.g., *Städte, die das Gift in Parks einsetzten.* Note that *sich einsetzten für* has the meaning *to commit oneself to a cause* – e.g., *setzten Sie sich dafür ein, daß das Gesetz eingehalten wird.*

anwenden means *to apply,* and suggests a specific aim in view – e.g., *. . . daß keine Pestizide mehr angewendet werden.*

8.3.4   Grammar

The following are the grammatical points in the text which form the basis for the exercises in Section B.

(a)   Further practice with the forms of the Relative Pronoun (Grammar Summary 8.4).
(b)   Imperative mood, *Sie* form (Grammar Summary 12.5 (d)).
(c)   Verbal constructions with *dafür, darin, dazu* (Grammar Summary 12.16).

8.4   EXERCISES

8.4.1   Section B

Insert the correct form of the Relative Pronoun *(der, die, das, wo, was)* in the gaps below.

(a)   Pestizide sind ein Sammelname für das, ———— die Chemieindustrie Pflanzenschutzmittel nennt.
(b)   Viele Pflanzen, ———— am Feld- oder Wegesrand standen.
(c)   Uber die Flüsse gelangen die Pestizide auch in die Nordsee, ———— sie Tiere vergiften.
(d)   Verantwortlich sind auch viele Bundesbürger, ———— einen Hausgarten besitzen.
(e)   Geben Sie Restbestände an Pestiziden dort ab, ———— Sie die Chemikalien gekauft haben.

8.4.2 In the following passage you are told of a number of things which you must do to help solve the pesticide problem. Rewrite the passage so that the advice is given as a list of statements in the *Imperative*. For example, if the text below says Sie müssen keinerlei Pestizide mehr verwenden, you will write; Verwenden Sie keinerlei Pestizide mehr.

Sie müssen keinerlei Pestizide mehr verwenden, auch keine Pflanzen verwenden, die nicht standortnahe Pflanzen sind. Sie müssen sich in der einschlägigen Literatur informieren, und Komposthaufen in Ihrem Garten anlegen. Sie müssen Ihre Freunde für Ihre Meinung gewinnen und Sie müssen sich dafür einsetzen, daß keine Pestizide in Parkanlagen mehr angewendet werden. Sie müßen auch verlangen, daß hochgiftige Substanzen nicht mehr angewendet werden.

8.4.3 The following sentences require you to make use of a verb governing a particular preposition and followed by an infinitive phrase, or a *daß* clause.
For example: Wofür sollte man sich einsetzen? (*Keine Pestizide sollen angewendet werden*).
Answer: Man sollte sich dafür einsetzen, daß keine Pestizide angewendet werden.

(a) Wozu tragen Pestizide in der Nordsee bei? (*Sie vergiften Tiere und Pflanzen*)
(b) Worauf muß man verzichten? (*Man muß keine exotischen Pflanzen haben*)
(c) Worüber kann man sich informieren? (*Man kann ohne Gift gärtnern*)
(d) Wofür sollte man seine Freunde gewinnen? (*Keine Pestizide sollen angewendet werden*)
(e) Wofür sind die Besitzer eines Hausgartens verantwortlich? (*2000 Tonnen Pestizidwirkstoffe werden verwendet*)
(f) Wofür sollte man sich einsetzen? (*Keine chemischen Mittel dürfen in Gartencentern verwendet werden*)

8.5 MODERNE TECHNIK ZUR RETTUNG URALTER STEINE

Jahrhundertelang hatte der Roland seinen Kopf hingehalten, bei Sturm und Regen, Wind und Wetter. Jetzt hat er ihn verloren – das Original wurde ins Museum evakuiert. Eine Nachbildung ziert statt dessen das seit 1404 auf dem Bremer Marktplatz stehende Wahrzeichen für Freiheit und Selbstständigkeit der Hansestadt.»Selbst hier im Norden, wo der Seewind vermeintlich saubere Luft heranweht, hat in den letzten Jahrzehnten der Steinzerfall rapide zugenommen«, sagt Dr Alfred Löter vom Bremer Landesmuseum.

Deutschlands Denkmalschützer führen einen schier aussichtslosen Kampf. Während die Schlote von Industrie, Kraftwerken und Heizungsanlagen Schwaden ätzender Gase ausstoßen, zerfallen unsere Kulturdenkmäler, die Dome und Schlösser, Dorfkirchen und Bürgerhäuser, Brunnen und Grabsteine, Bildstöcke und Brückenheiligen.

Regen mit Säuregrad von Essig macht aus Madonnengesichtern unförmige Fratzen, überzieht Heiligenfiguren mit schwarzer Schmiere, frißt Löcher in Bronzestandbilder und läßt Kirchenfenster aussehen, als hätten sie Karies. Schäden in Millionenhöhe richtet die giftige Luft jedes Jahr an den Bauwerken an. Hauptschuldiger ist das Schwefeldioxid. Dieses Gas entsteht, wenn Kohle und Öl verbrennen, in denen Schwefel enthalten ist. Mit Luftfeuchtigkeit und Sauerstoff verbindet es sich zu beißender Schwefelsäure.

Am empfindlichsten gegen Säureangriffe sind Kalk und Sandstein, die am häufigsten verwendeten Steinarten. Sandstein etwa besteht aus Körnchen, die durch tonige und kalkige Bestandteile zusammengehalten werden. Löst Säure den Kalk auf, rieselt der Sand.

Die Säuren wirken noch auf eine zweite, mitunter schlimmere Weise: sie bilden Salze, die durch Poren tief ins Gestein vordringen. Wenn diese Salze Feuchtigkeit aufnehmen und kristallisieren, wirken sie wie Sprengstoff im Gemäuer.

Daß Feuchtigkeit und Rauchgase die Hauptfeinde der Steine sind, wußten die Menschen schon im Mittelalter. Kaiser Friedrich II, erließ 1240 strenge Vorschriften zur Reinhaltung der Luft. 1306 wurde in London ein Schmied hingerichtet, weil er – trotz Verbots – stark schwefelhaltige Steinkohle verwendet hatte. Und in Köln schloß man 1465 eine Kupfer- und Bleihütte wegen der von ihr verursachten Luftverunreinigung.

Handelte es sich damals um lokal begrenzte Gefahren, bleibt heute kein Stein mehr vom sauren Regen verschont. Die Denkmalschützer sind gegen diesen Totalangriff so gut wie machtlos. Sie versuchen, meist nur mit geringen Geldmitteln ausgestattet, beschädigte Teile zu ersetzen, bringen gefährdete Stücke ins

Museum, wo sie wegen Platzmangels zum Teil in den Kellern vor sich hindämmern, und probieren die unterschiedlichsten Verfahren, um das große Fressen aufzuhalten. Das Ergebnis allerdings ist wenig überzeugend. »Man kann die Steinkonservierung als eine fortlaufende Folge von Versuchen, Hoffnungen, Irrungen und Enttäuschungen bezeichnen«, sagt der Bamberger Restaurator Rol Wihr.

(Rainer Köthe, © *STERN, 19*, 29. April 1987)

8.6 EXERCISES

Section A

8.6.1 Word Study – Synonyms

Find words in the text which have the *same meaning* as the following:

(a) Symbol;
(b) zwecklos;
(c) auseinanderfallen;
(d) Gebäude;
(e) bewirken;
(f) versuchen.

8.6.2 Word Study – Dictionary Definitions

Find parts of verbs in the text which seem to you to match up best with the following dictionary definitions of their infinitive forms:

(a) to adorn, decorate;
(b) to increase;
(c) to conduct (a campaign);
(d) to cause (damage);
(e) to work, have an effect;
(f) to form;
(g) to pass a law;
(h) to execute;
(i) to cause, bring about;
(j) to spare;
(k) to replace;
(l) to stop, bring to an end.

8.6.3 Comprehension

(a) What is the significance of the Roland statue, and where does it stand?

(b) Why is it surprising that stone should be eroded in the North of Germany?

(c) What is the source of the trouble?

(d) Is it only recently that the dangers of acid rain have been discovered?

(e) What is all that can be done, with the limited money available, to protect buildings and monuments?

8.7 EXPLANATIONS

8.7.1 Select Vocabulary

die Nachbildung (-en)	copy
das Wahrzeichen (-)	symbol
vermeintlich	supposedly
der Schwaden (-)	cloud
ätzen	to corrode
der Bildstock	wayside shrine
der Heilige (-n)	saint
die Säure (-n)	acid
der Essig (-e)	vinegar
die Fratze (-n)	grotesque face
die Schmiere (-n)	grease
der Schwefel	sulphur
das Körnchen (-)	tiny grain
auflösen	to dissolve
ausgestattet (mit)	equipped (with)
gefährdete	endangered
die Irrung (-en)	mistake
die Enttäuschung (-en)	disappointment

8.7.2 Expressions and Idioms

jahrhundertelang hatte der Roland seinen Kopf hingehalten	for centuries the Roland statue had held up his head

statt dessen führen einen schier aussichtslosen Kampf	instead are pursuing an absolutely hopeless battle
läßt Kirchenfenster aussehen, als hätten sie Karies	makes church windows look as if they had caries
am empfindlichsten gegen Säureangriffe sind Kalk und Sandstein	chalk and sandstone are most susceptible to acid attacks
Sandstein etwa besteht aus Körnchen	sandstone, for example, consists of tiny grains
löst Säure den Kalk auf, rieselt der Sand	if acid dissolves the chalk, the sand crumbles
wegen der von ihr verursachten Luftverunreinigung	because of the air pollution it had caused
wo sie wegen Platzmangels in den Kellern vor sich hindämmern	where they doze away in the cellars because of shortage of space

8.7.3 Notes

In scientific language, *der Stoff* means a substance or material, and the word forms numerous compounds. In the text you will have encountered *Sprengstoff* (explosive), and *Sauerstoff* (oxygen). In the previous text was *Wirkstoff* (active substance). You might also note the following:

Kraftstoff	fuel
Wasserstoff	hydrogen
Kohlenstoff	carbon

8.7.4 Grammar

The following are the grammatical points in the text which form the basis for the exercises in Section B.

(a) Prepositions taking the genitive *(statt, wegen, trotz)* and revision of other prepositions (Grammar Summary 14).

(b) Pluperfect Tense with auxiliary *haben* (Grammar Summary 12.8(f)).

8.8 EXERCISES

Section B

8.8.1 Gapped Text

The following sentences, adapted from the passage, have had certain significant prepositions removed. Rewrite the sentences with an appropriate *preposition* chosen from the list which follows the exercise.

(a) Der Roland hatte seinen Kopf ——— Sturm und Regen hingehalten.

(b) Eine Nachbildung ziert ——— dessen das Standbild.

(c) Selbst hier im Norden hat ——— den letzten Jahrzehnten der Steinzerfall zugenommen.

(d) Regen überzieht Figuren ——— schwarzer Schmiere.

(e) Die giftige Luft richtet Schäden ——— den Bauwerken an.

(f) Am empfindlichsten ——— Säureangriffe sind Kalk und Sandstein.

(g) Sandstein etwa besteht ——— Körnchen.

(h) Die Säuren wirken noch ——— eine schlimmere Weise.

(i) Der Schmied hatte schwefelhaltige Steinkohle ——— Verbots verwendet.

(j) In Köln schloß man eine Bleihütte ——— der Luftverunreinigung.

(*an; aus, trotz; bei; in; mit; wegen; gegen; statt; auf*)

8.8.2 The text contains two examples of the Pluperfect Tense:

Der Roland hatte seinen Kopf hingehalten.
Der Schmied hatte schwefelhaltige Steinkohle verwendet.

Put the following sentences into the Pluperfect Tense, following the same pattern.

(a) Der Roland hat seinen Kopf verloren.

(b) Der Seewind weht saubere Luft heran.

(c) Der Steinzerfall nimmt rapide zu.

(d) Die Schlote stießen Schwaden ätzender Gase aus.

(e) Die giftige Luft richtet Schäden an den Bauwerken an.

(f)   Die Säuren wirken auf eine zweite, mitunter schlimmere Weise.

(g)   Kaiser Friedrich erließ 1240 strenge Vorschriften.

(h)   Die Denkmalschützer probieren die unterschiedlichsten Verfahren.

📼 8.9   LISTENING COMPREHENSION

Umwelt

Gabi and Yvonne discuss their own experience of the importance of environmental issues in the Federal Republic.

Gabi: Ich glaube schon, daß das Thema Umwelt in Deutschland sehr ernst genommen wird, weil grad von der Schule her, kenne ich viele Leute, die tatsächlich dann mit dem Rad überall hingefahren sind, um ihre ersten Versuche zu machen, bei der Energieeinsparung zu helfen. Sogar mein Bruder, der eigentlich sehr auf Bequemlichkeit und alles immer bedacht ist, fährt S-Bahn, wenn er kann, und nicht mit dem Auto, denn die S-Bahn fährt sowieso immer daheim. Und er fährt mit dem Rad, wenn irgend etwas in der Nähe ist, weil er sagt, das rentiert sich nicht, das Auto da rauszuholen. Und es ist aber auch sonst so, daß die Grünen als Partei viel ernster zu nehmen sind als die Grünen in England – und eben jetzt dann auch ins Parlament reingekommen sind. Es ist also eine viel größere Bewegung, und der Hauptgrund dafür ist vielleicht, daß in Deutschland viel mehr kaputt gegangen ist. Wenn man in Deutschland in die Wälder geht, es sieht jetzt jeder, daß die Wälder kaputt gegangen sind, weil wir in Deutschland viel viel mehr Nadelwälder haben, und sie sind vom sauren Regen viel stärker betroffen, als in England. Es gibt also ganze Waldstriche, wo eben kein gesunder Baum mehr steht.

Yvonne: Natürlich haben wir in der Nähe von Dortmund auch Umweltprobleme, aber gerade die jüngeren Leute versuchen alle ihr Möglichstes, um irgendwo zu helfen. Ich habe mich aktiv an solchen Sachen beteiligt. Bei uns in der Nähe ist ein Naturschutzgebiet, ein relativ kleines, aber da wollten sie eine Straße durchlegen, und das war erstaunlich, wie viele Schüler und Studenten da mitgeholfen haben, und sie durften die Straße nicht bauen. Aber die Veranstaltungen, so Straßenbesetzungen und Demonstrationen – das finde ich

106

hart, da stehe ich nicht da hinter. Aber was denkst du eigentlich von Kernernergie und Atomkraftwerken?

Gabi: Ich glaube, es wird eben immer schwieriger, nachdem
man jetzt die Kernenergie schon jahrelang geplant hat. Wenn
man sich heute Gedanken drüber macht, muß man eigentlich
sagen, es ist tatsächlich nicht mehr viel anderes vorhanden.
Hätte man sich diese Gedanken vor zwanzig Jahren oder noch
früher gemacht, hätte man andere Richtungen ausschöpfen
können.

Yvonne: Ja, und die Argumente, die teilweise gebracht werden, sind also idiotisch, so nach dem Motto »zurück zur
Kerze«. Einige Leute sind dann so, sie treiben das so weit. Und
die ganze Diskussion geht noch weiter, es geht ja in die
Friedensbewegung – das hängt ja alles miteinander zusammen. Wenn man sagt, OK ich stehe hinter der grünen Bewegung, dann steht man auch irgendwo gleichzeitig hinter
der Friedensbewegung. Ich kann ja nicht hundertprozentig
sagen, ich bin für die Grünen, weil da viele Sachen sind, wo
ich nicht da hinterstehen würde. Andererseits, also ich wähle
die Grünen aus dem einfachen Grunde, weil ich denke, sie
haben nicht so viele Stimmen, daß sie wirklich die Regierung
ausmachen.

8.10 EXERCISES

8.10.1 Comprehension

(a) How does Gabi explain the fact that quite a few people she
knows have taken to riding a bicycle?

(b) What does she tell us about her brother's efforts to conserve
energy?

(c) How does she explain the greater interest in environmental
matters in the Federal Republic?

(d) What examples does Yvonne give of the urge, particularly
among young people, to do something about the environment?

(e) What are Gabi's views about the need for nuclear power?

(f) Yvonne has some doubts about the environmental movement.
What are her reservations?

8.10.2 Listen to the conversation again, and decide how you would
express the following statements in German.

(a) They went everywhere by bike.

(b)   He is always very much concerned with comfort and that sort of thing.
(c)   It is not worth getting out the car.
(d)   The woods have been destroyed.
(e)   They all do everything possible to help.
(f)   I myself took an active part in such things.
(g)   I do not support that sort of thing.
(h)   It just gets more and more difficult.
(i)   That all forms part of the same way of thinking.
(j)   For the simple reason . . .

8.10.3 Find *English equivalents* for the following terms used frequently in discussions on environmental questions:

(a)   Energiesparung;
(b)   saurer Regen;
(c)   Umweltprobleme;
(d)   Naturschutzgebiet;
(e)   Kernenergie;
(f)   Atomkraftwerke.

8.10.4 The average German seems so conscious of environmental issues compared with the equivalent British person. If you were asked to participate in an interview in German on this theme, how would you respond to the following questions?

(a)   Wird das Thema Umwelt in Großbritannien jetzt ernst genommen?
(b)   Was macht der Einzelne, um bei der Energiesparung zu helfen?
(c)   Fahren Sie persönlich oft mit dem Auto, oder gibt es andere Transportmöglichkeiten, mit denen Sie helfen, Energie zu sparen?
(d)   Wie wird die Grüne Partei in Großbritannien angesehen? Ist sie tatsächlich ernst zu nehmen?
(e)   Kennt man auch bei Ihnen in Großbritannien Nadelwälder, die kaputt gehen, wegen des sauren Regens?
(f)   Was haben Sie sonst für Umweltprobleme in Ihrer Gegend?
(g)   Was denken sie eigentlich von Kernenergie und Atomkraftwerken?

ARBEIT

In the world of work, one of the enduring issues in the Bundesrepublik, and also in Switzerland, has been the problems caused by the influx of immigrant workers, *Gastarbeiter*, who came from the poorer countries of Europe and the Near East during the 1960s and 1970s. Attitudes have generally been hostile to these foreign workers,

Turkish community in West Berlin

but the first article below looks at the whole question more positively, seeing real benefits for society in the presence of citizens from other cultures. The second passage chosen is quite different; Peter Bichsel's short piece *Der Milchmann* conveys a picture of an individual worker in an older, simpler time.

9.1 EIN GLÜCK, DAß WIR NOCH AUSLÄNDER HABEN

Der Präsident des deutschen Handwerks lobt sie, er nennt sie begabt und tüchtig, die Kirchen schützen sie, und trotzdem wird immer wieder von der Ausländer-Feindlichkeit der Deutschen geredet, geschrieben und gesendet. Sind die Deutschen wirklich ausländerfeindlich oder wird hier nicht ein Popanz aufgebaut, eine Psychose erzeugt?

Einen Grund, feindselig gegenüber Ausländern zu sein, gibt es nicht. Was würden wir im Gaststätten– und Hotelgewerbe machen, wenn wir keine Ausländer hätten? Die Wirte klagen nicht über die Ausländer, sie beklagen sich über die Regierung, die einen Anwerbestop verfügt. Ähnliches gilt von den Reinigungsbetrieben, den Bergwerken und vielen anderen Branchen mit Fließbandarbeit.

An die Vergangenheit sei gar nicht erinnert, als wir in den Jahren der Hochkonjunktur um jeden Ausländer froh waren, der zu uns kam. Sie wurden am Bahnhof mit Blasmusik empfangen, als ob es sich um siegreiche Fußballspieler handelte. Dankbarkeit zählt nicht viel. Jetzt wird der Anwerbestop aufrechterhalten, jetzt wird an Verordnungen gebastelt, die den Zuzug begrenzen, die Familienzusammenführung von Eltern und Kindern einschränken.

Etwa 4,5 Millionen Ausländer leben derzeit in unserer Republik. Das sind 7,2 vH unserer Bevölkerung. Der Ausländeranteil in der kleinen Schweiz ist mehr als doppelt so hoch (15,4 vH). Ihre Zahl nimmt geringfügig zu, allerdings verteilt sich der Zuzug nicht gleichmäßig auf das ganze Land. Er konzentriert sich auf die großen Städte, vornehmlich Berlin, Hamburg und Bremen.

Gäbe es keine Ausländer, wären wir ein sterbendes Land. Die Bevölkerung der Bundesrepublik hat in den letzten zehn Jahren ohnedies um etwa eine halbe Million Menschen abgenommen. Und dies trotz der Zunahme der Zahl der Ausländer, bedingt durch den Nachzug der Familienangehörigen und durch eine höhere Geburtenrate. Wer kann hier noch im Ernst behaupten, wir seien übervölkert!

... Häufig wird von der Kriminalität der Ausländer gesprochen. Bei den Gewalttaten sind in der Tat die Ausländer über dem statistischen Schnitt, bei Diebstählen unterdurchschnittlich vertreten. Doch die Statistik gibt ein verzerrtes Bild. Die meisten Ausländer sind in einem Alter unter 40, das eher zu Gewalttaten neigt, als Männer über 50. In der Statistik sind auch die Touristen und jene Ausländer erfaßt, die nicht unter uns leben, und einer geregelten Arbeit nachgehen, sondern nur zu uns kommen, um Straftaten zu verüben.

... Schwierigkeiten gibt es im Schulbereich, wenn mehr Türken und Italiener in einer Klasse sind. Schwierigkeiten gibt es bei der Wohnungssuche. Die Integration wirft Probleme auf, vor allem bei den Muslims. Aber sie sind zu lösen, wenn man nur will. Man kann nicht nur mit Vorteilen leben, ohne Nachteile in Kauf zu nehmen. Was wäre unser Land ohne die Arbeitskraft der Ausländer, ohne ihren Konsum? Haben wir Angst vor ihrer Kultur, nachdem wir die englische und amerikanische Kultur und Sprache geradezu aufgesogen haben?

Es ist wahrhaftig kein Nachteil, daß wir Ausländer bei uns haben.

(Rudolf Heizler, © *Bonner Rundschau*)

9.2 EXERCISES

Section A

9.2.1 Right or Wrong

From your reading of the text decide whether the following statements are right or wrong.

(a) The churches are opposed to foreign workers.
(b) Many immigrants work in hotels.
(c) Foreign workers have never been popular in Germany.
(d) Germany has far more foreign workers than Switzerland.
(e) The majority of foreign workers live in the big cities.
(f) The numbers of immigrants are rising.
(g) In the educational sector the problems with immigrant pupils have been solved.

9.2.2 Comprehension

(a) List the positive points in favour of immigrant workers made in
     the first two paragraphs of the text.
(b) What are the author's arguments against the accusation that
     there are too many foreign workers in Germany, and that they
     make up too great a proportion of the population?
(c) How does the author defend immigrant workers against the
     accusation of involvement in crime?
(d) In the last paragraph a number of areas of difficulty are referred
     to. Where do these difficulties lie?

9.3 EXPLANATIONS

9.3.1 Select Vocabulary

loben	to praise
die Feindlichkeit	hostility
senden	to send; to broadcast
der Popanz (-e)	bogey; bugbear
erzeugen	to generate; produce
das Gewerbe (-)	trade
klagen (über)	to complain
sich beklagen (über)	
der Anwerbestop	halt to recruitment
verfügen	to order; to decree
die Hochkonjunktur	economic boom
die Blasmusik	brass band music
einschränken	to limit
geringfügig	insignificant
vornehmlich	especially
die Gewalttat (-en)	act of violence
der Diebstahl (¨e)	theft; larceny
unterdurchschnittlich	below average
verzerrt	distorted
der Konsum	consumption
(*Note*: die Konsumgesell-schaft	consumer society)

9.3.2 Expressions and Idioms

ähnliches gilt von den Reinigungsbetrieben	the same is true of the cleaning works

an die Vergangenheit sei gar nicht erinnert	let us not recall the past at all
als ob es sich um siegreiche Fußballspieler handelte	as if we were dealing with victorious footballers
Dankbarkeit zählt nicht viel	gratitude doesn't count for much
jetzt wird an Verordnungen gebastelt	now they are tinkering about with decrees
das sind 7,2 vH (= vom Hundert) unserer Bevölkerung	that is 7.2% of our population
gäbe es keine Ausländer, wären wir ein sterbendes Land	if there were no foreigners we should be a dying country
über dem statistischen Schnitt	above the statistical average
das eher zu Gewalttaten neigt ...	which is more inclined to commit acts of violence
ohne Nachteile in Kauf zu nehmen	without taking account of disadvantages

9.3.3 Grammar

The following are the grammatical points in the text which form the basis for the exercises in Section B.

(a) Further practice with Present and Imperfect of the Passive (Grammar Summary 12.8(e)).

(b) Some uses of the Subjunctive and Conditional (Grammar Summary 12.14).

(c) Introduction to types of Conditional sentences (Grammar Summary 12.14(a)).

9.4 EXERCISES

Section B

9.4.1

German uses the *Passive* in ways which can be variously translated into English. Find the best English rendering for the following sentences.

(a) Trotzdem wird immer wieder von der Ausländer-Feindlichkeit der Deutschen geredet.

(b) Wird hier nicht ein Popanz aufgebaut?
(c) Über die Ausländer wird oft geklagt.
(d) Sie wurden mit Blasmusik empfangen.
(e) Häufig wird von der Kriminalität der Ausländer gesprochen.

9.4.2 In the passage there are examples of two ways in which *conditions* can be expressed in German:

Was würden wir im Hotelgewerbe machen, wenn wir keine Ausländer hätten?

What would we do in the hotel trade if we had no foreigners?

Gäbe es keine Ausländer, wären wir ein sterbendes Land.

If there were no foreigners, we should be a dying country.

In the first 3 tasks below you are asked to form sentences following the first model above (*Was würden wir...*).

Stimulus: Wir haben Ausländer im Hotelgewerbe.

Response: Was würden wir machen, wenn wir keine Ausländer im Hotelgewerbe hätten?

(a) Die Ausländer arbeiten in Bergwerken.
(b) Die Verordnungen begrenzen den Zuzug.
(c) Die Arbeiter wohnen in den Großstädten.

In the next 2 tasks you are asked to form sentences following the second model above (*gäbe es...*).

Stimulus: Wir sind kein sterbendes Land.

Response: Gäbe es keine Ausländer wären wir ein sterbendes Land.

(d) Wir haben keine Probleme im Hotelgewerbe.
(e) Die Wirte beklagen sich nicht.

9.4.3 The passage contains one example of the Subjunctive used in reported speech: Wer kann hier noch im Ernst behaupten, wir seien übervölkert. Below is a list of statements made about immigrant workers. Rewrite these statements in the form of *reported speech* – i.e., *man sagt...*; or *man behauptet...*

(a) Die Ausländer sind im Hotelgewerbe sehr wichtig.
(b) Alle waren froh, als die Ausländer gekommen sind.
(c) Ausländerfamilien haben mehr Kinder als deutsche Familien.
(d) Ausländer sind bei den Gewalttaten über dem statistischen Schnitt.

9.5 DER MILCHMANN

Der Milchmann schrieb auf einen Zettel: »Heute keine Butter mehr, leider.« Frau Blum las den Zettel und rechnete zusammen, schüttelte den Kopf und rechnete noch einmal, dann schrieb sie: »Zwei Liter, 100 Gramm Butter. Sie hatten gestern keine Butter und berechneten sie mir gleichwohl.«

Am andern Tag schrieb der Milchmann: »Entschuldigung.« Der Milchmann kommt morgens um vier, Frau Blum kennt ihn nicht, man sollte ihn kennen, denkt sie oft, man sollte einmal um vier aufstehen, um ihn kennenzulernen.

Frau Blum fürchtet, der Milchmann könnte ihr böse sein, der Milchmann könnte schlecht denken von ihr, ihr Topf ist verbeult. Der Milchmann kennt den verbeulten Topf, es ist der von Frau Blum, sie nimmt meistens 2 Liter und 100 Gramm Butter. Der Milchmann kennt Frau Blum. Würde man ihn nach ihr fragen, würde er sagen: »Frau Blum nimmt 2 Liter und 100 Gramm, sie hat einen verbeulten Topf und eine gut lesbare Schrift.« Der Milchmann macht sich keine Gedanken, Frau Blum macht keine Schulden. Und wenn es vorkommt – es kann ja vorkommen – daß 10 Rappen zu wenig daliegen, dann schreibt er auf einen Zettel: »10 Rappen zu wenig.« Am andern Tag hat er die 10 Rappen anstandslos und auf dem Zettel steht: »Entschuldigung.« »Nicht der Rede wert« oder »keine Ursache«, denkt dann der Milchmann und würde er es auf den Zettel schreiben, dann wäre das schon ein Briefwechsel. Er schreibt es nicht.

Den Milchmann interessiert es nicht, in welchem Stock Frau Blum wohnt, der Topf steht unten an der Treppe. Er macht sich keine Gedanken, wenn er nicht dort steht. In der ersten Mannschaft spielte einmal ein Blum, den kannte der Milchmann und der hatte abstehende Ohren. Vielleicht hatte Frau Blum abstehende Ohren. Milchmänner haben unappetitlich saubere Hände, rosig, plump und verwaschen. Frau Blum denkt daran, wenn sie seine Zettel sieht. Hoffentlich hat er die 10 Rappen gefunden. Frau Blum möchte nicht, daß er mit der Nachbarin ins Gespräch käme. Aber niemand kennt den Milchmann, in unserm Quartier niemand. Bei uns kommt er morgens um vier. Der Milchmann ist einer von denen, die ihre Pflicht tun. Wer morgens um vier die Milch bringt, tut seine Pflicht, täglich, sonntags und werktags. Wahrscheinlich sind Milchmänner nicht gut bezahlt und wahrscheinlich fehlt ihnen oft Geld bei der Abrechnung. Die Milchmänner haben keine Schuld daran, daß die Milch teurer wird.

Und eigentlich möchte Frau Blum den Milchmann gern kennenlernen.

Der Milchmann kennt Frau Blum, sie nimmt 2 Liter und 100 Gramm und hat einen verbeulten Topf.

(Peter Bichsel,
© Walter Verlag, 1979)

9.6 EXERCISES

Section A

9.6.1 Comprehension

Consider the following statements made in the text about the milkman and Frau Blum, and write, in English, a short paragraph on each which shows that you understand the characters the author has depicted.

Frau Blum:	Man sollte um vier aufstehen, um ihn kennenzulernen.
	Sie fürchtet, der Milchmann könnte schlecht denken von ihr.
	Auch möchte sie nicht, daß er mit der Nachbarin ins Gespräch käme.
	Eigentlich möchte Frau Blum den Milchmann gern kennenlernen.
Milchmann:	Der Milchmann kennt Frau Blum ... sie hat einen verbeulten Topf und eine gut lesbare Schrift.
	Der Milchmann macht sich keine Gedanken.
	Er schreibt es nicht.
	Den Milchmann interessiert es nicht, in welchem Stock Frau Blum wohnt.
	Der Milchmann ist einer von denen, die ihre Pflicht tun.

9.7 EXPLANATIONS

9.7.1 Select Vocabulary

gleichwohl	nonetheless
verbeult	dented
der Rappen (-)	unit of Swiss currency (100 Rappen = 1 Franc)
anstandslos	with no fuss
verwaschen	pale; faded
die Pflicht (-en)	duty

9.7.2 Expressions and Idioms

man sollte ihn kennen	one ought to know him
der Milchmann könnte schlecht denken von ihr	the milkman could/might think badly of her
der Milchmann macht sich keine Gedanken	the milkman doesn't worry his head about it
nicht der Rede wert	not worth mentioning
wahrscheinlich fehlt ihnen oft Geld	probably they often have money missing
Sie haben keine Schuld daran	they are not to blame

9.7.3 Grammar

The following are the items of grammar occurring in the text which form the basis for the exercises in Section B.

(a) Use of *sollte; möchte; könnte* (Grammar Summary 12.11(b)).
(b) Practice of accusative and dative of personal pronouns. (Grammar Summary 7.2)

9.8 EXERCISES

Section B

9.8.1

Without reference back to the text, fill in the blanks in the following sentences with the appropriate forms of *ihn; ihr; ihnen.*

(a) Frau Blum bekam gestern keine Butter, aber sie wurde ———— gleichwohl berechnet.

(b) Frau Blum kennt den Milchmann nicht aber sie möchte ———— kennenlernen.

(c) Frau Blum fürchtet, der Milchmann könnte ———— böse sein.

(d) Sie kennt den Milchmann nicht, aber sie könnte nicht schlecht denken von ————.

(e) Der Milchmann kennt Frau Blum, und niemand hat ihn nach ———— gefragt.

(f) Milchmänner kommen frühmorgens, und es fehlt ———— oft Geld bei der Abrechnung.

9.8.2 Translate the following sentences into German, making use of the forms *sollte; könnte; möchte.*

(a) Could you please leave 100 grams of butter?
(b) I would like to know him better.
(c) One ought to get up at 4am every day.
(d) Frau Blum is afraid the milkman might think badly of her.

BILDUNG

In the Federal Republic, the educational system has been run at the level of the federal states, the *Länder*, rather than by central government, and the result is a certain amount of variation among the different *Länder*, according to their political persuasion. The *Länder* governed by the Socialist SPD *(Sozialistische Partei Deutschlands)* have experimented with forms of comprehensive school, called the *Gesamtschule*. On the whole, however, the *Gesamtschule* is still not very widely established, and the general pattern is still a tripartite school system for the secondary age-range. After *Grundschule* from the age of 6 until 10, children are either selected for the academic *Gymnasium*, for the more practical *Realschule* or for the *Hauptschule*. The first of the articles below speaks out against this sort of selection and makes a case for comprehensive schools.

In the GDR, the main school is the 10-year *Polytechnische Oberschule (POS)*, which children attend from 7 until 17. For such a wide age-range there is internal organisation into primary and secondary stages. The primary stage is called the *Unterstufe*, and in the second passage, a teacher from this level tells about her vocation to the teaching profession.

10.1 WELCHE SCHULE FÜR UWE?

Mit seiner älteren Schwester war alles viel einfacher: Sabine ging immer gern zur Schule, hatte keine Probleme und brachte aus der Grundschule immer ein rundum gutes Zeugnis nach Haus. Daß die Klassenlehrerin den Wechsel zum Gymnasium empfahl, war für Sabines Eltern eigentlich keine Überraschung.

Eine Bundesdeutsche Gesamtschule

Aber Uwe! »An Phantasie fehlt es ihm nicht, und wie der neulich seine Kettenschaltung am Fahrrad repariert hat ... « meint sein Vater bedeutungsvoll. »Aber die Arbeitshaltung!« Hausaufgaben? Uwe stellt die Geduld seiner Mutter auf eine harte Probe. »Was kosten 7 Eier, wenn 1 Ei 24 Pfennige kostet?« In Gedanken ist Uwe längst im Hühnerstall seines Freundes Hermann.

Uwes Mutter ist nicht zu beneiden. Nach etwas mehr als drei Grundschuljahren soll sie entscheiden, welche Schule Uwe im nächsten Schuljahr besuchen soll. »Mach du das mal klar mit der Schule,« hat ihr Mann gesagt. So ist sie zu Uwes Lehrerin gegangen, um sich beraten zu lassen.

»Sehen Sie, der Uwe ist im Grunde kein schlechter Schüler. Das Lernen dürfte ihm eigentlich nicht besonders schwer fallen. Ihm fehlt die Konzentration. Deshalb hat er wohl auch im Rechnen ein paar Schwierigkeiten. Aber was heißt das schon im vierten Schuljahr? Wenn Sie mich fragen, versuchen Sie es mit der Realschule! Zum Gymnasium – nun, dahin kann er vielleicht später noch überwechseln.« Uwes Mutter ist nicht viel klüger geworden. Ein Versuch mit der Realschule? Ist denn der Uwe ein

Versuchskaninchen? Vielleicht doch lieber gleich zum Gymnasium. Bloß nicht zur Hauptschule ...

So etwas gibt es nur in Österreich, in einigen Kantonen der Schweiz und in den meisten Ländern der Bundesrepublik Deutschland: Kinder im Alter von 9 oder 10 Jahren werden verschieden anspruchsvollen Schulformen zugeordnet. Zahllose Pädagogen haben an der frühzeitigen Schülerauslese immer wieder Anstoß genommen. Ihr Hauptargument ist kaum zu widerlegen: Kinder, die erst vier Jahre die Schule besucht haben, sind noch nicht weit genug entwickelt, um ihre Schulerfolge in den kommenden Jahren zuverläßig voraussagen zu können. Ob Schüler demnächst im Gymnasium überfordert oder in der Hauptschule unterfordert sein werden – Prognosen darüber sind nicht sicherer als der Wetterbericht.

(Ernst Röser, *Gesamtschule – was ist das eigentlich?*,
© Gemeinnützige Gesellschaft Gesamtschule e.V., 1982)

10.2 EXERCISES

Section A

10.2.1 Comprehension

(a) What sort of record does Uwe's sister have at school?
(b) What sort of talents does Uwe display?
(c) What advice does his class teacher give to Uwe's mother?
(d) What objections do experts put forward against school selection at 9 or 10 years old?
(e) How helpful are predictions about future school performance, according to the author?

10.2.2 Particles

Read section 10 of the Grammar Summary about the use of Particles in conversation, then translate the following sentences into *idiomatic English*.

(a) Mach du das mal klar mit der Schule!
(b) Das Lernen dürfte ihm eigentlich nicht besonders schwer fallen.
(c) Deshalb hat er wohl auch im Rechnen ein paar Schwierigkeiten.

(d) Aber was heißt das schon im vierten Schuljahr?
(e) Zum Gymnasium – nun dahin kann er vielleicht später noch überwechseln.
(f) Ist denn der Uwe ein Versuchskaninchen?
(g) Vielleicht doch lieber gleich zum Gymnasium.

10.3 EXPLANATIONS

10.3.1 Select Vocabulary

die Überraschung (-en)	surprise
die Kettenschaltung	cycle gears
bedeutungsvoll	significant
der Hühnerstall (-e)	hen-house
beneiden	to envy
entscheiden (ie, ie)	to decide
beraten (ie, a)	to advise
überwechseln	to transfer
das Kaninchen (-)	rabbit
anspruchsvoll	demanding
zuordnen	to allocate
widerlegen	to reject
zuverläßig	reliably
demnächst	soon
überfordert	overtaxed

10.3.2 Expressions and Idioms

ein rundum gutes Zeugnis	a thoroughly good report
an Phantasie fehlt es ihm nicht	he is not lacking in imagination
er stellt die Geduld seiner Mutter auf eine harte Probe	he puts his mother's patience to a hard test
Uwes Mutter ist nicht zu beneiden	Uwe's mother is not to be envied
um sich beraten zu lassen	to get some advice
. . . haben an der frühzeitigen Schülerauslese . . . Anstoß genommen	. . . have argued against premature selection of pupils
Kinder die erst vier Jahre die Schule besucht haben	children who have only been going to school for four years

10.3.3 Notes – Separable and Inseparable Verbs

It is usually clear from the prefix whether a verb is separable or inseparable. Thus, in the above text, verbs such as *reparieren, besuchen, empfehlen, entwickeln* are all clearly inseparable; on the other hand, *zuordnen* and *voraussagen* are clearly separable because the prefixes *zu* and *voraus* are always separable.

With certain prefixes, notably *über, unter, durch, wider* the situation is not so clear, and verbs formed with these prefixes may be separable or inseparable. Pronunciation is one way of telling, as with a separable verb, the *prefix is always stressed*. Thus in the text you will find *überwechseln*, but the verb *übersetzen* (to translate) is inseparable. In the text, the verb *widerlegen* is inseparable, but *widerhallen* (to resound) is separable. As a general rule such verbs are separable if they are concrete in meaning, and inseparable if they are more abstract and figurative. Thus *überwechseln* and *widerhallen* both refer to actual physical events, whereas *widerlegen* and *übersetzen* are figurative in meaning.

10.3.4 Grammar

The following are the grammatical points in the text which form the basis for the exercises in Section B.

(a) *um . . . zu* with modal verb plus Infinitive (Grammar Summary 12.11; 12.12(c).

(b) Perfect Tense of inseparable verbs (Grammar Summary 12.8(d); 12.9).

10.4 EXERCISES

Section B

10.4.1

Rewrite the following sentences putting the verbs in italics into the *Perfect* Tense.

(a) Uwe *repariert* die Kettenschaltung am Fahrrad.

(b) Uwe *beneidet* seine Schwester wegen ihres guten Zeugnisses.

(c) Endlich *entscheidet* Uwes Mutter, welche Schule er besuchen wird.

(d) Uwe *wechselt* zur Realschule *über*.

(e) Viele Eltern *widerlegen* die Argumente für eine frühzeitige Schülerauslese.

(f) Das Gymnasium *überfordert* oft schwächere Schüler.

10.4.2 Below is a series of questions and answers. Rephrase the answer given in parentheses, using an *um . . . zu* construction, as in the example.

Example: Warum arbeitet Sabine in der Grundschule? (*Sie will auf das Gymnasium gehen.*)

Response: Um auf das Gymnasium gehen zu können.

(a) Warum geht Uwes Mutter zur Schule? (*Sie will mit dem Lehrer sprechen.*)

(b) Warum wird Uwe schwer arbeiten? (*Er will auf das Gymnasium überwechseln.*)

(c) Warum wird Uwe vielleicht nach der Schule noch studieren? (*Er will sich vielleicht weiter entwickeln.*)

(d) Warum arbeitet Sabine gern? (*Sie will ein gutes Zeugnis nach Hause bringen.*)

10.5 DORIS – UNTERSTUFENLEHRERIN IN DER DDR

Wollen wir uns nichts vormachen: Die Überlastung des Lehrers ist groß. Er muß der kommenden Generation auf den Weg helfen, von seiner Einstellung zur Gesellschaft wird viel mehr verlangt als von anderen Berufstätigen. Das ist richtig, aber manchmal hat man die Kraft nicht, da denkt man sich: Laßt mich bloß zufrieden. Ich weiß nicht wie es an anderen Schulen ist, aber an unserer Schule wird die Persönlichkeitsentwicklung der Kinder sehr ernst genommen. Wenn es Schwierigkeiten gibt, wird jeder Lehrer erst mal nach den Ursachen fragen und den Fehler bei sich selbst suchen. Das ist bestimmt noch nicht typisch, aber es ist sehr typisch für unsere Schule. Darum fühle ich mich dort sehr wohl und geborgen. Ich meine, solche schwachen Momente, wo man einfach Zettel an die Eltern schreibt oder Eintragungen ins Hausaufgabenheft macht, weil man nicht weiterkommt, die haben wir auch. Wenn wir aber merken, daß so etwas ein Lehrer intensiv betreibt, dann sprechen wir mit ihm und suchen andere Wege . . .

Warum ich Lehrerin werden wollte? Kann ich Ihnen auf Anhieb sagen. In der Unterstufe hatten wir einen Lehrer, der war nicht beliebt, der hat Schüler vorgezogen, andere ungerecht behandelt und hat Kümmernisse der Kinder als Lappalien abgetan. In der fünften Klasse kam ein neuer Klassenleiter. Probleme, die ich mit meiner Mutti hatte, hat er geklärt, wie ein Vater, und nicht nur bei mir, sondern bei allen. Der hat gewußt, daß man Schule und Freizeit nicht trennen kann und daß man immer da sein muß für seine Klasse. Das hat dann solche Ausmaße angenommen, daß von siebenundzwanzig Schülern dreizehn Lehrer werden wollten. Und nur einer ist angekommen. Ich bin auch nicht angekommen. Aber mein Traum war's eben. Ich wollte werden wie er. Da mußte ich eben den gleichen Beruf haben, mußte Genosse werden, ich mußte alles so machen, wie er es gemacht hat . . . Bin erst mal Pionierleiterin geworden, habe einen schweren Start gehabt, aber immer den großen Traum vor Augen: Einmal Lehrer sein! Die FDJ hat es sich damals einfach gemacht, indem sie Pionierleiter einstellte, die keine pädagogische Ausbildung hatten.

(Maxie Wander, *Guten Morgen du Schöne*,
© *Buchverlag der Morgen, 1977*)

10.6 EXERCISES

Section A

10.6.1

Below is a list of English statements which are free translations of parts of the text. Find and write out the *original German statement* which corresponds to the English phrase.

(a) The teacher is heavily overburdened.
(b) As far as his attitude to society is concerned, much more is demanded of him than of other working people.
(c) At our school the personal development of the children is taken very seriously.
(d) He rejected the children's worries as unimportant trifles.
(e) That developed to such an extent.

10.6.2 Comprehension

(a) Describe the teacher who taught Doris when she was in the *Unterstufe*.
(b) What were the qualities of the new teacher who taught her in the fifth form?
(c) Describe Doris's progress through to a teaching career.

10.7 EXPLANATIONS

10.7.1 Select Vocabulary

die Kraft (⁻e)	power, strength
die Ursache (-n)	cause
geborgen	secure
die Eintragung (-en)	entry (in a notebook)
ungerecht	unjust
die Kümmernis (-se)	worry, anxiety

10.7.2 Expressions and Idioms

wollen wir uns nichts vormachen	don't let us fool ourselves
laßt mich bloß zufrieden	just leave me in peace
weil man nicht weiterkommt	because you don't get anywhere
kann ich Ihnen auf Anhieb sagen	I can tell you straight away
nur einer ist angekommen	only one of them made it

10.7.3 Notes – GDR Terminology

Doris uses one or two terms which can only be understood with a knowledge of GDR society:

Genosse is the form of address used to members of the ruling SED party. It is therefore equivalent to *Comrade*, and here she means that she wanted to become a party member like her teacher.
Pionierleiterin – i.e., leader of a group of Pioneers. The Ernst Thälmann Pioneers is an organisation, run by the party for children from 7–14 years of age.
FDJ = Freie Deutsche Jugend. This is the party organisation for young people after they leave the Pioneers.

10.7.4 Notes – the Language of this Passage

The book from which this extract is taken consists of a series of conversations with women of various ages and in various walks of life. The texts reflect the fact that the conversations were recorded, so the language retains a conversational tone, and is not as formal as one might expect a written text to be. Examples of this are as follows:

(a) Use of the definite article instead of the personal pronoun, for emphasis: *In der Unterstufe hatten wir einen Lehrer, **der** war nicht beliebt.*
*Ich meine, solche schwachen Momente ... **die** haben wir auch.*

(b) The verb in first place in the sentence: *Kann ich Ihnen auf Anhieb sagen* is common conversational practice. (Compare: *Weiß ich nicht; Kann ich nicht sagen, etc.*)

(c) Omission of the personal pronoun *ich: Bin erst mal Pionierleiterin geworden.*

(d) More flexible word order in subordinate clauses, ... *daß man immer da sein muß für seine Klasse.*

10.7.5 Grammar

The following are the grammatical items in the text which form the basis of the exercises in section B.

(a) Imperfect of modal verbs (Grammar Summary 12.11).
(b) Revision of word order in subordinate clauses (Grammar Summary 15.2).
(c) More use of Reflexive Verbs (Grammar Summary 7.2(d)).

10.8 EXERCISES

Section B

10.8.1

Read again Doris's account of her schooldays and how she became a teacher. Then, *without further reference to the text*, retell her story in German from memory. Use the Imperfect tense, and make use of the modal verbs in the Imperfect, *(sie wollte ... sie mußte ... sie konnte).*

10.8.2 Replace the gaps in the following sentences with the appropriate subordinating conjunction, (wo; daß; indem; wie; weil; wenn).

(a) Ich weiß nicht, ——— es an anderen Schulen ist.

(b) Wir haben auch solche schwachen Momente, ——— man einfach Zettel an die Eltern schreibt, ——— man nicht weiterkommt.

(c) Wir sprechen mit dem Lehrer, ——— wir merken, ——— er so etwas intensiv betreibt.

(d) Ich mußte alles so machen, ——— er es gemacht hat.

(e) Die FDJ hat es sich leicht gemacht, ——— sie unausgebildete Pionierleiter einstellte.

10.8.3 Retranslation

Without further reference to the text, translate the following sentences back into German.

(a) That is true, but sometimes you don't have the strength. Then you think to yourself, 'leave me in peace!'

(b) That is certainly not typical but it is very typical of our school. That is why I feel very happy and secure there.

(c) I wanted to become like him. So I had to have the same profession. I had to do everything just as he did it.

(d) At that time the FDJ made things easy for itself by appointing Pioneer leaders who had no training.

10.9 LISTENING COMPREHENSION

Das Studium an deutschen Universitäten

Dieter and Elisabeth discuss some of the aspects of University study in the Federal Republic.

Dieter: Es ist immer noch der Fall, daß man mit dem Abitur bereits das Recht auf das Studium an einer Universität hat.

Elisabeth: Ja, aber es gibt Unterschiede, zum Beispiel, Fachabitur und Abitur. Das Fachabitur berechtigt nur zur Fachhochschule.

Dieter: Und es gibt in einigen Fächern *numerus clausus*. Ich glaub das schwierigste Fach ist Tiermedizin, dann kommt Zahnmedizin, dann allgemeine Medizin. Dann Pharmacie – alles im Gesundheitswesen. Das hat einen sehr hohen *numerus clausus*, wo man praktisch 1, 2 oder 1, 3 als Durchschnittsnote braucht.

Elisabeth: Und auf der Uni, ist es zunächst mal so, daß man im großen und ganzen die meisten Fächer für vier Jahre studiert.

Dieter: Mindestens vier Jahre.

Elisabeth: Und dann muß man aber einrechnen mindestens ein Jahr für Prüfungen. BAFÖG kriegt man, also in den meisten Fällen für neun Semester. BAFÖG ist so etwas wie in England ein *Student Grant*. Wir müssen ja keine Studiengebühren bezahlen, und man bekommt BAFÖG, wenn die Eltern nicht genug verdienen, um einen zu unterstützen. Das hängt vom Einkommen der Eltern ab. Nach Beendigung des Studiums muß man die Summe ohne Zinsen zurückzahlen.

Dieter: Dann gibt es Fälle wo Leute, aus was weiß ich für Gründen kein BAFÖG bekommen, und sie nebenher arbeiten müssen. Das ist viel weiter verbreitet als in England.

Elisabeth: Ja, ich würde ohne Arbeit nebenher gar nicht auskommen, weil ich kein BAFÖG bekomme. Die Gründe wurden mir niemals richtig mitgeteilt.

Dieter: Das Studium in Deutschland ist eben nicht auf Jahre aufgeteilt, wie in England, und es gibt auch nicht bestimmte Kurse, die dann jeder Student belegen muß, sondern man sucht es sich ganz individuell aus. Es gibt bestimmte Richtlinien, was man letzlich belegt haben muß und gehört haben muß und gelernt haben muß, aber man schaut sich das Vorlesungsverzeichnis an und sagt: »Gut, dieses Semester mache ich moderne Literatur und dann mache ich einen Diktatkurs und dann vielleicht einen Phonetikkurs«. Und dann kann man sich den Stundenplan auch zeitlich selber einteilen. Wenn man jetzt also weiß, ich hab' einen Job, ich arbeite jeden Dienstag und Mittwoch, dann sucht man sich eben Kurse aus, die nur am Montag, Donnerstag und Freitag stattfinden, und hat dann wahrscheinlich irgendwas verloren, das macht man halt dann im nächsten Semester. Und deswegen brauchen viele eben auch viel länger als die Mindeststudienzeit.

Elisabeth: Im Prinzip kann man im Moment solange studieren, wie man will.

Dieter: Ich glaub', sie wollen's vor allem ändern, weil es eben auch viele einfach nur Karteistudenten gibt, die sich nach wie vor wieder anmelden, damit sie den Studentenausweis und die Ermäßigungen kriegen.

Elisabeth: Die sind einfach nur offiziell eingeschrieben.

Dieter: Und da gibt es tatsächlich Leute, die eben seit 20 Jahren studiert haben. Ich glaube, der Rekordfall war einer, der 30 Jahre lang an der Uni eingeschrieben war. Das ist in England nicht möglich. Die Kurse in England sind auch viel kleiner, und der Kontakt zwischen Studenten und Dozenten ist viel besser. Aber in England ist man viel mehr eingeengt, was man machen muß. Man hat eben keine großen Wahlmöglichkeiten. Und ich glaub auch, in England wird man intellektuell weniger gefordert.

10.9.1 Notes

Das Abitur is the examination, roughly equivalent to English A level, which is taken at the end of the Gymnasium. The *Fachabitur* is an examination at a similar level in technical or social subjects, which gives entry to *Fachhochschule*, but not to University. Success in the *Abitur* gives right of entry to University except in the case of the small number of courses which operate *numerus clausus*. This is a way of limiting the entry to University courses, particularly in medical subjects, which are heavily oversubscribed. The selection is carried out according to marks awarded at the *Abitur*. The pattern of marking is standard throughout the German education system, and is always a mark out of 6, as follows:

6 ungenügend
5 mangelhaft
4 ausreichend
3 befriedigend
2 gut
1 sehr gut

These marks can be sub-divided by percentage points, hence Dieter's comment in the conversation with Elisabeth that, for *numerus clausus* subjects one must get an average mark of 1.3 or 1.2.

Students attending University (*die Uni*) may be eligible for a form of grant-aid, known as BAFÖG (Bundesausbildungsförderungsgesetz). This takes the form of a sort of loan which can be paid back without interest (*ohne Zinsen*) after the period of study.

The German academic year is divided into two *Semester*, and there is no fixed period of study for a degree. There is a minimum period of study (*Mindeststudienzeit*) which is usually 8 semesters, but many students study for much longer periods until they feel they are ready to present themselves for examination. The open entry allowed by *Abitur*, and the freedom in terms of period of study, means that there are cases of what Dieter calls *Karteistudenten*, who sign on as students so as to get the benefit of a student card (*Studentenausweis*) and the various reduced rates (*Ermäßigungen*) for which students may be eligible.

10.10 EXERCISES

10.10.1 Comprehension

(a) What attitude do German students have to taking on a job at the same time as pursuing their studies?
(b) How do students at German universities organise their attendance at courses?
(c) What advantages and drawbacks does Dieter see in the English university system, compared with the German?

10.10.2 Listen again to the tape and find German equivalents for the following English phrases:

(a) It is still the case.
(b) For the most part.
(c) At least four years.
(d) In most cases.
(e) That depends on the income of the parents.
(f) I just would not manage without work on the side.
(g) For reasons which I just do not know.
(h) In principle.
(i) One can study for as long as one wishes.

10.10.3 Transcription

Without reference to the written text of the conversation, listen to the passage spoken by Dieter which begins Das Studium in Deutschland and ends viel länger als die Mindeststudienzeit. Listen as many times as you like, and produce your own written version of what he says.

SPORT

UND

FREIZEIT

The rise of the GDR to a position as one of the leading sporting nations of the world has been an astonishing achievement for a small country of only 17 million inhabitants. Such an achievement is based on talent spotting and training of young athletes, as described in the first extract below. The second passage explains in more general terms the various factors to be considered when looking at the way people spend their leisure time.

DDR Mannschaft – Olympische Sieger im Radrennen: Seoul, 1988

11.1 ZUR EHRE DER NATION

Wie die DDR in Hochschulen und Internaten schon heute Welt-
meister und Olympiasieger für das Jahr 2000 trimmt

»Und nun in die Knie!« kommandiert die Übungsleiterin. Die kleinen Jungen und Mädchen, dick eingepackt in Kunststoff-anzüge und Wollmützen, gehen in die Hocke. Geschickt nützen sie den Schwung und gleiten gehockt auf ihren Schlittschuhen über die spiegelblanke Eisfläche. Am Rand stehen einige Mütter und schauen ihren Sprößlingen zu. Die ältesten sind gerade fünf Jahre.

Zweimal in der Woche trainieren die Knirpse in der Eishalle des Sportclubs Erfurt jeweils zwei Stunden lang. Rund 140 Kinder, aufgeteilt in mehrere Gruppen. Einmal im Monat gibt es einen spielerischen Wettkampf. »Da stellt sich heraus, wer talentiert ist«, sagt Trainerin Ilona Schindler. Je jünger die Kinder, desto besser die Entwicklungschancen für Eisflitzer oder Kunstläufer. »Um zur Spitze zu kommen«, so die Ausbilderin, »muß man in diesen Sportarten mit vier anfangen. Sieben wäre schon zu spät.«

Wie in der thüringischen Bezirkshauptstadt suchen überall zwischen Ostsee und Erzgebirge Lehrer und Funktionäre unter den Talenten nach den Weltmeistern und Olympiasiegern des Jahres 2000. Die Sichtung beginnt schon im Kindergarten. Die Kleinen werden bei Wettspielen und Körperübungen beobach-tet, Bewegungsabläufe und Körperbau werden begutachtet. »Mit geschultem Blick kann man durchaus erkennen«, erklärt ein Sportfunktionär, »ob dieses Mädchen mal eine Turnerin oder jener Junge ein Eisschnelläufer werden könnte.«

Der rasante Aufstieg der DDR zur sportlichen Großmacht, den ausländische Bewunderer und Neider oft als »Wunder« bezeich-nen, gründet sich vor allem auf die systematische Talent-Auslese. »Mit einem Wunder haben unsere Erfolge nichts zu tun«, betont Siegfried Geilsdorf, Vize-Präsident des Deutschen Turn- und Sportbundes (DTSB), »das sind Ergebnisse von ziel-gerichteter und angestrengter Arbeit über Jahrzehnte.«

Kreisspartakiade in Schwedt an der Oder: Auf dem Rasen der städtischen Sportanlage ist ein Siegerpodest aufgebaut. Da-hinter ein Pulk von DDR-Fahnen, einige Kübel mit Gummi-bäumen und eine Schale mit einer lodernden Flamme.

Aus dem Lautsprecher ertönt eine Fanfare. Drei Jungen, die in einem leichtathletischen Sprint-Wettbewerb gewonnen haben, marschieren über die Aschenbahn und steigen aufs Treppchen.

Der Wettkampfleiter hängt jedem ein blaues Band mit einer Medaille um. Die Blechabzeichen glänzen in den Farben Bronze, Silber und Gold. »Stimmt«, bestätigt Sportlehrer Dieter Fiebig, »das Ganze ist bewußt dem olympischen Ritual nachempfunden. Die jungen Sportler sollen sich beizeiten an große Wettkämpfe gewöhnen.«

Die Kinder- und Jugendspartakiaden, die nach Spartakus, Führer eines Sklavenaufstandes gegen die Römer, benannt sind, werden in der DDR seit 1965 veranstaltet. Im vergangenen Jahr beteiligten sich 665 000 Kinder und 332 000 Jugendliche an den Wettkämpfen, die in fast allen Disziplinen des Sommer- und Wintersports ausgetragen werden.

Die Vorausscheidungen finden jährlich an den Schulen und in den Gemeinden statt. Die Qualifikation für die Kreiswettkämpfe schafft etwa jeder zweite Schüler. Sieger und Plazierte werden dann zur Bezirksausscheidung geschickt. Und die besten messen ihre Kräfte alle zwei Jahre auf der zentralen DDR-Spartakiade. Wer dort gewinnt, gehört meist schon zur internationalen Spitzenklasse seines Alters. Das Motto: »Heute Spartakiade-Sieger – morgen Olympia-Teilnehmer.«

(© STERN)

11.2 EXERCISES

Section A

11.2.1 Comprehension

(a) What sport are the children practising?
(b) How often do they train and how often do they compete?
(c) For what reason may the age of 7 already be too late?
(d) What is the quality required of a talent-spotter who picks out future winners?
(e) Is it true that the success of the GDR in sport is a miracle?
(f) What sort of setting is provided for medal ceremonies at regional *Spartakiad* sports meetings?
(g) What is the sequence of competitions which must be followed by a budding Olympic athlete?

11.2.2 Word Study

Make lists of verbs in the text as follows. Give the correct *Infinitive* forms.

(a) Inseparable verbs: (list under prefixes *be-, er-, ge-, ver-,* and with the Infinitive ending *-ieren*).

(b) Separable verbs; (list under the prefixes *an-, auf-, aus-, ein-, heraus-, nach-, statt-, um-, zu-*).

11.3 EXPLANATIONS

11.3.1 Select Vocabulary

der Weltmeister (-)	world champion
der Sieger (-)	victor
trimmen	to train, keep fit
geschickt	skilful
gehockt	squatting, crouching
der Schlittschuh (-e)	skate
der Sprößling (-e)	offspring, shoot
der Knirps (-e)	whippersnapper
der Wettkampf (¨e)	competition
die Sportart (en)	type of sport
die Sichtung	examination, sifting
das Wettspiel (-e)	competition, contest
begutachten	examine, assess
der Turner/die Turnerin	gymnast
rasant	rapid, meteoric
die Auslese	selection
betonen	to stress, emphasise
der Siegerpodest (-e)	winners' rostrum
der Pulk (-s)	bunch, pile
der Kübel (-)	bucket
die Schale (-n)	dish, vessel
das Blechabzeichen (-)	metal badge
nachempfinden (a, u)	to adapt
beizeiten	in good time
sich beteiligen an	to take part in
die Vorausscheidung (-en)	preliminary selection

11.3.2 Expressions and Idioms

nun in die Knie	now crouch down
sie . . . gehen in die Hocke	crouch/squat down
da stellt sich heraus	then it emerges . . .
je jünger die Kinder, desto	the younger the children the

| besser die Entwicklungschan-cen | better their chance of developing |
| 7 wäre schon zu spät | it would already be too late at 7 years old. |

11.3.3 The GDR is organised administratively into 15 *Bezirke*, each named after its principal town. Each *Bezirk* is sub-divided into *Kreise*, of which there are 218 altogether.

11.3.4 Grammar

The following are the grammatical items which form the basis of the exercises in Section B.

(a) More about the use of separable verbs in the Perfect tense, and the use of Past Participles in verbal and adjectival phrases (Grammar Summary 12.9; 12.13).
(b) Expressions of time (Grammar Summary 11.3).

11.4 EXERCISES

Section B

11.4.1

The following sentences are adapted from the above text and from texts in preceding chapters. Insert the *Perfect Tense* of an appropriate verb taken from the list given in parentheses, and following the model given in the example.

Example: Die Mütter ———— ihren Sprößlingen (*zuschauen*).

Response: Die Mütter haben ihren Sprößlingen zugeschaut.

(*umhängen; aufsaugen; herausstellen; weiterfahren; einschränken; anfangen; sich vorausschieben; zunehmen*).

(a) Die Knirpse ———— mit vier.
(b) Da ———— es sich, wer talentiert ist.
(c) Der Wettkampfleiter ———— jedem ein blaues Band mit einer Medaille.
(d) Sie ———— im Stau zwischen Würzburg und Nürnberg.
(e) Die Fahrer ———— auf kleinen Routen.

(f) Der Steinzerfall ———— in Bremen rapide.
(g) Die Regierung ———— die Familienzusammenführung von Eltern und Kindern.
(h) Die Bundesdeutschen ———— amerikanische Kultur.

11.4.2 From the information contained in the following notes, write sentences which use a *Past Participle* construction.

Example: Die Kinder gehen in die Hocke (*Wollmützen und Kunststoffanzüge; einpacken*).

Response: Die Kinder, eingepackt in Wollmützen und Kunststoffanzügen, gehen in die Hocke.

(a) Die Kinder gleiten auf ihren Schlittschuhen (*hocken*).
(b) 140 Kinder gleiten über die Eisfläche (*mehrere Gruppen; aufteilen*).
(c) Friedrichstadt liegt im Norden (*zwischen zwei Flüssen; einbetten*).
(d) Von der Stettener Höhe sieht man den Hegau (*wie ein Garten; ausbreiten*).
(e) Die Denkmalschützer versuchen, beschädigte Teile zu ersetzen (*geringe Geldmittel; ausstatten*).

11.4.3 Translate into English

(a) The children train twice a week.
(b) Once a month there is a competition for about 140 children.
(c) Every two years the best young athletes participate in the central GDR Spartakiad games.
(d) Approximately every second pupil qualifies for the *Kreis* competition.
(e) Last year more than 600 000 children took part in the competition.

11.5 FREIZEITVERHALTEN DER BUNDESBÜRGER

Im Gegensatz zur Arbeit erscheint die Freizeit für den Einzelnen als ein Bereich, den er selbständig gestalten und bestimmen kann. Freizeitgestaltung reicht vom bloßen Nichtstun bis zum Leistungssport, vom passiven Fernsehen bis zum aktiv betriebenen Hobby. Oft hängt es allerdings von der persönlichen Wertung ab, ob Freizeitaktivitäten tatsächlich als solche empfunden werden oder eher Verpflichtungscharakter haben.

Freizeit wird in der Industriegesellschaft zumeist als klarer Gegensatz zur Arbeit verstanden. In der Freizeit werden Aktivitäten unternommen, die als Ergänzung und als Ausgleich zum Arbeitsalltag wirken.

Die individuellen Freizeitinteressen werden von gesellschaftlichen Faktoren beeinflußt: Jugendliche haben ein anderes Freizeitverhalten als alte Menschen, Facharbeiter verbringen ihre Freizeit anders als Landwirte, Junggesellen bevorzugen andere Freizeitaktivitäten als Familienväter. Freizeit birgt also interessante, aufschlußreiche, soziologische und psychologische Aspekte, die innerhalb eines neuen, jungen Wissenschaftszweiges – der Freizeitforschung – untersucht und analysiert werden. Zu den wichtigsten Faktoren, die ermittelt werden, gehören:

– der Umfang der Freizeit und ihre Verteilung (am Werktag, am Wochenende, im Jahr);
– die persönliche Situation (Alter, Geschlecht, Familienstand, Schulbildung, Beruf, finanzielle Lage, soziale Kontakte);
– die Arbeitssituation (Bedingungen am Arbeitsplatz, Zufriedenheit mit der Arbeit, Arbeitsanforderungen, Streß);
– die Wohnsituation (Qualität und Größe der Wohnung, Verkehrsverbindungen, Qualität des Wohnumfeldes);
– die örtliche Freizeitsituation (Angebot an Erholungs- und Freizeiteinrichtungen, Erreichbarkeit, Kosten, Information über Freizeitmöglichkeiten);
– die gesellschaftlichen Bedingungen (Normen, Werte, Traditionen, Lebensstile).

(© *BP Kursbuch Deutschland, 1985/6*,
Wilhelm Goldmann Verlag GmbH, München)

11.6 **EXERCISES**

Section A

11.6.1

Below are 4 statements taken with some adaptation from the text, and which make important points about the theme. Explain *in*

English, what you understand by these points, using the context of the passage to help you.

(a)   Freizeit muß man selbständig gestalten.
(b)   Freizeit versteht man als klaren Gegensatz zur Arbeit.
(c)   Freizeitinteressen werden von gesellschaftlichen Faktoren beeinflußt.
(d)   Freizeitforschung bietet einen neuen Wissenschaftszweig an.

11.6.2   The passage divides into 6 groups the factors affecting the way in which people choose to spend their free time. *Without further reference to the text*, group the factors in the list on the right hand side of the page under the main headings given on the left.

(a) Umfang der Freizeit und ihre Verteilung.	Schulbildung.
	Zufriedenheit mit der Arbeit.
(b) Die persönliche Situation.	Qualität und Größe der Wohnung.
(c) Die Arbeitssituation.	Normen.
(d) Die Wohnsituation.	Wann am Werktag?
(e) Die örtliche Freizeitssituation.	Geschlecht.
	Bedingungen am Arbeitsplatz.
(f) Die gesellschaftlichen Bedingungen.	Traditionen.
	Erreichbarkeit.
	Alter.
	Wann im Jahr?
	Qualität des Wohnumfeldes.
	Kosten.
	Informationen über Freizeitmöglichkeiten.
	Lebensstile.
	Verkehrsverbindungen.
	Wann am Wochenende?
	Familienstand.
	Angebot an Freizeiteinrichtungen.
	Beruf.
	Arbeitsanforderungen.

finanzielle Lage.
soziale Kontakte.
Streß.

11.7 EXPLANATIONS

11.7.1 Select Vocabulary

der **Ei**nzelne (-n)	individual
der Ber**ei**ch (-e)	area, sphere
die Fr**ei**zeitgestaltung	way of planning free time
die **W**ertung	evaluation
die Ergänzung	supplement, addition
der **Au**sgleich	balance, compensation
be**ei**nflußen	to influence
der **L**andwirt (-e)	farmer
der **J**unggeselle (-n)	bachelor
b**e**rgen (a, o)	to hold, hide
der **W**issenschaftszweig (-e)	branch of science
die Fr**ei**zeitforschung	to research into leisure
ermitteln	to investigate
der **U**mfang	extent
die Vert**ei**lung	distribution
die Bedingung (-en)	condition
die **A**rbeitsanforderung (-en)	demands of work

11.7.2 Expressions and Idioms

im **G**egensatz zu	as opposed to
es hängt von der persönlichen **W**ertung ab, ob . . .	it depends upon individual evaluation, whether . . .
oder **e**her	or rather

11.7.3 Grammar

The following are the grammatical items which form the basis of the exercises in Section B.

(a)   Various uses of prepositions, after verbs and in prepositional phrases.

(b)   Use of *es hängt von . . . ab, ob . . .*

11.8 EXERCISES

Section B

11.8.1

In this text you will find examples of *an* used in an expression of time (*am Werktag*) and to indicate position, (*am Arbeitsplatz*). Make a list of the other examples of *an* used in these two ways which you will find in the following texts: Texts 1.1; 3.2; 6.1; 7.1; 8.1; 9.5.

11.8.2 Translate

(a) The interests of the individual are influenced by social factors.
(b) The personal situation is one of the most important factors.
(c) Another important factor is the supply of leisure facilities.
(d) People want information about leisure possibilities.

11.8.3 Form sentences using the construction *es hängt von . . . ab, ob . . .* as shown in the example.

Example: Persönliche Wertung – Freizeitaktivitäten sind wirklich »frei«.

Response: Es hängt von der persönlichen Wertung ab, ob Freizeitaktivitäten wirklich frei sind.

(a) Viele wichtige Faktoren – ein Einzelner interessiert sich für eine gewisse Sportart.
(b) Schulbildung – Jugendliche interessieren sich für eine gewisse Sportart.
(c) Die frühe Auslese – man wird Olympiasieger.
(d) Schularbeit – Uwe geht zum Gymnasium.
(e) Der Anwerbestop – mehr Ausländer kommen nach Deutschland.

🎞 11.9 LISTENING COMPREHENSION

Freizeit

Gabi and Yvonne talk about their interest in sport and leisure activities.

Yvonne: Was Freizeit betrifft, ich treibe viel Sport. Ich spiele also aktiv Volleyball in einer Mannschaft, und hab' auch alle möglichen Sportarten im Verein; was ein Unterschied zu

England ist, daß man ohne große Beiträge im Verein Sport machen kann. Also, man bekommt ein gutes Training. Klar, das ist vom Sport abhängig, aber im allgemeinen ist das Training gut und nicht teuer. Es ist auch der Fall, daß mehr Vereine, also, wettkampfmäßig arbeiten, sogar auf unterstem Niveau.

Gabi: Ich hab' auch eigentlich von klein auf immer im Verein meinen Sport getrieben. Wie ich ganz klein war, habe ich mit dem Turnverein angefangen, und dann war ich im Eislaufverein in München und dann im Tischtennisverein. Da geh' ich immer noch hin, wenn ich nach München komme. Und sonst Tennis hab' ich gespielt – nicht im Verein. Das ist die Ausnahme, das ist zu teuer. Tennis spielt man auf öffentlichen Plätzen immer stundenweise. Die Plätze gibt's aber eben auch überall. Ich glaub', es gibt mehr Möglichkeiten als in England. Es gibt vor allem auch Trainer im Verein. Das gibt es nicht in England, man spielt eben einfach. Während man in München in jedem Verein einen Trainer hat. Das ist eigentlich sehr gut aufgebaut. Man lernt auch was dazu, und spielt nicht nur so vor sich hin.

Yvonne: Ja, das gilt für alle Sportarten. In England, insgesamt, ist die Ausbildung einfach nicht gut.

Gabi: Bei uns im Süden wandert man auch sehr viel, glaub' ich schon. Es gibt sehr viel auch diese Sonntagsspaziergänge. Sonntag Nachmittag scheint ein Tag zu sein, wo sehr viele Leute spazieren gehen. Sonst, ich glaube eigentlich nicht, daß man sagen könnte, es gibt ein Freizeitvergnügen, dem alle nachgehen.

Yvonne: Also bei uns ist der Sonntagsspazierganghalt nicht so weit verbreitet. Ich glaube, die meisten Leute haben eine Phase, wo sie so was machen, zum Beispiel Jogging war eine Zeitlang unheimlich in. Man findet, zumindest bei uns in der Gegend mehr auch ältere Leute, die Sport treiben. Es ist nicht wie in England, wo das hauptsächlich Schüler oder Studenten sind. Außer Tennis wüßt' ich in England nicht viele Sportarten, die auch ältere Leute machen.

11.10 EXERCISES

Comprehension

11.10.1

(a) What does Yvonne see as a big difference between practising a sport in Germany and in England?

(b)   What sort of sports did Gabi follow at her sports club in Munich?
(c)   Why is tennis not played much at the sports club, and how is it played?
(d)   What is popular in the south, and when?
(e)   What comment does Yvonne make about participation in sport by older people in Germany and Britain?

11.10.2   Listen again to the tape and, *without reference to the written text*, write down the German phrases used by the two speakers which have the following meanings:

(a)   As far as leisure time is concerned.
(b)   It is also the case that . . .
(c)   Ever since I was small.
(d)   That is the exception.
(e)   One just plays, that's all.
(f)   One doesn't just play one's own game.
(g)   That is true of all types of sport.
(h)   Generally speaking.
(i)   I don't really think one could say that . . .
(j)   For a while jogging really was all the rage.
(k)   Apart from tennis . . .

11.10.3   Now imagine you are taking part in a similar conversation about sport and leisure. Make up sentences which would express your opinion and give your experience. Use as many as possible of the phrases you have listed in Exercise 11.10.2 above.

11.10.4   The firm you work for are sending you to Munich for 3 months and you want to make sure that you are able to pursue your sporting interests while you are there. You have been given the address of a sports club. Write a letter to the secretary of the club on the following lines:

– Say how long you will be in Munich, and during what period.
– State what your own sporting interests are.
– Ask whether these sports are possible at the club, and what other facilities might be available.
– Ask whether it would be possible to become a member for the period of your stay, and how much the membership would cost.

DIE FRAU

The traditional role of the German woman used to be summed up in the three words, *Kinder, Kirche, Küche*. The change in this attitude has provided one of the major transformations in German-speaking societies in the period since 1945. The first passage below summarises some of the main aims and activities of the powerful woman's movement in the Federal Republic. In the GDR, there is no woman's movement as such, since the approach of the Marxist state is to guarantee equality of opportunity in employment, and many of the battles fought by women in the west have been unnecessary because of the overwhelming need for women to contribute fully to the labour market.

12.1 AKTIVITÄTEN DER FRAUENBEWEGUNG IN DER BRD

Mit den Protesten gegen die Bestrafung des Schwangerschaftsabbruchs im Jahr 1971, die zum Anlaß wurden, persönliche Erfahrungen von Unterdrückung öffentlich zu machen und die Trennung zwischen Privatem und Politischem zu durchbrechen, erreichte die Frauenbewegung in der BRD erstmals Frauen außerhalb des studentischen Milieus. In der Folge entwickelten sich Ansätze einer Art feministischer Gegenkultur mit einer Vielzahl dezentraler Projekte:
  – In vielen Städten entstehen Frauenzentren
  – Weibliche Homosexuelle schließen sich zu sogenannten Lesbien-Gruppen zusammen
  – In Selbsterfahrungsgruppen versuchen Frauen ihre Isolation und ihr Konkurrenzverhalten aufzuheben und ihre scheinbar persönlichen Schwierigkeiten als strukturelle zu erkennen

– Aus der Diskussion um Gewalt gegen Frauen entstehen Frauenhäuser und Notrufinitiativen für vergewaltigte Frauen

– Frauenforschung und Frauenstudien an Universitäten beschäftigen sich mit weiblichen Lebenszusammenhängen sowie mit Spuren bisher unbekannter weiblicher Geschichte

– Die Debatte um Hausarbeitslohn deckt die Bedeutung von Hausarbeit und sogenannter Erziehungsarbeit auf und beschreibt die geschlechtsspezifische Form der Arbeitsteilung als wesentliche Ursache sozialer Ungleichheit.

Mit ihren Bestrebungen autonom d.h. eigenständig und unabhängig zu sein, vertritt die Frau einen radikal oppositionellen Standpunkt, indem sie feststellt, daß Frauen nicht punktuell benachteiligt sind, sondern systematisch unterdrückt werden. Unabhängig davon, ob diese Unterdrückung je nach politischem Standort dem Patriarchat (Gesellschaftsform, die dem Mann eine bevorzugte Stellung einräumt) zugeschrieben oder als Teilproblem des Kapitalismus gesehen wird, ergibt sich aus dieser Sichtweise die Konsequenz, daß Frauen den Prozeß ihrer Befreiung selbst in Gang setzen müssen.

(Extract from entry *Frauenbewegung* in *Aktuell – Das Lexikon der Gegenwart*, © Chronik-Verlag, 1984)

12.2 EXERCISES

Section A Word Study

12.2.1

With the development of new movements and social issues, any language has to find the resources to develop the necessary new vocabulary. German often creates the vocabulary for such new issues as the women's movement by using its capacity for forming compound words. Find suitable English equivalents for compound words used in this text, making use of the help given below:

(a) Schwangerschaftsab-
    bruch

(*schwanger* = pregnant; *abbrechen* = to break off, to terminate)

(b) Frauenbewegung
    Frauenzentren
    Frauenhäuser
    Frauenforschung
    Frauenstudien

(*forschen* = to research)

(c)	Selbsterfahrungsgruppe	(*erfahren*	= experience)
(d)	Konkurrenzverhalten	(*Konkurrenz*	= competition)
(e)	Notrufinitiative	(*Notruf*	= emergency call)
(f)	Lebenszusammenhänge	(*Zusammenhang*	= connection)
(g)	Hausarbeitslohn	(*Lohn*	= wage)
(h)	geschlechtsspezifisch	(*Geschlecht*	= sex)
(i)	Arbeitsteilung	(*teilen*	= to divide)

12.2.2 Comprehension

(a) What happened in 1971 that was significant for the women's movement?

(b) What do you understand by the term *feministische Gegenkultur*?

(c) What is the aim of the *Selbsterfahrungsgruppen*?

(d) What is the purpose of university courses in women's studies?

(e) What do you think is meant by *Erziehungsarbeit*?

12.2.3 Punctuation

Restore the missing punctuation and capital letters in the following extract from the text:

mit ihren bestrebungen autonom d h eigenständig und unabhängig zu sein vertritt die frau einen radikal oppositionellen standpunkt indem sie feststellt daß frauen nicht punktuell benachteiligt sind sondern systematisch unterdrückt werden unabhängig davon ob diese unterdrückung je nach politischem standort dem patriarchat zugeschrieben oder als teilproblem des kapitalismus gesehen wird ergibt sich aus dieser sichtweise die konsequenz daß frauen den prozeß ihrer befreiung selbst in gang setzen müssen

12.3 EXPLANATIONS

12.3.1 Select Vocabulary

die Bestrafung	punishment; sentencing
die Unterdrückung	oppression
der Ansatz (¨e)	first signs; beginnings
sich zusammenschließen (o, o) (zu)	to form oneself (into)
aufheben (o, o)	to abolish; remove

vergewaltigen	to rape
sich beschäftigen (mit)	to deal (with)
die Spur (-en)	trace
aufdecken	to reveal
wesentlich	essential
die Bestrebung (-en)	effort
eigenständig	independent
vetreten (a, e)	to represent
feststellen	to emphasize; stress
punktuell	selective
ben**ach**teiligt	disadvantaged
die Sichtweise (-n)	point of view

12.3.2 Expressions and Idioms

... die zum **Anlaß** wurden ...	which brought about ...
in der **Folge**	as a consequence
so**wie** mit ...	as well as with ...
je nach politischem Standort	according to political position
... die dem Mann **eine** bevorzugte Stellung **ein**räumt	which allows a privileged position to men
... selbst in Gang setzen müssen	must themselves set in motion ...

12.3 GRAMMAR

The following are the points of grammar in the text which form the basis for the exercises in Section B.

(a) Further work on Reflexive Verbs (Grammar Summary 7.2(d)).

(b) Uses of the Genitive case (Grammar Summary 1.5; 14.4).

12.4 EXERCISES

Section B

12.4.1 Retranslation

Translate into German the following sentences, then compare your version with the original text. Each sentence should make use of the Reflexive Verb given in brackets.

(a) As a consequence, the first signs of a sort of feminist counter-culture developed. (*sich entwickeln*)

(b) Female homosexuals joined together to form so-called lesbian groups. (*sich zusammenschließen*)

(c) Women's studies at universities concerned themselves with traces of female history which was as yet unknown (*sich beschäftigen*)

(d) The consequence emerges from this point of view, that women must themselves set in motion the process of their liberation (*sich ergeben*)

12.4.2 Fill in the correct case endings where they have been omitted in the following sentences.

(a) Die Frauenbewegung in der BRD erreichte erstmals Frauen außerhalb d——— studentisch——— Milieus.

(b) In der Folge entwickelten sich Ansätze ein——— Art feministisch——— Gegenkultur mit ein——— Vielzahl dezentral——— Projekte.

(c) Universitäten beschäftigten sich mit Spuren unbe-kannt——— weiblich——— Geschichte.

12.5 **DIE FRAU IN DER DDR**

Von dem Gesichtspunkt der Chancengleichheit der Frau aus hat die DDR im Vergleich zu anderen Staaten auf fast allen Gebieten des öffentlichen Lebens eine stolze Bilanz aufzuweisen: In zahlreichen Führungspositionen des gesellschaftlichen und politischen Lebens finden sich Frauen. Gleichberechtigung der Geschlechter ist in der DDR von Anfang an nicht nur als verfassungsrechtlicher Programmsatz, sondern als gesellschaft-spolitisches Postulat verstanden worden. Das gilt vor allem für den Sektor des Berufslebens. Von jeher spielte die Frauen-erwerbstätigkeit in der DDR eine Rolle, die weit über der in vergleichbaren Industriestaaten liegt ... gegenwärtig sind 85 Prozent aller Frauen und Mädchen im arbeitsfähigem Alter berufstätig. Ein Drittel der Industriearbeiter sind Frauen.

Alles in allem ergibt sich das Bild einer fast totalen Eingliede-rung der Frauen in die Arbeitsgesellschaft der DDR. Sie hat ihre Ursachen vor allem in der ökonomischen Situation, sowohl der einzelnen Familie wie auch der gesamten Volkswirtschaft. Sozialempirische Arbeiten aus der DDR haben gezeigt, daß in

A woman doing a man's job?: (work at a building college)

den meisten Ehen und Familien die Mitarbeit der Frau jenes
zusätzliche Einkommen sichern muß, mit dem man sich die
erstrebten Güter des gehobenen Lebensstandards wie Wasch-
maschinen, Autos, individuelle Ferienreisen und dergleichen
mehr leisten kann.

Doch wäre es verkehrt, in der Frauenerwerbstätigkeit in der
DDR lediglich den Ausfluß einer Mangelsituation zu sehen. Die
Berufstätigkeit von Frauen ist in der DDR zugleich eine fundamentale gesellschaftspolitische Forderung, die aus dem Prinzip
der Gleichberechtigung abgeleitet wird. Nach Ansicht der marxistischen Klassiker, angefangen von Marx und Engels über
August Bebel zu Clara Zetkin, wird die Frau erst dann gleichberechtigt sein, wenn sie auch ökonomisch dem Mann gleichgestellt ist. Die Gleichstellung von Mann und Frau heißt im
sozialistischen System ihre Gleichstellung als Werktätige . . .
Hinter dieser Vorstellung von Frauenemanzipation steht das
sozialistische Menschenbild, das die eigentliche Verwirklichung
der »sozialistischen Persönlichkeit« in der Arbeit sieht und alle

kulturellen und sozialen Erzcheinungen auf die Bedingungen
der Arbeit zurückführt.

(Kurt Sontheimer und Wilhelm Bleek,
Die DDR: Politik, Gesellschaft, Wirtschaft,
© Hoffmann und Campe Verlag, Hamburg, 1979)

12.6 EXERCISES

The exercises following this text are concerned with word study and
explanations to help understand a difficult text, and there will be no
Section B grammatical exercises.

12.6.1 Word Study

As with the previous text in this chapter, some of the key words to
help with comprehension are compounds which have been created to
meet the needs of the language when debating important new issues.
Find English equivalents for the following key nouns, using the
information given to help you.

(a) Chancengleichheit (*gleich* = equal)
(b) Gleichberechtigung (*das Recht* = right)
(c) Gleichstellung (*stellen* = to place in position)
(d) Frauenerwerbstätigkeit (*erwerben* = to earn; *tätig*
    = employed)
(e) Berufstätigkeit (*der Beruf* = profession, job)

12.6.2 Just as an understanding of compound nouns helps with the
reading of complex texts, so does an understanding of compound
adjectives. Sometimes there is no English equivalent for such a
compound. For example, an adjective such as gesellschaftspolitisch
will probably be rendered into English by a pair of adjectives such as
social and political. A phrase such as sozialempirische Arbeiten aus
der DDR might be translated *empirical studies of society carried out in
the GDR*. Try to find ways of expressing the following adjectives in
English.

(a) verfassungsrechtlich (*die Verfassung* = constitution; *das
    Recht* = right)
(b) arbeitsfähig (*fähig* = capable)
(c) gleichberechtigt

(d) gleichgestellt
(e) berufstätig

12.6.3 Comprehension

Answer the following questions *in English*. The German phrases in parentheses are intended to help direct you to the important part of the text for answering the question.

(a) What evidence is given to support the statement that the GDR can be proud of its achievement in the area of equal opportunity for women? (Frauen in Führungspositionen; Gleichberechtigung als gesellschaftspolitisches Postulat; Frauenerwerbstätigkeit – 85% berufstätig.)

(b) What is the importance of the woman's earnings to her family? (das zusätzliche Einkommen – für einen gehobenen Lebenstandard.)

(c) What is a more fundamental reason to explain the number of women who work? (Fundamentale gesellschaftspolitische Forderung – die Frau erst dann gleichberechtigt, wenn sie auch ökonomisch dem Mann gleichgestellt ist.)

12.7 EXPLANATIONS

12.7.1 Select Vocabulary

die Chancengleichheit	equal opportunity
öffentlich	public
zahlreich	numerous
das Postulat	postulate
vergleichbar	comparable
gegenwärtig	at present
die Eingliederung	integration
die Volkswirtschaft	national economy
zusätzlich	supplementary
das Einkommen	income
lediglich	merely, simply
der Ausfluß	product, result
die Forderung (-en)	demand
gleichgestellt	on an equal level
die Vorstellung	idea

die Verwirklichung	realisation
die Erscheinung	phenomenon
die Bedingung (-en)	condition

12.7.2 Expressions and Idioms

von dem Gesichtspunkt . . . aus	from the point of view of . . .
im Vergleich zu	in comparison with
hat eine stolze Bilanz aufzuweisen	can be proud of its record
von Anfang an	right from the start
das gilt vor allem für . . .	that is true above all for . . .
von jeher	always
alles in allem	all in all
. . . sowohl der einzelnen Familien wie auch der gesamten Volkswirtschaft	. . . of individual families as well as of the whole national economy
mit dem man sich die erstrebten Güter . . . leisten kann	with which they can afford the goods which they aspire to
doch wäre es verkürzt	but it would be too limited
nach Ansicht der Klassiker	according to the classical writers

LITERARISCHE
ZWISCHENSPIELE III

LITERARISCHE

ZWISCHENSPIELE III

LZ 3.1 HEINE – DIE SCHLESISCHEN WEBER

The conditions of workers in the nineteenth century provoked many of the greatest writers of the age to protest – Dickens, Zola and, in German, Gerhard Hauptmann, for example, in *Die Weber* (1891). The incident which provoked Weber's play was the suppression by Prussian troops in 1844 of the insurrection by Silesian weavers. The impact of the industrial revolution had reduced the weavers and their cottage industry to starvation level. This incident (which occurred, significantly, in the same year as Karl Marx published in Paris his revolutionary journal *Vorwärts*), also inspired the following splendid piece of political verse from Heine, written in the year of the incident, and which, to the relentless rhythms of the weavers' looms, weaves the proletarian revolution into their curse of the old Germany.

   DIE SCHLESISCHEN WEBER

Im düstern Auge keine Träne,
  Sie sitzen am Weberstuhl und fletschen die Zähne:
  Deutschland wir weben dein Leichentuch,
  Wir weben hinein den dreifachen Fluch –
Wir weben, wir weben!

  Ein Fluch dem Gotte zu dem wir gebeten
  In Winterskälte und Hungersnöten;
  Wir haben vergebens gehofft und geharrt,
  Er hat uns geäfft und gefoppt und genarrt –
Wir weben, wir weben!

Ein Fluch dem König, dem König der Reichen,
Den unser Elend nicht konnte erweichen,
Der den letzten Groschen von uns erpreßt
Und uns wie Hunde erschießen läßt –
Wir weben, wir weben!

Ein Fluch dem falschen Vaterlande,
Wo nur gedeihen Schmach und Schande,
Wo jede Blume früh geknickt,
Wo Fäulnis und Moder den Wurm erquickt –
Wir weben, wir weben!

Das Schiffchen fliegt, der Webstuhl kracht,
Wir weben emsig Tag und Nacht –
Altdeutschland, wir weben dein Leichentuch,
Wir weben hinein den dreifachen Fluch,
Wir weben, wir weben!

LZ 3.2 BRECHT – DER GUTE MENSCH VON SEZUAN

In the twentieth century, apologists for the GDR would claim that
the legitimate demands of the nineteenth-century weavers have been
realised in the Marxist states of the eastern bloc. Whatever the
political arguments, one writer who argued the workers' and the
Marxist cause, and who chose to live in the GDR after the war, was
Bertolt Brecht (1898–1956). Forced to leave Nazi Germany in 1933,
Brecht travelled by way of Denmark and Moscow to Hollywood,
where he worked with Charles Laughton on a production of *Leben
des Galilei*. He returned to Europe in 1947, first to Switzerland,
then, in 1948, to East Berlin', where he established his famous
Berliner Ensemble, which, from 1954, had its own theatre *Am
Schiffbauerdamm*.

In *Der Gute Mensch von Sezuan*, Brecht portrays a truly good
person, Shen Te, who is unable to survive in the world as it exists. To
cope with economic reality and to fight off those who would exploit
her goodness, she has to invent a hard-hearted cousin, Shui Ta. This
other role is played on the stage in a mask, and in the following
extract from the play, Shen Te complains about the world as it is
made, and about the Gods who seek goodness but have failed to
make a world where goodness is rewarded.

Shen Te tritt auf, in den Händen die Maske und den Anzug des Shui Ta und singt

DAS LIED VON DER WEHRLOSIGKEIT DER GÖTTER UND GUTEN
In unserem Lande
Braucht der Nützliche Glück. Nur
Wenn er starke Helfer findet
Kann er sich nützlich erweisen.
Die Guten
Können sich nicht helfen und die Götter sind machtlos.
   Warum haben die Götter nicht Tanks und Kanonen
   Schlachtschiffe und Bombenflugzeuge und Minen
   Die Bösen zu fällen, die Guten zu schonen?
   Es stünde wohl besser mit uns und mit Ihnen.

Sie legt den Anzug des Shui Ta an und macht einige Schritte in seiner Gangart

Die Guten
Können in unserem Lande nicht lang gut bleiben.
Wo die Teller leer sind, raufen sich die Esser.
Ach, die Gebote der Götter
Helfen nicht gegen den Mangel.
   Warum erscheinen die Götter nicht auf unseren Märkten
   Und verteilen lächelnd die Fülle der Waren?
   Und gestatten den vom Brot und vom Weine Gestärkten
   Miteinander nun freundlich und gut zu verfahren?

Sie setzt die Maske des Shui Ta auf fährt mit seiner Stimme zu singen fort.

Und zu einem Mittagessen zu kommen
Braucht es der Härte, mit der sonst Reiche gegründet wurden.
Ohne zwölf zu zertreten
Hilft keiner einem Elenden.
   Warum sagen die Götter nicht laut in den oberen Regionen
   Daß sie den Guten nun einmal die gute Welt schulden?
   Warum stehn sie den Guten nicht bei mit Tanks und Kanonen
   Und befehlen: Gebt Feuer! und dulden kein Dulden?

LZ 3.3 MANN – TONIO KRÖGER

Brecht is one of the major figures of twentieth–century German literature. His birth in Augsburg, student life in Munich, work in the Berlin of the 1920s, wartime exile, temporary post-war life in Zurich and final period of life in the GDR, represent the rootlessness and restlessness of many German intellectuals forced into exile by the Nazi regime. Thomas Mann also spent the wartime years in the USA. But his reputation had been established very much earlier, with the publication of his first great novel *Buddenbrooks* in 1901. Conceived at the same time as *Buddenbrooks*, and treating the same theme of the clash between middle-class values and the artistic temperament, *Tonio Kröger* (1903) has autobiographical elements like so many of Mann's works. His birth, in 1875, into a patrician middle-class family in Lübeck gave him, on the one side, a sense of solid North German values and respectability. His mother, however, was half Brazilian, the daughter of a Lübeck businessman who had settled in Brazil, and gave Mann the sense of a fiery, southern aspect to his nature, the artistic side, which came into conflict with the *Bürger*. Towards the end of the *Novelle*, Tonio writes to his friend Lisaweta Iwanowa to explain the background to his (and Thomas Mann's) temperament.

Mein Vater, wissen Sie, war ein nordisches Temperament: betrachtsam, gründlich, korrekt aus Puritanismus und zur Wehmut geneigt; meine Mutter von unbestimmt exotischem Blut, schön, sinnlich, naiv, zugleich fahrläßig und leidenschaftlich und von einer impulsiven Liederlichkeit. Ganz ohne Zweifel war dies eine Mischung, die außerordentliche Gefahren in sich schloß. Was herauskam war dies: ein Bürger, der sich in die Kunst verirrte, ein Bohemien mit Heimweh der guten Kinderstube, ein Künstler mit schlechtem Gewissen. Denn mein bürgerliches Gewissen ist es ja, was mich in allem Künstlertum, aller Außerordentlichkeit und allem Genie etwas tief Zweideutiges, tief Anrüchiges, tief Zweifelhaftes erblicken läßt, was mich mit dieser Schwäche für das Simple, Treuherzige und Angenehm-Normale, das Ungeniale und Anständige erfüllt.

Ich stehe zwischen zwei Welten, bin in keiner daheim und habe es infolge dessen ein wenig schwer. Ihr Künstler nennt mich einen Bürger, und die Bürger sind versucht, mich zu verhaften.

LZ 3.4 **RILKE – DER PANTHER**

It is an indication of the meaninglessness of national frontiers and the extent of the German-speaking world, that two of the greatest writers of the German language in the twentieth century, Rilke and Kafka, were born in Prague. Rainer Maria Rilke (1875–1926) is a major poet to rank with Eliot, Yeats and Valéry. In his *Neue Gedichte* (1907) he wrote poems which were the result of close observation of animate and inanimate objects in an effort to grasp their essential nature – showing the way he had understood and been influenced by the methods of Rodin in sculpture. One of the best known of these poems is this study of a panther.

DER PANTHER
Im Jardin des Plantes, Paris
Sein Blick ist vom Vorübergehn der Stäbe
so müd geworden, daß er nichts mehr hält.
Ihm ist, als ob es tausend Stäbe gäbe
und hinter tausend Stäben keine Welt.

Der weiche Gang geschmeidig starker Schritte,
der sich im allerkleinsten Kreise dreht
ist wie ein Tanz von Kraft um eine Mitte,
in der betäubt ein großer Wille steht.

Nur manchmal schiebt der Vorhang der Pupille
sich lautlos auf–. Dann geht ein Bild hinein,
geht durch der Glieder angespannte Stille –
und hört im Herzen auf zu sein.

LZ 3.5 **KAFKA – DIE VERWANDLUNG**

Franz Kafka (1883–1924) remained practically unknown during his lifetime, but his work has since proved to be enormously influential. His world in which apparently normal circumstances can suddenly give way to unpredictable, irrational events has led to the coining of the adjective *kafkaesque*. The start of his short story *Die Verwandlung* is an example of such a technique. Gregor Samsa wakes up on a morning apparently like any other and finds that he has changed into a beetle.

Als Gregor Samsa eines Morgens aus unruhigen Träumen erwachte, fand er sich in seinem Bett zu einem ungeheuren Ungeziefer verwandelt. Er lag auf seinem panzerartig harten Rücken und sah, wenn er den Kopf ein wenig hob, seinen gewölbten, braunen, von bogenförmigen Versteifungen geteilten Bauch, auf dessen Höhe sich die Bettdecke, zum gänzlichen Niedergleiten bereit, kaum noch erhalten konnte. Seine vielen, im Vergleich zu seinem sonstigen Umfang kläglich dünnen Beine flimmerten ihm hilflos vor den Augen.

»Was ist mit mir geschehen?« dachte er. Es war kein Traum. Sein Zimmer, ein richtiges, nur etwas zu kleines Menschenzimmer, lag ruhig zwischen den vier wohlbekannten Wänden. Über dem Tisch, auf dem eine auseinandergepackte Musterkollektion von Tuchwaren ausgebreitet war – Samsa war Reisender – hing das Bild, das er vor kurzem aus einer illustrierten Zeitschrift ausgeschnitten und in einem hübschen, vergoldeten Rahmen untergebracht hatte . . . Gregors Blick richtete sich dann zum Fenster, und das trübe Wetter – man hörte Regentropfen auf das Fensterblech aufschlagen – machte ihn ganz melancholisch.

»Wie wäre es, wenn ich noch ein wenig weiterschliefe und alle Narrheiten vergäße«, dachte er, aber das war gänzlich undurchführbar, denn er war gewöhnt, auf der rechten Seite zu schlafen, konnte sich aber in seinem gegenwärtigen Zustand nicht in diese Lage bringen. Mit welcher Kraft er sich auch auf die rechte Seite warf, immer wieder schaukelte er in die Rückenlage zurück. Er versuchte es wohl hundertmal, schloß die Augen, um die zappelnden Beine nicht sehen zu müssen, und ließ erst ab, als er in der Seite einen noch nie gefühlten, leichten, dumpfen Schmerz zu fühlen begann.

LZ 3.6 BÖLL – BEKENNTNIS ZUR TRÜMMERLITERATUR

The Stunde Null which marks the low point of German history after the defeat of Hitler in 1945, existed for German literature and the other arts, as well as for German society in general. Out of the ruins there emerged a new literature. One of the greatest of the post-war authors, and one most conscious of the role of the writer in rebuilding a free society, was Nobel prizewinner Heinrich Böll. Böll's early works after the war were concerned with his experiences as a soldier, and also with life among the ruins, the *Trümmer* of post-war

Germany. The passage below is taken from a talk given in 1952 where he explains his attitudes to the so-called *Trümmerliteratur.*

Die ersten schriftstellerischen Versuche unserer Generation nach 1945 hat man als Trümmerliteratur bezeichnet, man hat sie damit abzutun versucht. Wir haben uns gegen diese Bezeichnung nicht gewehrt, weil sie zu Recht bestand: tatsächlich, die Menschen von denen wir schrieben, lebten in Trümmern, sie kamen aus dem Kriege, Männer und Frauen im gleichen Maße verletzt, auch Kinder. Und sie waren scharfäugig: sie sahen. Sie lebten keineswegs in völligem Frieden, ihre Umgebung, ihr Befinden, nichts an ihnen und um sie herum war idyllisch, und wir als Schreibende fühlten uns ihnen so nahe, daß wir uns mit ihnen identifizierten. Mit Schwarzhändlern und den Opfern der Schwarzhändler, mit Flüchtlingen und allen denen, die auf andere Weise heimatlos geworden waren, vor allem natürlich mit der Generation, der wir angehörten und die sich zu einem großen Teil in einer merk – und denkwürdigen Situation befand: sie kehrte heim. Es war die Heimkehr aus einem Krieg, an dessen Ende kaum noch jemand hatte glauben können.

Wir schrieben also vom Krieg, von der Heimkehr und dem, was wir im Krieg gesehen hatten und bei der Heimkehr vorfanden: von Trümmern; das ergab drei Schlagwörter, die der jungen Literatur angehängt wurden: Kriegs-, Heimkehrer- und Trümmerliteratur.

Die Bezeichnungen als solche sind berechtigt: es war Krieg gewesen, sechs Jahre lang, wir kehrten heim aus diesem Krieg, wir fanden Trümmer und schrieben darüber. Mearkwürdig, fast verdächtig war nur der vorwurfsvolle, fast gekränkte Ton, mit dem man sich dieser Bezeichnung bediente: man schien uns zwar nicht verantwortlich zu machen dafür, daß Krieg gewesen, daß alles in Trümmern lag, nur nahm uns offenbar übel, daß wir es gesehen hatten und sahen, aber wir hatten keine Binde vor den Augen und sahen es: Ein gutes Auge gehört zum Handwerkszeug des Schriftstellers.

(Heinrich Böll, 1952. From the collection
Erzählungen, Hörspiele, Aufsätze,
© Kiepenhauer und Witsch, 1961)

PART IV

KULTUR UND

SPRACHE

MUSIK

In the contribution to the Arts by the German-speaking countries, music ranks very high. Vienna provided the inspirational setting for the compositions of Mozart, Beethoven, Schubert, Brahms, Mahler and many others. And Austria keeps its musical heritage alive with a whole series of annual music festivals, most notably the Salzburg Festival and the International Vienna Festival described below. The Vienna Festival represents another aspect of Austrian culture besides musical genius, namely its cosmopolitan and international flavour.

In 1985 was celebrated the 300th anniversary of the birth of two of the greatest of German composers, Handel and Bach. But though sharing the year of their birth, the two giants of classical work had very different careers, Handel making an international reputation and becoming a naturalised Englishman and court composer, Bach remaining long years at his post in the Thomaskirche, Leipzig. The second article below tells something of their diverse careers.

13.1 WIENER MUSIKFESTIVAL – WIENER FESTWOCHEN

Man könnte sich fragen: Warum Wiener Festwochen? Das ganze Jahr hindurch, der »tote« Monat August ausgenommen, gibt es in Wien sehr viele Musik-, Schauspiel- und Kabaret-veranstaltungen, von der Oper im großen Stil bis zur Schrammelmusik in den Cafés. Diese Vielfalt an Möglichkeiten brachte Mozart, Beethoven, Brahms und Mahler nach Wien, denn hier in dieser Atmosphäre konnten sie arbeiten. Mit Hilfe von solchen Einflüssen ist das Niveau in Wien wirklich hoch.

Von Zeit zu Zeit entschliessen sich die Wiener, der restlichen Welt zu zeigen, wie hoch ihr Niveau eigentlich ist. Der Resultat ist: Die Wiener Festwochen, die jedes Jahr im Mai und Juni stattfinden. Dieses Jahr zum Beispiel wird die Staatsoper eine neue spektakuläre Aufführung von Wagners »*Die Meistersinger von Nürnberg*« inszenieren. Zur gleichen Zeit wird die Brüsseler Nationaloper in Wien zeigen, was sie mit Verdis »*La Traviata*« machen kann. Das Burgtheater führt eine Wiener Aufführung von Brechts »*Mutter Courage*« auf, und das Theater an der Wien zeigt die polnische Aufführung von Kafkas »*Der Prozeß*«. Die Wiener Philharmoniker und das Symphonieorchester werden bei der »Gesellschaft für Musikfreunde« spielen. Aber auch die Dresdner Staatskapelle, das Amsterdamer Concertgebouw-orkester und die Berliner Philharmoniker werden bei dem Festival auftreten. Außer diesen rein musikalischen Auftritten wird man auch das russische und amerikanische Ballet, das Marionettentheater aus Japan und – ob Sie es glauben oder nicht – eine Shakespeare-Aufführung aus Thailand sehen können.

Die ganze Welt wird zum Musikfestival nach Wien kommen, aber es wird keinen Konkurrenzkampf geben, denn das Festival soll ja die eigenen künstlerischen Erfahrungen bereichern und zu keinem Wettstreit führen. Tausende von Besuchern werden sich an den Darbietungen in Wien erfreuen. Sie werden manches kritisieren, wie sie es bei anderen Festivals auch machen. Wie dem auch sei: Eines ist klar. Das Wiener Musik-festival ist »Wienerisch«, und deshalb hat es ein hohes Niveau.

(© BBC, 1974)

13.2 EXERCISES

Section A

13.2.1 Comprehension

(a) Does Vienna have plenty of music all year round?
(b) Why did the great composers come to Vienna?
(c) What do the Viennese try to achieve with the annual Festwochen?
(d) Does the festival consist only of musical offerings?
(e) Is the festival competitive?

13.3 EXPLANATIONS

13.3.1 Select vocabulary

die Veranstaltung (-en)	event, function
die Schrammelmusik	popular Viennese music for violins, guitar and accordion
das Niveau (-s)	level, standard
stattfinden (a, u)	to take place
die Aufführung (-en)	production
aufführen	to produce
inszenieren	
außer	besides
bereichern	to enrich
der Wettstreit	competition, contest
die Darbietung (-en)	performance

13.3.2 Expressions and Idioms

man könnte sich fragen	one might ask
das ganze Jahr hindurch	the whole year through
ob sie es glauben oder nicht	believe it or not
wie dem auch sei	however that may be

13.3.3 Grammar

The following are the points of grammar in the text which form the basis for the exercises in Section B.

Future Tense, including Future with Modal Verbs (Grammar Summary 12.8(b); 12.11(b)).

13.4 EXERCISES

Section B

13.4.1 Rewrite the following passage in the *Future Tense*.

Dieses Jahr inszeniert die Staatsoper eine neue Aufführung von Wagners *Die Meistersinger von Nürnberg*. Zur gleichen Zeit führt die Brüsseler Nationaloper Verdis *La Traviata*. Die Wiener Philharmoniker und das Symphonieorchester spielen bei der

»Gesellschaft der Musikfreunde«. Auch die Dresdner Staatskapelle und die Berliner Philharmoniker treten bei dem Festival
auf. Man kann auch das Marionettentheater aus Japan sehen.
Die ganze Welt kommt zum Musikfestival nach Wien, aber es
gibt keinen Konkurrenzkampf. Tausende von Besuchern können
sich an den Darbietungen erfreuen. Sie können manches loben
und manches auch kritisieren.

13.4.2 Write a letter to a friend, explaining that you have just read
about the programme for this year's Vienna Festival, and asking
him/her if he/she would like to go with you. Say when it takes place,
and suggest dates when you might go. Mention some of the events
which you would particularly like to see.

13.5 **DAS DEUTSCHE DOPPEL**

Geboren wurden sie beide vor exakt 300 Jahren, doch gelebt
haben sie in zwei Welten. Schon die Herkuft unterscheidet sie.
Unter Händels Vorfahren suchen wir vergebens einen Musiker.
Da sind Kupferschmiede, Theologen, ein Notar, ein Aufseher
der Salzwerke in seiner Geburtsstadt Halle. Der Vater war
Barbier, wurde Leibchirurg und Geheimer Kammerdiener und
starb als wohlhabender Geschäftsmann. Bach dagegen entstammte einer Musikerfamilie, deren Mitglieder sechs Genera-
tionen hindurch Stadtmusikanten-, Organisten- und Kantorenstellen innehatten. Sie waren deutsche Musikhandwerker
alten Schlags. Über dem Lande verstreut, trafen sie sich
wenigstens einmal im Jahr und stimmten zu Beginn, »weil es
damals Gewohnheit war, alle Dinge mit Religion anzufangen«
einen Choral an.
Solches biederes Musikantentreiben war Händels Vater
zuwider. Er wollte nicht, daß sein Sohn ein schlechtbezahlter
Organist oder gar ein »verachteter Bierfiedler« werde und verbat deshalb seinem Georg jeglichen Umgang mit der
Musik – und konnte doch nicht verhindern, daß der Junge
allabendlich musizierte. Und beide, Bach wie Händel, blieben
ihrer Familientradition treu. Vorerst zumindest.
Bach wurde Organist in Mühlhausen und Arnstadt, Konzert-
meister in Köthen, schließlich Thomaskantor in Leipzig. Er
heiratete seine Cousine Maria Barbara, nach deren Tod die

Georg Friedrich Händel

Sängerin Anna Magdalena, zeugte 20 Kinder und blieb zeitlebens in der deutschen Provinz. Händel hingegen wollte weder mit der deutschen Musikerzunft noch mit den Frauen etwas zu tun haben. Er studierte erst Rechtswissenschaften, bis ihn das blühende Geschäft mit der Musik von Halle nach Hamburg, dann nach Rom, Neapel und Venedig und schließlich nach London führte. Als Gast und Freund von Kardinälen, Fürsten, Lords und Herzögen führte er ein Leben im großen Stil. In Italien wurde er als »Caro Sassone« gefeiert, als bewunderter Sachse, der den Italienern vormachte, wie man italienisch komponiert – berühmte Dichter wie Ariosto, Tasso, Racine und Milton lieferten den Stoff für seine Opern und Oratorien ... Er bekam einen Grabplatz in der Londoner Westminster Abbey und hinterließ ein beachtliches Vermögen von 20 000 Pfund.

Thomaskantor Bach hingegen hauste in Leipzig (heute DDR) in einer Dienstwohnung, zu deren Eingang man durch einen Friedhof gehen mußte. Nur eine dünne Wand trennte sein Arbeitszimmer von einer lärmenden Schulklasse. Seine Bibliothek bestand aus der Bibel, Gesangbüchern, den Werken Martin Luthers und 50 Bänden über Theologie.

In der englischen Metropole wurde Händel derweilen Aktionär und Geschäftsführer der Royal Academy of Music – ein kapitalistischer Unternehmer der damaligen Vergnügungswelt. Er schrieb drei Dutzend virtuose italienische Opern, und als Musiker war er stets Geschäftsmann, oft auch Politiker ... Mit dem *Utrechter Te Deum*, geschrieben zum Friedensschluß zwischen England und Spanien nach dem Erbfolgekrieg, setzte er sich als Hofkomponist durch. Zur Krönung Georg II. schrieb er, seit einem Jahr naturalisierter Engländer, seine *Coronation Anthems* ...

Solcherart lebens- und geschäftsgewandt war der Thomaskantor nicht, auch wenn ihm nachgesagt wird, daß sein Geschäftsgebaren so methodisch war wie sein Kontrapunkt. Gut, er überschritt schon einmal seinen Urlaub, und in jungen Jahren imitierte er zeitweise Adelsmanieren. Dennoch blieb er seinen Lebtag lang Diener von Fürsten und Stadträten – nie aber ein Fürstenknecht.

Bach und Händel starben als blinde Organisten – und als musikalische Seher. Der eine bevölkert seine Opern und Oratorien mit kraftvollen Renaissance-Menschen, der andere besang die unaufhörlichen Leiden und Qualen des Menschseins. Händel war ein Aufklärer mit Tönen, der um eine klare, verständliche Musik für die Massen rang, der andere, bei aller kompositorischen Logik, blieb zeitlebens ein Mystiker. Der eine machte Musik für die große Öffentlichkeit; der andere erbaute eine musikalische Innenwelt, die ins Jenseits weist.

(Franzpeter Messmer, © SCALA 9/85)

13.6 EXERCISES

Section A

13.6.1 Matching Sentences

Without first referring to the text, match up the halves of sentences below so that you form complete sentences.

(a) Geboren wurden sie beide vor 300 Jahren   ihrer Familientradition treu

(b) Bach entstammte einer Musikerfamilie   zu deren Eingang man durch einen Friedhof gehen mußte

(c) Er wollte nicht

doch gelebt haben sie in zwei Welten

(d) Beide blieben

kraftvollen Menschen, der andere besang die Leiden des Menschenseins

(e) Händel wollte weder mit der deutschen Musikerzunft

führte er ein Leben im großen Stil

(f) Als Gast von Fürsten

deren Mitglieder Kantorenstellen innehatten

(g) Bach hauste in einer Dienstwohnung

daß sein Sohn ein schlechtbezahlter Organist werde

(h) Der eine bevölkert seine Opern mit

noch mit den Frauen etwas zu tun haben

13.6.2 Summarise, in *English*, the main differences between Bach and Handel, according to the text, following the headings given below.

(a) Family and ancestors.
(b) Marriage and children.
(c) Dwelling places.
(d) Reading materials and inspiration for compositions.
(e) Association with noblemen and leaders of society.
(f) Differences in their music.

13.7 EXPLANATIONS

13.7.1 Select Vocabulary

die Herkunft	origin, background
der Vorfahr (-en)	ancestor
der Kupferschmied (-e)	coppersmith
der Chirurg (-en)	surgeon
der Leibchirurg	personal surgeon
der Kantor	choirmaster
innehaben	to hold (a post)
verstreut	scattered
anstimmen	to begin singing
verachtet	despised
der Fiedler (-)	fiddler
verbieten (o,o)	forbid

allabendlich	every evening
vorerst	for the time being
zeugen	to father, beget
die Rechtswissenschaft (-en)	law jurisprudence
der Fürst (-en)	prince
der Herzog (¨-e)	duke
feiern	to celebrate, fête
liefern	to deliver
beachtlich	considerable
hausen	to live
der Friedensschluß	peace agreement
der Erbfolgekrieg	War of Succession
gewandt	skilful
das Geschäftsgebaren	business conduct
die Adelsmanier (-en)	aristrocratic manners
der Stadtrat (¨-e)	town councillor
der Seher (-)	seer
ringen (a, u) (um)	to struggle (for)
das Jenseits	hereafter, next world

13.7.2 Expressions and Idioms

Bach enstammte einer Musikerfamilie	Bach came from a musical family
deutsche Musikhandwerker alten Schlags	German musical craftsman of the old sort
. . . war Händels Vater zuwider	Handel's father detested . . .
als bewunderter Sachse	as the admired Saxon
seine Bibliothek bestand aus . . .	his library consisted of . .

13.7.3 Notes

(a) *bieder* (as in *solches biederes Musikantentreiben*) is an expressive word in German, but difficult to translate. Its first meaning is *honest*; *upright*, but it is used pejoratively to mean *conservative*; *conventional*; and with irony to mean *worthy*; *solid*. The noun *Biederkeit* has the same associations, and the concept may be found in a number of now rather dated compound nouns, such as *der Biedermann*, = petty bourgeois. The term *Biedermeier* is used to refer to a period of design and taste which flourished, particularly in furniture and interior decoration, in nineteenth-century Germany and Austria.

(b) *Aufklärer* (as in *Händel war ein Aufklärer mit Tönen):*
Aufklärung is the German term for the eighteenth-century
Enlightenment. The prominent figures of the Enlightenment are
therefore referred to as Aufklärer, and in Handel's case, as he
was a composer, his contribution to the Enlightenment was mit
Tönen – i.e., with musical notes.

13.7.4 Grammar

The following are the items of grammar occurring in the text which
form the basis for the exercises in Section B.

(a) Adverbs and expressions of time (Grammar Summary 11.3).
(b) Verbs with dative constructions (Grammar Summary 12.15).
(c) Stylistic means of expressing opposition (*dagegen; hingegen;
doch; weder . . . noch; der eine . . . der andere*).

13.8 EXERCISES

Section B

13.8.1 Translate the following *into German.*

(a) Handel and Bach were both born 300 years ago.
(b) The members of the family met at least once a year.
(c) He could not prevent his son from making music every evening.
(d) Bach lived all his life in provincial Germany.
(e) Finally Bach became choirmaster in Leipzig.
(f) Firstly Handel studied law.
(g) Meanwhile, Handel became director of the Royal Academy of
Music.

13.8.2 Find answers to the following questions in the text, using the
verb given in brackets at the end of each question.

(a) Waren Bachs Vorfahren schon Musiker? (*entstammen*)
(b) Wie hat Händels Vater reagiert, als sein Sohn musizieren
wollte? (*verbieten*).
(c) Wie haben die beiden Komponisten auf die Familientradition reagiert? (*treu bleiben*).
(d) Komponierte Händel im italienischen Stil? (*vormachen*)
(e) Was für Bücher hatte Bach in seiner Bibliothek? (*bestehen
aus*)

(f) Was wird über Bachs Geschäftsgebaren gesagt? (*nachsagen*)

13.8.3 The text contains a number of ways of expressing opposition and contrast, by such phrases as *der eine ... der andere*, and *weder ... noch*. From the information given below, make up sentences which express contrast by including words or phrases such as: *doch; hingegen; dagegen; dennoch; weder ... noch; der eine ... der andere*, etc.

(a) Händel und Bach; gleiche Geburtsjahr; in verschiedenen Welten gelebt.

(b) Händel – keine musikalischen Vorfahren; Bach – Mitglied einer Musikerfamilie.

(c) Händels Vater verbat ihm den Umgang mit Musik; er musizierte allabendlich.

(d) Bach heiratete – zeugte 20 Kinder; Händel nichts mit Frauen zu tun.

(e) Handel – Leben im großen Stil; Bach – Dienstwohnung in Leipzig.

(f) Bach – imitierte in jungen Jahren Adelsmanieren; blieb immer Diener von Fürsten.

(g) Bach – Mystiker; Händel – Aufklärer mit Tönen.

LITERATUR

Hermann Hesse is the most widely read of all modern German authors, not only in his own country, but worldwide. During the 1960s he became something of a cult figure with the Hippie generation, but his popularity has not waned, and he is still read widely by young people in Germany and elsewhere. He has been called *der letzte Ritter der Romantik*, and the romantic impulse remained important in his work, though other influences were also strongly developed, notably a fascination with Buddhism and oriental wisdom, and a profound interest in modern psycho-analysis. He was born in Württemberg in 1877, but in 1919 he moved to Montagnola in the Ticino (Tessin) area of Switzerland, and in 1923 he took Swiss nationality.

Friedrich Dürrenmatt, born on 5 January 1921, in Konolfingen, a village in Canton Bern in Switzerland, has been one of the most significant writers in the German language during the post-war period, and has gained an international reputation for plays such as *Die Physiker*, and *Der Besuch der Alten Dame*. Dürrenmatt is the subject of an interview in the second passage below.

14.1 ICH WERDE NICHT GEHORCHEN (Zum 25. Todestag von Hermann Hesse)

Er schrieb große Romane, Novellen und romantische Gedichte. Er malte phantasievolle Aquarelle, erhielt 1946 den Goethe-Preis der Stadt Frankfurt am Main und den Nobelpreis für Literatur, 1955 den Friedenspreis des deutschen Buchhandels. Trotzdem wurde Hermann Hesse – geboren am 2. Juli 1877 in Calw – lange nicht akzeptiert. Seine Lyrik und Prosa waren seinen Lesern zu gefünlvoll, zu romantisch, zu weltfremd.

Hermann Hesse

Erst wenige Jahre nach seinem Tod – am 9 August 1962 in Montagnola bei Lugano – wurden Hesse und seine Werke populär: Die amerikanische Jugend der sechziger Jahre entdeckte den Schriftsteller für sich. Vor allem das Buch »Siddhartha – Eine indische Dichtung« (erschienen 1922) gefiel den »Blumenkindern«. Auch der Brahmanen-Sohn Siddhartha ist auf der Suche nach sich selbst. *»Ein Ziel stand vor Siddhartha, ein einziges: leer werden, leer von Durst, leer von Wunsch, leer von Traum, leer von Freud' und Leid«*

Die Begeisterung der »Flower-Power-Generation« steckte an, und heute – 25 Jahre nach seinem Tod – ist Hermann Hesse weltweit der am meisten gelesene deutschsprachige Schriftsteller unseres Jahrhunderts. Denn wo immer alternative Bewegungen entstanden und entstehen, liest man Hesse. Zum Beispiel den »Steppenwolf« (erschienen 1927), die Geschichte von Harry Haller, dem einsamen Menschen, der ruhelos nach Freundschaft und Liebe sucht.

Auch Herman Hesse war ruhelos. *»Von meinem dreizehnten Jahr an war mir das eine klar, daß ich entweder ein Dichter oder* *gar nichts werden wollte*« (1925) Doch bald mußte er erkennen: Für jeden Beruf gibt es eine Ausbildung, aber nicht für den Beruf des Dichters. Die Konflikte mit dem Elternhaus und mit der Schule waren programmiert: Bestrafung, Karzer, Flucht, Selbstmordversuche oder die Einlieferung in die Nervenheilanstalt. *»Ich gehorche nicht und ich werde nicht gehorchen«*, schrieb er seinem Vater. Bis ins hohe Alter belastete ihn seine Kindheit. Hermann Hesse nannte seine Werke *»Seelenbiographien«*.

»In allen handelt es sich nicht um Geschichten, Verwicklungen und Spannungen, sondern sie sind im Grunde Monologe, in denen eine einzige Person in ihren Beziehungen zur Welt und zum eigenen Ich betrachtet wird«

Hesse versuchte, die eigenen Erfahrungen und die eigene Erlebniswelt zu verarbeiten und zu ordnen. Die Haupt-Figuren in seinen Büchern waren auch immer Träger seiner Gedanken und seiner Probleme – die Entwürfe seines Ichs. Hermann Hesse ist zeitlos und deshalb immer wieder zeitgemäß, aktuell. Seine Werke sind Revolten: gegen das Bestehende, gegen leere Autorität, gegen veraltete Normen und gegen die Mittelmäßigkeit, gegen Konsum und Profit, gegen Bürgerlichkeit, Kirche und Schule. Und immer wieder die Revolte des Sohnes gegen den Vater, die Revolte der jüngeren Generation gegen die ältere.

(© JUGENDSCALA, 4/87 Dezember 1987)

14.2 EXERCISES

14.2.1 Comprehension

(a) Why did it take so long for Hesse's work to be accepted?
(b) Why did the 'flower children' of the 1960s make Hesse into a cult figure?
(c) How can one account for Hesse's popularity worldwide?
(d) What are we told about Hesse's relationship with his father?
(e) How much do you learn about Hesse's books from this text?
(f) What are the objects of Hesse's revolt?

14.2.2 Word Study

The following words appear in the text and are given with their translation into English.
akzeptieren = to accept; *erhalten* = to receive;
populär = popular; *erkennen* = to recognise.

If, however, you look up the English words in a dictionary, you will find a number of possibilities given. For example, accept = *akzeptieren; annehmen; übernehmen; aufnehmen; hinnehmen.*

This is an indication of the need to use a good dictionary, and also of the need to distinguish between the various *shades of meaning* of words which appear to be synonyms. In this exercise some explanation will be given for the various German renderings of the English words above, then you will be asked to use the correct words in sentences.

to accept:	*akzeptieren*	to accept as a friend, or as a member of an organisation, or socially.
	annehmen	to accept something that is offered – e.g., a present, an excuse or a point of view.
	hinnehmen	to accept passively something which is inflicted on one, such as a defeat or an insult.
	übernehmen	to shoulder a responsibility, task or duty.
	aufnehmen	to accept into a society or organisation. (Always followed by *in* + accusative; *akzeptieren* is never followed by *in*)

Translate into German:

(a) Hesse's father did not wish to accept responsibility for his son's career as a writer.
(b) Hesse accepted the Goethe-Preis in 1946.
(c) Hesse was finally accepted after his death.
(d) Hesse was unwilling to accept his fate.

| to receive: | *erhalten* | to receive a letter, a present, an order. The receiver is usually seen as relatively passive. |

empfangen	draws attention to the act of receiving, such as the welcoming of guests. It may also refer to the receiving of a decoration or honour.
in Empfang nehmen	a formal term for taking delivery of goods.
finden	to receive recognition or to meet with some kind of agreement.

Translate into German:

(e) Hesse received the Nobel prize for Literature in 1946.
(f) Hesse was received as an honoured guest in Switzerland.
(g) Hesse never received approval from his father for his choice of career.

popular:	*beliebt*	well-liked
	volkstümlich	'folksy', having the best characteristics – of *das Volk*.

Translate into German:

(h) Hesse is a popular author amongst young people.
(i) It was not until some years after his death that Hesse and his works became popular.
(j) In some of his poems Hesse uses the popular rhythms of the **Volkslied**.

to recognise	*erkennen*	to recognise a person or object by its physical characteristics; also, to come to a mental understanding.
	anerkennen	to acknowledge; to recognise the validity of; to admit the claim of.
	wiedererkennen	to know again – e.g., after an absence.

Translate into German:

(k) Hesse had to recognise how difficult it was to become an author.
(l) Hesse's work is now recognised all over the world.

14.3 INTERVIEW MIT DÜRRENMATT

Stern: Was wäre aus Dürrenmatt geworden, wenn er nicht hätte malen oder schreiben können? Vielleicht gar ein Revolutionär?

Dürrenmatt: Ein Revolutionär glaubt, die Gesellschaft durch Politik ändern zu können, und meint, die Politik zu kennen, die die Gesellschaft ändert. Der Rebell dagegen hält den Menschen an sich für eine kolossale Fehlentwicklung, die nur durch Einsicht in diese Fehlentwicklung wiedergutgemacht werden kann. Meine Kunst ist ein Ausdruck dieser Rebellion.

Stern: Schon in Ihrer »*Panne*«, die Sie 1979 für die Bühne umschrieben, haben Sie Chemie-Katastrophen vorausgesehen. Sie waren also nicht überrascht, als der Rhein aus der »sauberen« Schweiz vergiftet wurde?

Dürrenmatt: Nein. Wir bauen uns eine Katastrophenwelt selber auf. Es wird einmal ein viel größeres Tschernobylproblem geben. Das Problem liegt nicht in der Technik, sondern beim Menschen. Der Mensch ist der unsicherste Faktor, den es gibt. Als die Jumbos kamen, habe ich zu meiner verstorbenen Frau gesagt: »Paß auf, jetzt kommen die großen Flugzeugkatastrophen.« Natürlich kamen die. Aber daß die erste Flugzeugkatastrophe mit fast 600 Toten in Teneriffe auf der Piste und nicht in der Luft stattfand, des konnte ich nicht voraussagen.

Stern: Dann wäre es wohl besser, wenn sich unsere Erfinder wahnsinnig stellten und ihre Formeln ins Irrenhaus schleppten – wie Sie es in den »*Physikern*« beschrieben haben.

Dürrenmatt: Meine »*Physiker*« sind eine modern Ödipus-Tragödie. Ödipus geht zum Orakel. Das weissagt, er werde seinen Vater töten und seine Mutter heiraten. Ödipus verliert den Kopf, will dem Orakel entgehen, geht nach Theben, um nicht nach Korinth zurückzukehren, und tötet den König von Theben, seinen Vater, und heiratet die Königin von Theben, seine Mutter.

Stern: Was hätte er tun sollen?

Dürrenmatt: Schlüsse ziehen. Er hätte sich sagen müssen: Das Orakel will mir eine Falle stehen. Ich muß so handeln, daß nicht eintritt, was es voraussagt: Ich darf keine Frau heiraten, die meine Mutter sein könnte, ich heirate nur Frauen, die jünger sind als ich, und töte keinen Mann, der älter ist als ich.

Stern: Und der Ödipus wäre nie geschrieben worden. Aber was hat das mit den »*Physikern*« zu tun?

Dürrenmatt: Mein Physiker Möbius braucht nicht zum Orakel zu gehen. Die Vernunft sagt ihm, was die Menschheit mit seinen Entdeckungen anfangen wird. Er stellt sich verrückt. Er behauptet, der König Salomo diktiere ihm seine Weisheit. Er geht ins Irrenhaus. Aber die Irrenhausärztin ist wirklich verrückt. Sie glaubt an König Salomo, stiehlt Möbius seine Manuskripte, und die Welt fällt in die Hände einer verrückten Frau.

Stern: Und die Moral von der Geschichte?

Dürrenmatt: Denken, nicht davonrennen. Weder nach Theben noch ins Irrenhaus. Ich habe gesagt, Denken sei bei uns ungefährlich. Weil es keine Folgen hat. Eine Ursache ohne Wirkung. Eine Wirkung zeigt das Denken erst dann, wenn es rentabel wird. Wir wissen genau, daß wir als Gattung untergehen, aber wir rennen nach dem Theben unserer umweltstörenden Technik und ins Irrenhaus unserer Aufrüstung.

(© *STERN 7*, 5 Februar 1987)

14.4 EXERCISES

Section A

14.4.1 Comprehension

(a) Can you explain the distinction which Dürrenmatt makes between a revolutionary and a rebel?

(b) If the problem, according to Dürrenmatt, does not lie with technology, where does it lie and why?

(c) What should Oedipus have done to get out of his dilemma?

(d) Möbius, in Dürrenmatt's play *Die Physiker*, does not need to go to an oracle to find out the future. How does he gain his understanding, and what is the nature of this insight?

(e) What do you understand by Dürrenmatt's advice: *denken, nicht davonrennen*?

14.5 EXPLANATIONS

14.5.1 Select Vocabulary

die Fehlentwicklung (-en)	mistake in evolution
wiedergutmachen	to make good
umschreiben (ie, ie)	to adapt
verstorben	deceased, late
wahnsinnig	crazy
weissagen	to prophesy
die Falle (-n)	trap
die Vernunft	reason
rentabel	profitable
die Gattung (-en)	species
die Aufrüstung	arms build-up

14.5.2 Expressions and Idioms

vielleicht gar ein Revolutionär	perhaps even a revolutionary
dann wäre es wohl besser	then it would probably be better
was hätte er tun sollen?	what should have done?
Schlüsse ziehen	draw conclusions
. . . wäre nie geschrieben worden	would never have been written
er stellt sich verrückt	he pretends to be crazy

14.5.3 Grammar

The following are the points of grammar in the text which form the basis for the exercises in Section B.
(a) Conditional sentences (Grammar Summary 12.14).
(b) Conditional Perfect use of Modal Verbs (Grammar Summary 12.11).
(c) Conditional Perfect of Passive Voice (Grammar Summary 12.8(e); 12.14).

14.6 EXERCISES

Section B

14.6.1 Take as your model the opening question of the interview:
Was wäre aus Dürrenmatt geworden, wenn er nicht hätte malen

oder schreiben können? Now form *sentences of the same kind* with the following information.

(a) Händel . . . musizieren.
(b) Bach . . . komponieren.
(c) Hesse . . . Romane schreiben.
(d) Goethe . . . Gedichte schreiben.
(e) Dürer . . . Bilder malen.

14.6.2 Write sentences following the model given below:

Model: Händel brauchte viel Zeit, um seine Opern zu schreiben.

Response: Ohne viel Zeit wären die Opern nie geschrieben worden.

(a) Bach brauchte viel Ruhe, um seine Kantaten zu komponieren.
(b) Dürrenmatt brauchte ein gutes Theater, um seine Stücke aufzuführen.
(c) Hesse brauchte Geduld, bis er den Nobel-Preis erhielt.
(d) Adenauer brauchte Zeit, um seine Pläne für die Bundesrepublik durchzusetzten.
(e) Die Wissenschaftler brauchten Geld, um die alten Denkmäler zu retten.

14.6.3 Dürrenmatt's interviewer put the question: *Was hätte er tun sollen?* What should he have done? Say what the following people should have done, on the basis of the information given, and following the model:

Model: Frau Blum wollte den Milchmann kennenlernen. (*früher aufstehen*)

Response: Sie hätte früher aufstehen sollen.

(a) Er ist mit dem Zug gefahren, aber eigentlich wollte er Berlin aus der Luft sehen. (*fliegen*)
(b) Wir haben Basel besucht, aber wir wollten eigentlich die Zentralschweiz sehen. (*Luzern besuchen*)
(c) Wir wollten nach Italien fahren, aber wir sind den ganzen Tag im Stau sitzengeblieben. (*fliegen*)
(d) Sie wollten einen schönen Garten, und sie haben also Pestiziden verwendet. (*einen Komposthaufen anlegen*)

🖭 14.7 LISTENING COMPREHENSION

Literatur und Lesen
Dieter and Elisabeth discuss their favourite reading, and what they were required to read at school.

Dieter: So allgemein, was gelesen wird, kann man nicht sagen. Man kann sagen, was in den Schulen gelesen wird, und ich könnte auch sagen, was *ich* gerne lese. Ich lese unheimlich gerne Sachen wie Lenz, aber ich lese auch gerne Sachen wie *Das Wintermärchen* von Marx. Ich lese gern auch alte Bücher, so Dramen, so *Faust* zum Beispiel, so Sachen.

Elisabeth: Wenn man fragt, was wird gelesen, das ändert sich ja jedes Jahr. Also jedes Jahr kommen ein paar Bücher raus, die jeder liest, die unheimlich modern sind, und es ist eigentlich sehr schwierig, da auf dem laufenden zu bleiben. Normalerweise komm ich heim und frage, was sind denn die neuesten Bücher? Und das lese ich dann auch. Also momentan ist Martin Walser sehr gefragt, den lese ich auch sehr gern. *Die Brandung* war das vorletzte Buch von ihm. Das fand ich ganz toll. Ich glaube, daß junge Leute, zumindest als ich jung war, alle Hesse gelesen haben.

Dieter: Ja, Hesse ist sehr beliebt, wenn man so sechzehn, siebzehn ist. Ich glaube, er ist ziemlich idealistisch. *Narziß und Goldmund* ist unheimlich beliebt.

Elisabeth: Böll ist auch wieder von der Schule her viel gelesen. Böll habe ich auch in der Schule gelesen.

Dieter: Wir haben Böll nicht an der Schule gemacht. Für Abitur wird Brecht viel gelesen – bis zum Erbrechen! Wir haben auch *Steppenwolf* von Hesse gemacht.

Elisabeth: In der Schule?

Dieter: Ja. Dürrenmatt auch, *Der Verdacht* Und Frisch, *Die Brandstifter*.

14.8 EXERCISES

14.8.1 Make a list of the authors and titles mentioned by the two speakers during their conversation.

14.8.2 Listen to the tape again and *without reference to the written text*, fill in the gaps in the following transcription:

Also jedes Jahr kommen ———— ———— ———— ————,
die jeder liest, die ———— ———— sind, und es ist eigentlich
———— ————, da ———— ———— ————zu bleiben.
———— komme ich ———— und frage, was sind denn ————
———— ————? Und das lese ich ———— ————. Also,
———— ist Martin Walser sehr ————, den ———— ich auch
———— ———— *Die Brandung* war das ———— Buch von
ihm. Das fand ich ———— ————.

14.8.3 In the various recorded conversations you have heard many
examples of how to express opinions (*ich glaube schon; ich würde
nicht sagen; das finde ich* . . . etc.), and ways of expressing likes
and dislikes. You will also have dipped into the literary extracts of the
Literarische Zwischenspiele, and perhaps have other experience of
reading books in German. Assume you have been asked to express
your opinion about what you have read. Make up your side of such a
conversation talking about likes and dislikes, giving examples of
extracts of books you have read.

DIE DEUTSCHE SPRACHE HEUTE

No living language stands still. Words and expressions die and are born, and new social circumstances, new inventions, new concepts all lead to changes in the language. This chapter collects together four extracts which survey some of this changing linguistic landscape. Some explanations are given for difficult vocabulary or references which might not be clear, and some suggestions are made for helping comprehension by directing the reader's attention to specific points. Otherwise these articles are intended as further reading material with information of interest to learners of German, and there are no grammatical exercises.

The first article below looks in a lively and interesting way at one such change which is still taking place in contemporary German, the changing attitudes to the use of *Sie* and *du*. The article is followed by a discussion between two friends, both in their twenties, who give their opinions on current usage.

15.1 VOM KAVIAR – »SIE« UND MÜSLI – »DU«

Seit einigen Jahren schwelt in Deutschland ein pikanter, kleiner Kulturkampf, der das Land in zwei Parteien spaltet: in die konsequenten Duzer und die eisernen Siezer.

Schon beim banalsten Einkaufsbummel sind wir Kniggeschen Wechselbädern zugesetzt. Hier »Sie wünschen?« (Kurzwaren, Kaviar, Klopapier, Arzneimittel) und dort »Was willste?« (Jeans, Müsli, Popschallplatten).

Neu daran ist, daß die Grenzen zwischen Du und Sie nicht mehr vom Alter bestimmt werden. Bei den Grünen werden auch Greise geduzt. Andererseits ist es ein Fehlschluß zu glauben, daß das Du für Wildfremde exklusiv zu alternativen Zirkeln

gehöre, wie der Erdschuh und die kniekehlenlange Schafwoll-
pullover. Die Entscheidung für den zweiten bzw, vierten Grad
der Anrede verläuft im Zickzack-Kurs durchs Milieu. Das neue
Du ist, frischwärts, nicht nur in Bioläden und Discos, bei der
Jazzgymnastik und in verschärften Boutiquen beheimatet, sondern zugleich bei den ordinären Massenprodukten: »Hol dir die
neue . . . « flötet es aus dem Radio, und Plakatwände fordern
schamlos: »Nogger dir einen.«

. . . Früher haben wir den Übergang vom Sie zum Du zeremo-
niell mit einem Kuß besiegelt. Igitt, wie spießig kommt uns das
Brüderschaftstrinken heute vor. Wo jetzt bald jeder jeden duzen
darf, besinnt sich die Schickeria auf die elitären Freuden des
Siezens. Der postmoderne deutsche Star Barbara Sukowa ließ
per Illustrierten – Interview die Öffentlichkeit wissen, daß sie
selbst mit ihrem langjährigen Lebensgefährten Michael Reh-
berg stets nur per Sie verkehre. Wir wollen nur hoffen, daß das
gemeinsame Kind beide Elternteile duzen darf, ohne auf alt-
französische Art dafür was hinter die Ohren zu kriegen.

Das augenfälligste Schlachtfeld der deutschen Teilung in
Duzer und Siezer sind Freßreportagen, Reiseführer und Urlaubs-
kataloge. Ein Teil der Verfasser hält sich an die Klassik (»Wan-
derer, kommst du nach Sparta . . . «/»Kennst du das Land, wo
die Zitronen blühn . . . «). Und eröffnet seine Beiträge
dementsprechend: »Wenn du nach Ochsenfurt kommst und
eine wirklich gute Blutwurst essen willst . . . « oder so ähnlich. In
teuren Publikationen liest man dagegen: »Und sollten Sie keinesfalls versäumen, den exzellenten Hummer zu probieren.«

In Trendbetrieben ist es Mode, miteinander in Mischtechnik zu
verkehren. »Reinhold, würden Sie mal eben . . . « und »Ursula,
Sie haben da unwissentlich soeben etwas sehr Wesentliches
gesagt.« Die angelsächsische Sitte für Arme soll aus der Redak-
tion der »Zeit« stammen, wird inzwischen aber auch in Werbe-
agenturen gepflegt und überhaupt dort, wo eine hohe Konzentration von Yuppies herrscht. Die umgekehrte Melange . . .
»Frau Schmidt, komm doch mal her!« gilt indessen als weniger
fein.

»Du, sag einfach du zu mir« – so simpel treuherzig geht es
eben nur im deutschen Schlager zu.

15.2 EXPLANATIONS

konsequent	consistent
Knigge	the name of a well-known German manual of etiquette
die Wechselbäder	alternate hot and cold baths
der Duzer	someone who uses *du*
duzen	to say *du*
siezen	to say *Sie*
der Siezer	someone who uses *Sie*
das Klopapier	toilet paper
was willste?	= *was willst du?*
wildfremd	totally unknown
der kniekehlenlange Schafwollpullover	the pullover down to the backs of the knees
der Grad der Anrede	form of address
der Bioladen	health-food shop
Plakatwände	advertising hoardings
nogger dir einen	advertising slogan for brand of ice-cream
igitt	expression of distaste like *ugh*!
die Schickeria	in-people
wir wollen nur hoffen	let's just hope
die Freßreportage	reports on places to eat
der Hummer (-)	lobster
die Werbeagentur	advertising agency
der Schlager (-)	hit-song; pop-song

15.3 EXERCISES

15.3.1 Make lists of the places where the author claims that you might expect to be addressed by either *du* or *Sie*.

15.3.2 Write a paragraph to explain the view of modern German society which emerges from this text.

15.4 LISTENING COMPREHENSION

Du oder Sie?
Ute and her friend Klaus are both in their early twenties. Here they give their view of when to use *Du* or *Sie*

Klaus: was 'du' und 'Sie' betrifft, kann ich sagen, es würde mir niemals einfallen, jemanden in meinem Alter zu siezen.

Ute: Aber wenn jemand älter ist, als ich, dann sieze ich ihn. Unter Kollegen, zum Beispiel, wenn man Lehrer ist, kommt das ganz auf die Schule drauf an. Es gibt Schulen, wo sich praktisch alle nach wie vor siezen. Es gibt Schulen, wo man innerhalb einer Abteilung, also in seinem Fachbereich duzt, aber mit dem Rest des Kollegiums siezt. Es gibt wahrscheinlich auch Schulen, wo sich die meisten Kollegen duzen. Aber ich glaube, das gibt es weniger.

Klaus: In den letzten Jahren ist das alles mit Sicherheit lockerer geworden. Also es kommt schon mal eher vor, daß Schüler ihre Lehrer duzen, oder Studenten die Dozenten duzen.

Ute: Das ist sehr selten eigentlich. Also bei uns wäre das fast nie der Fall. Im Berufsleben bleibt das Siezen schon die Regel. In jedem Beruf, wenn man neu dazu kommt, muß man allen anderen Kollegen siezen, es sei denn sie bieten einem sofort das Du an, was sie wahrscheinlich gar nicht machen. Das dauert dann eine Weile. Es kommt aber sehr viel auch auf die Leute an, wie lange sie brauchen, bevor sie jemandem das Du anbieten. Denn es gibt an und für sich noch Regeln, daß es immer der ältere sein muß, der zuerst das Du anbietet. Und insofern kann sich vielleicht der jüngere denken, ich kann das jetzt nicht sagen, ich muß warten.

Klaus: Wenn man es im Kollegenkreis anfängt, wo man an und für sich per Sie ist, dann geht es sofort los, daß man sagt, ihn duzt er jetzt, aber mich nicht. Warum? Man kann also im Kollegenkreis entweder nur allgemein das Du einführen, oder allgemein siezen, sonst wird's einfach kompliziert, weil dann alles Mögliche reingelesen wird.

Ute: Bekannte, die vielleicht keine ganz engen Freunde meiner Eltern sind, oder die ich kaum gesehen habe, aber die mich durchaus von klein auf irgendwie kennen, wenn ich ihnen jetzt irgendwo begegne, dann würden sie mich mit Ute ansprechen aber mich siezen.

Klaus: In der Schule ist das ziemlich häufig der Fall, daß man siezt und mit Vornamen anredet.

Ute: In der Schule wenn man 16 ist, muß man ja gesiezt werden. Dann hat man das Recht gesiezt zu werden. Es kommt aber fast nie vor, daß jemand den Nachnamen sagen würde.

15.5 EXERCISES

15.5.1 Summarise the use of *Sie* and *du* as explained by Klaus and Ute. Gather your comments together under the following headings:

- Speaking to people of the same age.
- Talking with teaching colleagues in a school staff-room.
- Conversation between pupils and teachers or between students and lecturers.
- Professional life, in an office, for example.
- Old friends of the family who have known someone, now grown up, since they were small.
- Use of first-names with *Du*.
- Possible problems which can arise among colleagues.

15.5.2 Find appropriate English ways of expressing the following expressions used in the conversation.

- es würde mir niemals einfallen.
- das gibt es weniger.
- also bei uns wäre das fast nie der Fall.
- es sei denn sie bieten einem sofort das Du an.
- es kommt aber sehr viel auch auf die Leute an.
- es gibt an und für sich noch Regeln.
- weil dann alles Mögliche reingelesen wird.
- in der Schule ist das ziemlich häufig der Fall.
- es kommt aber fast nie vor, daß jemand den Nachnamen sagen würde.

The next reading passage looks at the way in which changes in vocabulary can be brought about by changing social perceptions. The simple colour adjective *grün* develops a whole new range of meanings with the growth of awareness in important environmental issues, and this environmental movement also generates a wide variety of other new developments in vocabulary.

15.6 SPRACHE IM WANDEL

Im politisch-institutionellen Sprachgebrauch und im damit zusammenhängenden Journalismus trat seit der Gründung der Bundesrepublik Deutschland bis etwa 1972 das Adjektiv *grün* fat ausschließlich in festen Verbindungen mit Begriffen auf, die

194

»Fundamentalopposition ist ja schön und gut, aber hab du mal meine Migräne!«

mit der Landwirtschaft, ihrer Organisation und der Förderung ihrer technischen Entwicklung sowie mit den Vertretern landwirtschaftlicher Interessen zusammenhängen. *Grün* nahm infolgedessen selbst eine in diesem Bereich weisende institutionenspezifische Teilbedeutung an. Die *Grüne Union* war die 1951 geplante westeuropäische landwirtschaftliche Union. Es gab *Grüne Interessen*, eine *Grüne Woche* eine *Grüne Lobby* usw.

Auch der Terminus *Grüne Revolution* wird noch kurz nach 1970 verwendet für die durchgreifenden Entwicklungen auf den Gebieten der Agrartechnik und der Agrarwissenschaft.

Obgleich die mit dem genannten Vokabular bezeichneten, auf die Landwirtschaft bezüglichen Maßnahmen und Gegebenheiten auch in den 70er Jahren weiterbestanden, treten *grün, die Grünen, ein Grüner/eine Grüne, grüne Ideen, Konzepte* usw, nach 1972 mehr und mehr als sprachliche Identifizierungssymbole für verschiedenartige Denkweisen und Gruppierungen in Erscheinung, die für den Schutz und für qualitative Verbesserungen der natürlichen Umwelt des Menschen eintreten und sich teilweise auch gegen die moderne Landwirtschaft wenden. Im Laufe der Zeit verbinden sich die Ausdrücke des Wortfeldes *grün* mit zahlreichen anderen Zielvorstellungen. Gleichzeitig machen sich seit etwa 1972 Bezeichnungsfelder bemerkbar, die parteispezifisch oder/und ideologiespezifisch die semantischen Merkmale aufgreifen, die die neudefinierten Ausdrücke *grün, die Grünen* usw. umfassen.

In der SPD nimmt z.B. Erhard Eppler im Jahre 1972 den auf Galbraith zurückgehenden Terminus *Lebensqualität/Qualität des Lebens* öffentlich auf. In der innenpolitischen Debatte, die sich vor allem auf den untersten organisatorischen Ebenen der Gemeinde und des Kreises ansiedelt (*Bürgerinitiativen*), erhält nun ein ganzes Feld alter und neuer Ausdrücke rings um den begrifflichen Bereich von *Lebensqualität, Umweltschutz, umweltfreundlich*, Bedeutungen, mit denen man sich gegen die Überbetonung von Technik und Chemie (*Atomenergie – Nein danke!, Stoppt die Atomindustrie, Giftmüll, Bio-Gemüse, KZ-Hühner* usw.), Wirtschaftswachstum (*Null-Wachstum*) und Konsum (*Konsumterror, Konsumverzicht*) wenden kann.

(Hugo Steger, *Sprache im Wandel* in
Die Bundesrepublik Deutschland: Band 3, *Kultur*
© Fischer Verlag, 1983)

15.7 EXPLANATIONS

die Landwirtschaft	agriculture
der Terminus (Termini)	term
durchgreifend	drastic

verschiedenartig	various
im Laufe der Zeit	in the course of time
die Zielvorstellung (-en)	objectives
das Bezeichnungsfeld (-er)	area of terminology
der auf Galbraith	the term which can be traced
zurückgehende Terminus	to Galbraith
sich ansiedeln	to become established
die überbetonung	overemphasis
das Wachstum	growth

15.8 EXERCISES

15.8.1 Summarise the progress of the word *grün* in the post-war years, from its association with agricultural issues to the concern with the environment.

15.8.2 Make a list of the words which are associated with the alternative and the environmental movements, and find appropriate English equivalents.

The varieties of German are, of course, affected not only by shifts in any one society but also by differing developments in the countries where the language is spoken. Thus the GDR has had a separate development, requiring a vocabulary to match its own Marxist philosophy and social structure; and Switzerland is always something of a law unto itself, with a very characteristic pronunciation, and marked features of its own in both vocabulary and structure. The third and fourth passages look at the situation in Switzerland and the GDR.

15.9 ZUR ENTWICKLUNG DER DEUTSCHEN SPRACHE IN DER DDR

Die sprachlichen Sonderentwicklungen in Ost und West führten bereits in den fünfziger Jahren zu der besorgten Frage, ob die Teilung des Landes in fortschreitendem Maße nicht auch zu einer Teilung der Sprache führe, so daß sich der Deutsche in Ost und der Deutsche in West eines nicht allzu fernen Tages kaum oder gar nicht mehr verstehen würden. Es gab Diskussionen darüber, ob man die beobachteten Sprachdifferenzen schon als Sprachspaltung bezeichnen könne, oder – so in jüngerer

Zeit – ob das Deutsche Ost und das Deutsche West nicht eigentlich nur Varianten der einen deutschen Sprache seien so wie das
Schweizerdeutsch und das Österreicherdeutsch auch ... Über
alle Unterschiede in der Beurteilung der sprachlichen Situ-
ationen in den beiden deutschen Staaten hinweg bestand und
besteht wohl allgemein Konsens darüber, daß die deutsche
Sprache als grammatisch-syntaktisches System von Wandlungen weitgehend unberührt geblieben ist. Neben nur schwer
exakt erfaß- und beschreibbaren Unterschieden auf sprachsti-
listischem Gebiet ist es vor allem der Wortschatz, der hüben und
drüben von differierenden Entwicklungen und Wandlungen betroffen ist. Verständnisschwierigkeiten ergeben sich dort, wo
Wörter unbekannt, ungeläufig oder in ihrer Bedeutung nur
schwer erkennbar sind. Die Zahl neu gebildeter Wörter ist auf
beiden Seiten groß. Sie wird mit Sicherheit in der DDR größer
sein als hier in der Bundesrepublik. Beobachtungen und Erfahrungen der letzten Jahrzehnte zeigen, daß die Bevölkerung in
der DDR, vermutlich in allererster Linie durch intensive Nutzung
westdeutscher Rundfunk- und Fernsehsendungen, aber auch
aufgrund persönlicher Begegnungen, im Hinblick auf sprachliche Neuerungen in der Bundesrepublik kaum Schwierigkeiten,
kaum Verständnisprobleme hat. Anders liegen die Verhältnisse
in der Bundesrepublik: Die Berichterstattung aus der DDR bzw.
über die DDR war lange Jahre hindurch mangelhaft, das Inte-
resse der Bundesbürger an den Geschehnissen im deutschen
Nachbarstaat desgleichen. Seit Beginn der neuen Ostpolitik hat
sich hier manches geändert ... Manches DDR-Wort, das in den
fünfziger Jahren dem erstaunten Bundesbürger als exotisch-
unheimliches oder auch belächeltes Etwas vorgeführt wurde
... kommt heute nun wie selbstverständlich über die Lippen
von Politikern und Fernsehansagern.

Dennoch: die Zahl dieser Wörter ist klein. Die große Menge
des neuen DDR-spezifischen Wortschatzes ist bei uns bis heute
weithin ungeläufig und unbekannt geblieben ... In einigen
Sachbereichen ist die Zahl der neu geprägten Wörter oder
Wortverbindungen sehr umfangreich. Es handelt sich vor allem
um die folgenden drei Bereiche:

(a) neue Berufsbezeichnungen, z.B. Ernährungstechniker, Feldbaumeister, Horterzieher.
(b) Ehren- und Auszeichnungstitel, Orden, z.B. Verdienstmedaille der Seeverkehrswirtschaft; verdienter Züchter.
(c) Bezeichnungen von Betriebsformen, Institutionen, Komi-

tees, z.B. Getreidewirtschaftsbetrieb, Pflanzenproduktionsbetrieb.

15.10 EXPLANATIONS

die Sonderentwicklung (-en)	special development
in fortschreitendem Maße	to an increasing extent
in jüngerer Zeit	more recently
über alle Unterschiede hinweg	despite all the differences
weitgehend unberührt	largely untouched
hüben und drüben	on both sides
ungeläufig	unfamiliar
im Hinblick auf	with regard to
lange Jahre hindurch	for many long years
der Fernsehansager	TV announcer
der Sachbereich (-e)	specialist area
neu geprägt	newly coined
umfangreich	extensive
die Berufsbezeichnung (-en)	expression for types of employment

15.11 EXERCISES

15.11.1 Summarise what fears were expressed early on in the period of division of the two Germanies, as to the future of the language. What is the main extent of the change in the language of the two countries, and why are citizens of the GDR more acquainted with the vocabulary of the Federal Republic than vice versa?

15.11.2 *Without any further assistance*, try to determine the meaning of the items of GDR vocabulary given in the final paragraph (a–c) of the text.

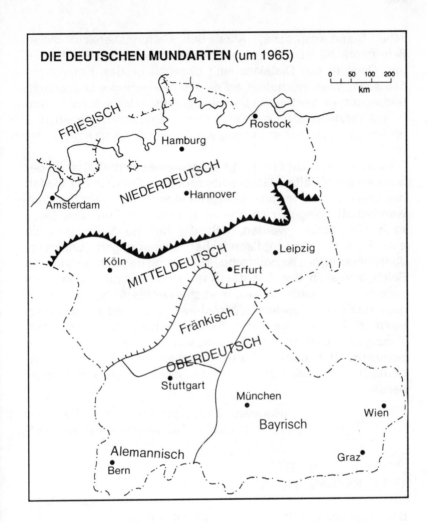

15.12 **DAS SCHWEIZERDEUTSCH**

Die Schweiz ist offiziell mehrsprachig: Französisch, Italienisch und Rätoromansch stehen im Prinzip gleichberechtigt neben dem Deutschen. Der deutschsprachige Teil ist allerdings der größte, und dort bildet ein durch Eigenheiten des Wortschatzes und des Satzbaus etwas eingefärbtes Schriftdeutsch die amt-

liche Standardsprache. Aber der Geltungsbereich dieser
Schriftsprache ist kleiner als in anderen Gebieten. Reichweite
und Gewicht des Dialektes sind dagegen größer. Kommt ein
deutscher Wissenschaftler an eine schweizerische Universität,
und vertritt er nicht eine schon weitgehend international forma-
lisierte Disziplin, dann kann er zu seinem Erstaunen erleben, daß
im Anschluß an seinen Vortrag auf Schweizerdeutsch diskutiert
wird.

Es ist sicher nicht falsch, die sprachlichen Verhältnisse in der
Schweiz auf die ältere Geschichte zurückzuführen: in der Vielfalt
der Diakekte wie in ihrer übergreifenden alemannischen Ver-
wandschaft spiegelt sich die eidgenössische Tradition. Doch
muß hinzugefügt werden, daß die heutige Situation auch
ein Ergebnis sprachpflegerischer Bemühungen unsereres
Jahrhunderts ist. Die politische Profilierung gegen das Deutsche
Reich, zumal in der Zeit des Nationalsozialismus, fand ihren
sprachlichen Ausdruck in der »Schwyzertüschi Sproochbiwe-
gig« (Schweizerdeutsche Sprachbewegung) und ihren konsequenten Bemühungen das Schweizerdeutsche zu erhalten.
Zugespitzt – und vermutlich ein wenig zum Ärger unserer
Schweizer Nachbarn – könnte man sagen, daß das Schweizerdeutsch seine heutige Bedeutung nicht zuletzt Adolf Hitler
verdankt.

(Hermann Bausinger, *Deutsch für Deutsche*
© Fischer Taschenbuch Verlag, 1984)

15.13 EXPLANATIONS

der Geltungsbereich	area of validity
die Reichweite	range; scope
sprachpflegerisch	concerned with the cultivation of language
alemannisch	The *Alemanni* were a tribe who lived in the area of what is now SW Germany during the third–fifth centuries. They have given their name to the group of dialects spoken in the South West, especially in Schwaben and Switzerland.
eidgenössisch	*die schweizerische Eidge-*

nossenschaft is the confederation of cantons which make up
the Swiss nation. *Die
eidgenössische Tradition* therefore refers to this federal tradition.

15.14 EXERCISES

15.14.1 Explain how the author accounts for the importance of the
Swiss form of German. How is it possible, as he claims, that the
current significance of Swiss German may have reason to be grateful
to Adolf Hitler?

REFERENCE MATERIAL

KEY TO EXERCISES

CHAPTER 1   EIN STÜCK GESCHICHTE

1.1   Die Stunde Adenauers und Ulbrichts

Section A

1.2.1

(a) We had to find a house which was number 8a on the Zennigsweg in Rhöndorf. In the garden we passed a man we thought was the gardener. You can imagine our surprise when this was the man who came after we asked the lady of the house whether we could see Herr Adenauer. He appeared in a gardener's apron and a straw hat, still holding pruning shears in his hand. He must have been getting on for 70, hardly the person we had been expecting to meet. But this was Konrad Adenauer, so we carried out our mission and asked him if he was ready to take over the administration of the city of Cologne.

(b)   (i) Soviet forces have control of the air space between Moscow and Berlin.
  (ii) There is no fighter escort for the plane.
  (iii) It is an American transport plane with Soviet markings.
  (iv) Ulbricht is sitting silently on a wooden bench.
  (v) He has five companions with him.

(c) New trousers and jackets of a Central European cut, so that they are not taken for Russians.

(d) The landing strip is intended only for military aircraft.

(e) That they are the members of the new German government.

1.2.2

Der Mann neben ihm schaut auf den Zettel.

Der Mann mit dem Zettel deutet auf ein Haus oben am Berghang.

Sie sehen am Hang des Grundstücks einen Gärtner bei der Arbeit.

Sie hören, wie die Frau »Konrad« ruft.

Nach zweieinhalbstündigem Flug erreicht man deutschen Boden.

Die Gruppe steigt auf einen Lastwagen.

1.2.3

Die Genossen haben alle die gleiche Grundausstattung: 1000 Rubel und 2000 Deutsche Reichsmark, außerdem einen sowjetischen Personalausweis. Jeder von ihnen hat neue Hosen und Jacken von mitteleuropäischem Schnitt erhalten, damit man sie nicht gleich für Sowjets hält. Ein Bus hat die Gruppe zum Flughafen gebracht.

Section B

1.4.1

(a) Der Motor des Jeeps heult auf.
(b) Der Weg steigt an.
(c) Sie steigen die 58 Stufen zum Haus hinauf.
(d) Sie gehen weiter.
(e) Der Offizier schluckt seine Zweifel hinunter.
(f) Die »Gruppe« fliegt ihrem Ziel entgegen.

1.4.2

Check the answer to this exercise by looking back at the original.

CHAPTER 2   GETEILTES DEUTSCHLAND

2.1   «Ich möchte hier nicht weg»

Section A

2.2.1

(a) It is the first meeting between two girls from the GDR and youngsters from the West.
(b) A very bad picture concerned with unemployment, deprived living conditions, hostility to foreigners and aggression by the police against demonstrators.
(c) They can watch TV from West Germany.
(d) She says it is not really that bad but it should be freer and more open and honest.
(e) The Schillerstraße was cordoned off, and policemen in civilian clothes acted the part of ordinary pedestrians.
(f) Flats are cheaper; everybody has a job; medical treatment is free; the State does a great deal for the family.
(g) Advertising on West-German TV makes people think it is paradise.

2.2.2

(a) Falsch;
(b) Falsch;
(c) Richtig;
(d) Falsch;
(e) Richtig;
(f) Richtig;

Section B

2.4.1

(a) Wie alt bist du?
(b) Welche Schule besuchst du?
(c) Wirst du dann später Probleme haben?
(d) Warum mußtest du in die FDJ?
(e) Glaubt man alles, was in der Schule vom Westen erzählt wird?
(f) Denken alle so wie du?

(g) Warum wollen Leute aus der DDR ausreisen?
(h) Warum willst du nicht weg?

2.4.2

(a) So können wir uns ein ungefähres Bild von euch machen.
(b) Aber viele Menschen wollen ausreisen aus der DDR. OR
Aber viele Menschen wollen aus der DDR ausreisen.
(c) Also sage ich in der Schule, die DDR ist gut und schön.

2.4.3

(a) Beide besuchen die Goethe-Schule, was ihnen Spaß macht.
(b) Die Straße wurde gesperrt, als ein Politiker nach Weimar kam.
(c) Ich möchte wohnen, wo die Arbeitslosigkeit nicht so hoch ist.
(d) Sie glauben, daß das Paradies im Westen ist.
(e) Wir möchten ausreisen, aber wir würden zurückkommen.
(f) Sie holen mich, wenn ich so was öffentlich sage.

2.4.4

(a) Ich will später im Krankenhaus arbeiten.
(b) Sie muß gar keine Angst haben.
(c) In der DDR dürfen Sie Weimar besuchen, nicht?
(d) Viele Menschen wollen aus der DDR ausreisen.
(e) Wir können hier viel Arbeit finden.

2.5 Listening Comprehension

2.6.1

(a) Because of feelings of guilt there was no talk of the war and therefore not of the division of Germany either.
(b) He finds it so impossible that he just wants to laugh.
(c) No, there is no sense of common identity and therefore no shared emotion.
(d) No, because despite the common history, everything has been handled so differently since the division.
(e) That most of them think that all East Germans want to flee to the West, and that is just not true.

2.6.2

(a) Wie/als ich aufgewachsen bin.
(b) Gefühlsmäßig.
(c) Überhaupt keine Verbindung.
(d) Vor allem bei jüngeren Leuten.
(e) Was deutsche Geschichte betrifft.
(f) Ich würde sagen.
(g) Ich war noch nie in der DDR.
(h) Die meisten Engländer.

2.6.3

These questions will vary for each student.

CHAPTER 3   DER BUNDESPRÄSIDENT

3.1   Toll, dieser Präsident

Section A

3.2.1

(a) To meet the Federal President.
(b) Elegant, with grey hair. He is a colleague/employee of the President.
(c) He thinks one should not start straight away in politics, but begin in another job.
(d) Because the cultural centre he is to open is controversial and he must know the facts.
(e) If he judges the law to be contrary to the constitution.

3.2.2

Check back to the original text for the correctly punctuated version.

Section B

3.4.1

(a) Ich habe schon vor Jahren die Politik zu meinem Beruf gemacht.

(b) Ich habe mich schon als Kind für die Politik interessiert.
(c) Ich habe immer zwei Zeitungen gelesen.
(d) Ich habe immer meine eigenen Reden geschrieben.
(e) Ich habe immer alle Gesetze unterschrieben.

3.4.2

(a) Er kommt in fünf Minuten.
(b) Ich habe ein Jahr lang auf diesen Tag gewartet.
(c) Wir fangen gleich mit dem Gespräch an.
(d) Ich habe mit zwölf angefangen, Zeitungen zu lesen.
(e) Er war am Sonntag in München.
(f) Sie wird am nächsten Dienstag 30 Jahre alt.
(g) Er hat heute vormittag die Rede aufgeschrieben.
(h) Er beginnt vor sieben Uhr morgens.
(i) Er kommt um neunzehn Uhr.
(j) Er beendet seine Arbeit erst nach einundzwanzig Uhr.

3.4.3

(a) Wollten Sie schon immer Lehrer werden?
(b) Wollten Sie schon immer in Bonn wohnen?
(c) Wollten Sie schon immer in München arbeiten?

3.4.4

(a) Wenn er den Präsidenten besuchen will, sollte er ein Jahr warten.
(b) Wenn sie viele Fragen stellen will, sollte sie gleich mit dem Gespräch anfangen.
(c) Wenn der Präsident seine Reden selbst schreiben will, sollte er sie nicht von anderen schreiben lassen.

CHAPTER 4   BERLIN: DIE GETEILTE STADT

4.1   Ankunft in Berlin

Section A

4.2.1

(a) aus diesem Grund;
(b) in der Regel;

(c) nachmittags;
(d) ausgiebig Zeit;
(e) bei schönem Wetter;
(f) in östlicher Richtung;
(g) hin und her;
(h) ein drittes Mal;
(i) bis zu dem Augenblick;
(j) vorherrschend;
(k) nachträglich;
(l) im Stadtkern;
(m) lächerlich jung;
(n) im Niedergehen des Flugzeugs; (= bei der Landung des Flugzeugs);
(o) seit gestern.

4.2.2

(a) Because the prevailing winds are from the west, and the plane must therefore manoeuvre to land against the wind.
(b) That he is approaching a region where two political continents confront each other.
(c) Because the main lines of the town are straight and right-angled, whereas the wall follows a zig-zag course.
(d) By the light of the setting sun or when illuminated by searchlights.
(e) Unlike the plane itself, the shadow is able to move freely between both parts of the city.

Section B

4.4.1

(a) Der Reisende, der sich im Flugzeug nähert, hat Zeit, die Stadt zu betrachten.
(b) Er nähert sich der Gegend, wo zwei politische Kontinente aneinander stoßen.
(c) Der Eindruck einer linearen Ordnung, aus der alles Krumme verbannt ist.
(d) Der Reisende beobachtet den Schatten des Flugzeugs, der zwischen beiden Stadtteilen hin und her huscht.
(e) Das Flugzeug ist wie ein erträumtes Verkehrsmittel, aus dem junge Reisende steigen.
(f) Sie besichtigen die Stadt, in der seit gestern tausend Jahre vergangen sind.

4.4.2

(a) The plane flying in from the west.
(b) The town and the construction which divides it.
(c) The construction which divides up the space.
(d) The impression of a linear form built upon right angles.
(e) The newly-discovered shadow.
(f) One of those forms of transport dreamed up by Einstein.

4.4.3

Refer back to the text for the correct version of this paragraph.

CHAPTER 5   TOURISMUS

5.1   Die Schweiz der Schweiz: die Zentralschweiz

Section A

5.2.1

(a) They have an inborn sense of hospitality.
(b) It is the landscape which can lay best claim to represent a concentration of varied and picturesque Switzerland.
(c) It is the centre of the region and is a capital for culture and classical tourism.
(d) It was the first democracy in Europe.
(e) It stands at the centre of major European transport routes.
(f) It is the longest road tunnel in the world.

5.2.2

lang; herzlich; topographisch; klassisch; weltmännisch; ländlich; bäuerlich; kühn; traditionell.

Section B

5.4.1

(a) Jene Landschaft bietet die malerische Schweiz an.
(b) Die Zentralschweiz ist ein klassisches Reiseland, Urkern der schweizerischen Eidgenossenschaft.

(c) Dieses Land dehnt sich von den sanften Hügeln bis zu den höchsten Alpen.

(d) Es zeigt über ein Dutzend lieblicher Seen her und ist ein Zentrum des klassischen Tourismus.

(e) Luzern steht am Knotenpunkt des wichtigsten Verkehrsweges zwischen dem Norden und dem Süden.

(f) Diese kühn angelegte Autobahn hat den längsten Straßentunnel der Welt.

(g) Mit jenem Tunnel rückt die Zentralschweiz noch besser ins europäische Zentrum.

5.4.2

(a) Ja, das ist die ländlichste Gegend der Schweiz.
(b) Ja, sie sind die lieblichsten Seen Europas.
(c) Ja, Luzern steht auf dem wichtigsten Verkehrsweg Europas.
(d) Ja, das ist der längste Tunnel der Welt.
(e) Ja, die Schweizer sind das traditionellste Volk Europas.

Section A

5.5   Wien, wo die Welt am schönsten ist

5.6.1

(a) The Viennese waltz.
(b) The State Opera House.
(c) The Spanish Riding School in Vienna.
(d) In the centre of the city at the Stephansdom.
(e) A monument to German church gothic, begun in 1137, replaced 100 years later and with the addition of a gothic choir between 1304 and 1340. There are 418 steps to the top of the tower which rises 136.5 metres.
(f) Horse-drawn coach.
(g) The main building of the university.
(h) The former imperial castle and its park.

5.6.2

(a) beschwingt;
(b) vorwiegend;
(c) erstaunlich;
(d) ragt;

(e) berühmt;
(f) markant;

Section B

5.8.1

Am besten werden Sie gleich im ersten Bezirk beginnen. Auf
dem Stephansplatz werden die Fiaker bereit stehen, die eine
große Rundfahrt anbieten werden: Aus dem Fond der Kutsche
werden Sie die Pracht- und Prunkbauten entlang der Ringstraße
erleben. Die Fahrt wird am Rathaus vorbeiführen. Weiter wird's
gehen, vorbei am weltberühmten Burgtheater und dem Parlament.

5.8.2

(a) Um Wien kennenzulernen, muß man sich auf Entdeckungsreise begeben.
(b) Der Stephansturm erstreckt sich 136.5m in den Himmel.
(c) Wien dreht sich nocht leicht beschwingt im Dreivierteltakt.
(d) Die beiden Offiziere drehen sich erschrocken um.
(e) Es spricht sich herum, wer da unterwegs ist.
(f) Wir setzten uns an den großen Tisch im Konferenzraum.
(g) Ich habe mich als Kind schon für Politik interessiert.
(h) Die Reisenden nähern sich der Stadt.
(i) Nur der Schatten des Flugzeugs kann sich frei bewegen
zwischen beiden Stadtteilen.

5.8.3

(a) Wer nach dieser Stadt fährt, sollte die weltberühmte Staatsoper besuchen.
(b) Wer die Schweiz kennenlernen möchte, sollte Luzern
besuchen.
(c) Wer sich für Politik interessiert, sollte Zeitungen lesen.
(d) Wer sich frei herumbewegen möchte, sollte sich ein Auto
kaufen.

5.8.4

(a) Wer die Stadt besucht, wird genau das finden, was er
erwartet.

(b) Die Heurigenlokale in Grinzing haben alles zu bieten, was sich Millionen Wienbesucher wünschen.

(c) Am besten beginnen Sie gleich in der Innenstadt, in deren Zentrum der Stephansdom zum Himmel ragt.

5.8.5

1137 (elfhundertsiebenunddreißig) ... 100 (hundert) Jahre später ... zwischen 1304 (dreizehnhundertvier) und 1340 (dreizehnhundertvierzig) ... 136.5m (hundertsechsunddreißig komma fünf Meter) ... 418 (vierhundertachtzehn) Stufen ...

5.8.6

4 School Rd,
Letchworth
den 2.Juli 1989

Fremdenverkehrsverein Wien
Burgstr.7
Wien

Sehr geehrte Damen und Herren,
  ich habe vor, diesen Sommer vom 15. August bis zum 2. September meinen Urlaub in Wien zu verbringen. Ich möchte Sie deshalb bitten, mir ein Hotelverzeichnis zu schicken und wenn möglich die Hotels anzukreuzen, wo noch Zimmer frei sind. Ich möchte insbesondere das Schloß Schönbrunn und den Stephansdom besichtigen. Könnten Sie mir bitte Broschüren über diese beiden Sehenswürdigkeiten schicken?

  Vielen Dank für Ihre Mühe

CHAPTER 6   LANDSCHAFTEN DER BUNDESREPUBLIK

6.1   Schleswig – Hollandia

Section A

6.2.1

(a) The point of intersection in an area formed by three districts.
(b) The dead straight streets.

(c) The overhanging stepped gables.

(d) A trading centre with activity spreading throughout the world.

(e) However the town has remained a place of refuge for religious refugees.

(f) A few hundred years ago this place was dominated by a spirit of departure for far-away places.

(g) Friedrichstadt is a town built on piles . . . the foundations rest on oak posts/piles.

6.2.2

(a) The straight streets, crossing at right-angles, the canals, the overhanging gables of the houses.

(b) As a refuge for persecuted people and as a trading centre.

(c) It is still a centre of religious tolerance.

(d) Because it is so picturesque and changeless.

(e) As it is built on islands and watercourses, the houses rarely have cellars, but are built on piles.

Section B

6.4.1

In 1621 schaffte Friedrich eine Zuflucht für holländische Remonstranten. Er sicherte den Glaubensflüchtlingen Privilegien zu. Er träumte von einem Ort der Toleranz, und er schuf eine religiöse Freistatt. Friedrichstadt wurde aber kein Welthandelshafen.

6.4.2

Refer back to the text for the correct versions of these sentences.

6.5 Das Hegauland

Section A

6.6.1

Urgeschichte = prehistory; Urwerden = original creation; Urmensch = primitive man; Urgroßvater = great grandfather; Urzeit = primeval times.

6.6.2

Fire raised the earth's crust, dense smoke and ashes rose from the mouth of the crater, and when the surface cooled down, millions of years ago, the volcanic skittles stood there, boldly and beautifully shaped, each differently bent and turned, like a divine game of skittles. Ice-ages came and periods of heat. The earth had turned molten in the Hegau at the time when the Alps had been raised up. Snow fell and oceans surged. The mantle of the mountains weathered and fell away. There remained the hard rock masses which enclosed the lava chimneys.

Section B

6.8.1

hob; stieß; standen; kamen; war; fiel; fiel ab; blieben stehen; umgaben.

6.8.2

(a) ein geheiligtes Land;
(b) herrlich geformt;
(c) jeder anders gebuckelt;
(d) vor ihm liegt der Hegau ausgebreitet;
(e) die im Boden versunkene Donau.

6.9 Listening Comprehension

6.10.1

(a) Look at the written version of the text to check these sentences.
(b) These sentences will be personal to each student.

6.10.2

(a) oder auch, wenn man einkaufen geht . . .
(b) den einzigen Eindruck, den wir haben . . .
(c) diese Idee ist mir völlig neu;
(d) je weiter man von München wegzieht, desto eher kann man sich ein Haus leisten;
(e) ich bin in Dortmund geboren;
(f) was sowohl Häuser als auch Wohnungen betrifft;

(g) es stimmt schon so einiges drum herum;
(h) so weit ich weiß;
(i) das ist eine Rasse für sich;
(j) vom ersten Eindruck.

6.10.3

Exeter

den 7. September
Lieber Wolfgang,

kürzlich habe ich im Bus eine Unterhaltung zwischen zwei deutschen Mädchen überhört. Eine kam aus Norddeutschland und die andere aus Süddeutschland. Und stell Dir vor: Keine der beiden kannte die Gegend der anderen, obwohl sie beide in großen Städten lebten. Aber so verwunderlich ist es wohl auch wieder nicht. Was wissen wir in Devon schon über das Leben in Manchester oder in anderen nördlichen Städten in England. Wir kennen auch nur die üblichen Vorurteile. Und wir wissen, in welchen Gegenden die Hauspreise sehr hoch sind. Das wußten die zwei Mädchen auch. Kennst Du Dein Heimatland recht gut oder auch nur Deine Heimatstadt?

Viele Grüße

John

CHAPTER 7   MODERNES REISEN

7.1   Warum ist es im Stau so schön?

Section A

7.2.1

anmachen

to make a pass at a member of the opposite sex, so **Anmachversuch** is a 'pass' or effort to 'chat up'

Versicherungsangestellte	insurance clerk
Dauernachbar	ever-present neighbour
wildfremd	totally unknown
schaurig-schön	something with which you have a 'love-hate' relationship
Blechgehäuse	metal box
Staurekord	record for traffic-jams
Spitzenzeit	peak periods
Reisewelle	tidal-wave of traffic
Verkehrsfunk	traffic news by radio
Umleitungsempfehlungen	recommendations for deviations
Zwangspause	enforced break
Verkehrspädagogik	the pedagogy of traffic studies
Versuchsergebnis	results of trials
Zielangabe	indication of destination
narrensicher	even a fool would be sure of finding the way
Ausweichroute	relief route
Staugeplagten	those who are plagued by jams
Touristiksprecher	spokesman for tourism
Autolawine	avalanche of cars
Überholstreifen	overtaking lane
streßfrei	free of stress
Fehlplanungen	bad planning
Bettenwechsel	change of bed linen

7.2.2

(a) They exchange tips about walks and bars and offer each other cigarettes and coke.

(b) People experience a sense of solidarity and community.

(c) They know to avoid the jams by using the radio service providing traffic information.

(d) The signs are too abstract and do not give enough information about where you are heading for.

(e) They are the leaders of small communities who complain because the lives of their villages are being disturbed by the rerouted traffic.

(f) Road works; *Linksfahrer* are the drivers who stay in the fast lane.

(g) To avoid the peak week-ends.

Section B

7.4.1

waren . . . waren . . . entdeckten . . . rollten . . . wußten . . .
entkam . . . hinkten . . . waren . . . konnte . . . waren . . . war
verstopften . . . blieben.

7.4.2

As explained in the Grammar Summary, the use of *werden* implies a
process, whereas the use of *sein* implies a *fixed state*.

7.4.3

(a) Ein Gemeinschaftsgefühl wird von den Menschen entdeckt.
(b) Größere Zwangspausen werden von dem Autofahrer ver-
    mieden.
(c) Die Umleitungsschilder werden von den Fahrern viel zu
    wenig beachtet.
(d) Eine Ausweichstrecke wird den Staugeplagten vom ADAC
    angeboten.
(e) Die Autolawine wurde von ihnen durch die Ferienorte
    geschleust.
(f) Der Überholstreifen wurde von den Linksfahrern verstopft.
(g) Die »heißen Wochenenden« werden von den Autofahrern
    vermieden.
(h) Die Mitarbeiter werden von den Konzernen zum Wochenen-
    de in den Urlaub geschickt.

7.5   Modern mit Mofa und Mikrochip

Section A

7.6.1

(a) zahlreich;
(b) allenthalben;
(c) einheitlich;
(d) bereits;
(e) mittlerweile;
(f) jederzeit;
(g) überflüßig.

7.6.2

(a) A computer-controlled machine for issuing tickets.
(b) They are rebuilding stations to make them more welcoming.
(c) They can be used at any time outside normal working hours.
(d) Signalling.

Section B

7.8.1

Refer to text for correct versions.

7.8.2

(a) mehr und mehr;
(b) meist;
(c) gewissermaßen;
(d) zumindest;
(e) bereits;
(f) mittlerweile;
(g) bereits.

7.9 **Listening Comprehension**

7.10.1

(a) You get to know so many people, and you do not have to stay in your seat as on a bus.
(b) She dislikes travel and her main aim is to get to her destination as soon as possible.
(c) She likes travelling best by air, and her dream is to be met by a hire-car on arrival.
(d) He dislikes travelling on routes he already knows well.
(e) Because the English stick to the speed limits.
(f) Because when you are in the fast lane someone is bound to come up behind you with horn and flashing lights.

7.10.2

Liking and approval

Ich reise/fahre unheimlich gern.
Das Transportmittel, das ich am liebsten habe.

Für mich ist es eigentlich schöner . . .
Da fahr ich gern Bus/Zug.
Da fahr ich eigentlich alles gern.
Das liebste ist mir das Flugzeug.
Dann ist es mir natürlich am liebsten.
Das wäre das beste.
Das beste ist . . .
Es ist viel angenehmer in England zu fahren.

Dislike and disapproval

Das Einzige, was mich daran stört.
Anfahrtswege mag ich überhaupt nicht.
Heimreisen kann ich überhaupt nicht ausstehen.
Die einzigen Reisen, die mich stören . . .
Ich fahre unheimlich ungerne Auto.
Da langweile ich mich immer.
Es ist schrecklich . . .
Das ist viel streßiger.

7.10.3

(a) You get to know so many people, you see.
(b) As far as I am concerned it is actually better . . .
(c) So we just wait until the first few days of the holiday are over.
(d) If you have, in fact, really managed to do it.

CHAPTER 8   UMWELT

Section A

8.2.1

Plant protection agent; plant destruction agent; use of artificial fertilisers; active pesticide agents; collective name; central collection point for exceptional refuse; instructions for use.

8.2.2

(a) Because the use of a name implying 'protection' hides the true effects of these substances.
(b) The insects, birds and plants which have depended for their existence on the original plant also suffer; also pesticides travel

by air and rivers so that they get into the North Sea and into the rain.

(c) They make gardening easier, allow mistakes in gardening to be rectified. They produce faultless fruit and allow the growing of exotic plants.

8.2.3

(a) Make no further use of pesticides.
(b) Use compost heaps in the garden; make use only of local plants and get information about gardening without poison.
(c) Do not throw away remains of pesticides with household refuse.
(d) Commit yourself to ensuring that the law on plant protection is adhered to, and that chemical agents are not sold at garden centres, etc. without specific advice.
(e) Campaign with your local authority to make sure that pesticides are no longer used in public parks.

8.2.4

Check back to the original text for the correct version.

Section B

8.4.1

(a) was;
(b) die;
(c) wo;
(d) die;
(e) wo.

8.4.2

Verwenden Sie keinerlei Pestizide mehr, verwenden Sie auch keine Pflanzen, die nicht standortnahe Pflanzen sind. Informieren Sie sich in der einschlägigen Literatur und legen Sie Komposthaufen in Ihrem Garten an. Gewinnen Sie Ihre Freunde für Ihre Meinung und setzten Sie sich dafür ein, daß in Parkanlagen keine Pestizide mehr angewendet werden. Verlangen Sie auch, daß hochgiftige Substanzen nicht mehr angewendet werden.

8.4.3

(a) Pestizide in der Nordsee tragen dazu bei, Tiere und Pflanzen zu vergiften.
(b) Man muß darauf verzichten, exotische Pflanzen zu haben.
(c) Man kann sich darüber informieren, wie man ohne Gift gärtnern kann.
(d) Man sollte seine Freunde dafür gewinnen, daß keine Pestizide angewendet werden.
(e) Die Besitzer eines Hausgartens sind dafür verantwortlich, daß 2000 Tonnen Pestizidwirkstoffe verwendet werden.
(f) Man sollte sich dafür einsetzen, daß keine chemischen Mittel in Gartencentern verwendet werden.

8.5 Moderne Technik zur Rettung uralter Steine

Section A

8.6.1

(a) Wahrzeichen;
(b) aussichtslos;
(c) zerfallen;
(d) Bauwerk;
(e) verursachen;
(f) probieren.

8.6.2

(a) ziert;
(b) zugenommen;
(c) führen;
(d) richtet . . . an;
(e) wirken;
(f) bilden;
(g) erließ;
(h) hingerichtet;
(i) verursachten;
(j) verschont;
(k) ersetzen;
(l) aufzuhalten.

8.6.3

(a) It is the symbol of freedom and independence for Bremen and stands in the market place of the town.
(b) Because one would expect the sea-breezes to keep the air more pure.
(c) Sulphur dioxide is the main problem.
(d) No, the effects of damp and gas were known in the Middle Ages.
(e) Damaged pieces can be replaced and endangered items can be brought into museums.

Section B

8.8.1

(a) bei;
(b) statt;
(c) in;
(d) mit;
(e) an;
(f) gegen;
(g) aus;
(h) auf;
(i) trotz;
(j) wegen.

8.8.2

(a) Der Roland hatte seinen Kopf verloren.
(b) Der Seewind hatte saubere Luft herangeweht.
(c) Der Steinzerfall hatte rapide zugenommen.
(d) Die Schlote hatten Schwaden ätzender Gase ausgestoßen.
(e) Die giftige Luft hatte Schaden an den Bauwerken angerichtet.
(f) Die Säuren hatten auf eine zweite, mitunter schlimmere Weise gewirkt.
(g) 1240 hatte Kaiser Friedrich strenge Vorschriften erlaßen.
(h) Die Denkmalschützer hatten die unterschiedlichsten Verfahren probiert.

8.9 Listening Comprehension

8.10.1

(a) Because they are doing their bit to save energy.
(b) He travels by the S-Bahn and not by car when he can do so.
(c) Because so much more has been destroyed in Germany, particularly the forests.
(d) She tells how plans to build a road through a local conservation area were thwarted.
(e) She thinks it would be difficult to put the clock back now so much has been done.
(f) There are so many other elements tied up with it, such as the peace movement.

8.10.2

(a) Sie sind überall mit dem Rad hingefahren.
(b) Er ist immer sehr auf Bequemlichkeit und alles bedacht.
(c) Da rentiert es sich nicht, das Auto auszuholen.
(d) Die Wälder sind kaputtgegangen.
(e) Sie versuchen alle ihr Möglichstes zu tun.
(f) Ich hab' mich aktiv an solchen Sachen beteiligt.
(g) Da stehe ich nicht hinter.
(h) Es wird eben immer schwieriger.
(i) Das hängt ja alles zusammen.
(j) Aus dem einfachen Grunde . . .

8.10.3

(a) conservation of energy;
(b) acid rain;
(c) environmental problems;
(d) nature conservation area;
(e) nuclear energy;
(f) atomic power stations.

8.10.4

The following are possible responses, though individual answers will, of course, vary.

(a) Jetzt wird es vielleicht ernster genommen als früher, aber immer noch nicht so ernst wie in der Bundesrepublik.

(b) Der Einzelne könnte zum Beispiel Rad fahren, oder mit öffentlichen Transportmitteln fahren.

(c) Ich persönlich muß zugeben, daß ich sehr oft Auto fahre.

(d) Man könnte nicht sagen, daß die Grüne Partei hier in Großbritannien sehr ernst genommen wird, in dem Sinne, daß die Partei noch keine Abgeordneten im Parlament hat.

(e) Nadelwälder hat man schon, aber bis jezt sind diese Wälder nicht kaputt gegangen, wie es in der Bundesrepublik passiert ist.

(f) Hier in meiner Gegend spricht man vor allem von Meeresverschmutzung.

(g) Ich persönlich bin gegen Atomkraftwerke, vor allem seit dem Unfall in Chernobyl.

CHAPTER 9 ARBEIT

9.1 Ein Glück, daß wir noch Ausländer haben

Section A

9.2.1

(a) Falsch;
(b) Richtig;
(c) Falsch;
(d) Falsch;
(e) Richtig;
(f) Richtig;
(g) Falsch.

9.2.2

(a) They are gifted, hard-working. They contribute significantly to the labour force of hotels and other industries.

(b) The proportion is actually small, and their birth-rate makes up for the drop in the birth-rate among Germans.

(c) Most foreign workers are below the age of 40, and therefore you would expect them to figure more in crime statistics. Statistics also include foreigners who come as tourists or simply to commit crimes.

(d) In schools, and in housing.

Section B

9.4.1

(a) Nevertheless, people never stop talking about German xenophobia.
(b) Is it not the case that people are just creating a bogey?
(c) There are always complaints about the foreigners.
(d) They were welcomed with brass bands.
(e) There is often talk about the criminality of the foreigners.

9.4.2

(a) Was würden wir machen, wenn keine Ausländer in Bergwerken arbeiteten?
(b) Was würden wir machen, wenn die Verordnungen nicht den Zuzug begrenzten?
(c) Was würden wir machen, wenn die Ausländer nicht in den Großstädten wohnten?
(d) Gäbe es keine Ausländer, hätten wir Probleme im Hotelgewerbe.
(e) Gäbe es keine Ausländer, würden sich die Wirte beklagen.

9.4.3

(a) Man sagt, die Ausländer seien im Hotelgewerbe sehr wichtig.
(b) Man behauptet, alle seien froh gewesen, als die Ausländer gekommen sind.
(c) Man sagt, die Ausländerfamilien hätten mehr Kinder als deutsche Familien.
(d) Man behauptet, Ausländer seien bei den Gewalttaten über dem statistischen Schnitt.

9.5 Der Milchmann

Section A

9.6.1

Frau Blum would like to have more personal contact. She is concerned about her reputation, and would not like to have people gossiping about her. The milkman does not have the same idea of personal contact. He does his job and his customers are assessed just in terms of their promptness in paying. He does not worry his head about other people's personal matters as long as they do not affect the way he does his job.

Section B

9.8.1

(a) ihr;
(b) ihn;
(c) ihr;
(d) ihm;
(e) ihr;
(f) ihnen.

9.8.2

(a) Könnten Sie bitte 100 Gramm Butter da lassen?
(b) Ich möchte ihn besser kennenlernen.
(c) Man sollte jeden Tag um vier Uhr aufstehen.
(d) Frau Blum fürchtet, der Milchmann könnte schlecht von ihr denken.

CHAPTER 10   BILDUNG

10.1   Welche Schule für Uwe?

Section A

10.2.1

(a) She always comes home with a good report.
(b) He has practical skills.
(c) That he should try the Realschule.
(d) Children at that age are not sufficiently developed to be able to predict their school performance.
(e) One can be no more sure of them than of weather forecasts.

10.2.2

(a) Just you get that clear with the school.

(b) Learning should not really be all that difficult for him.
(c) I suppose that is why he also has problems with his sums.
(d) But just how much does that mean in the fourth year at school?
(e) The Gymnasium? Well, perhaps he could transfer a bit later on.
(f) Is Uwe an experimental rabbit then?
(g) Well, perhaps the Gymnasium after all.

Section B

10.4.1

(a) Uwe hat die Kettenschaltung am Fahrrad repariert.
(b) Uwe hat seine Schwester wegen ihres guten Zeugnisses beneidet.
(c) Endlich hat Uwes Mutter entschieden, welche Schule er besuchen wird.
(d) Uwe hat zur Realschule übergewechselt.
(e) Viele Eltern haben sich gegen die frühzeitige Schülerauslese ausgesprochen.
(f) Das Gymnasium hat oft schwächere Schüler überfordert.

10.4.2

(a) Um mit dem Lehrer zu sprechen.
(b) Um zum Gymnasium überzuwechseln.
(c) Um sich vielleicht weiter zu entwickeln.
(d) Um ein gutes Zeugnis nach Hause zu bringen.

10.5   Doris – Unterstufenlehrerin in der DDR

Section A

10.6.1

(a) Die überlastung des Lehrers ist groß.
(b) Von seiner Einstellung zur Gesellschaft wird viel mehr verlangt als von anderen Berufstätigen.
(c) An unserer Schule wird die Persönlichkeitsentwicklung der Kinder sehr ernst genommen.
(d) Er hat Kümmernisse der Kinder als Lappalien abgetan.
(e) Das hat dann solche Ausmaße angenommen.

10.6.2.

(a) He was not popular, he had favourites, treated children unjustly and dismissed children's problems as unimportant.
(b) He explained problems like a father, knew that school and leisure time cannot be separated and that you must always be available for your class.
(c) She first became a Pioneer leader.

Section B

10.8.1

Sie hatte zuerst einen unbeliebten Lehrer, dann kam ein neuer Klassenlehrer, und sie wollte wie er werden. Sie mußte einfach den gleichen Beruf haben, und sie mußte Genosse werden, mußte alles so machen, wie er es gemacht hatte. Sie konnte zuerst nicht Lehrerin werden und mußte als Pionierleiterin anfangen.

10.8.2

(a) wie;
(b) wo;
(c) wenn . . . daß;
(d) wie;
(e) indem.

10.8.3

Check your answers from the text to make sure they are correct.

10.9 Listening Comprehension

10.10.1

(a) They have to take on work if they do not get a grant.
(b) The individual student plans his/her own course of studies by choosing lectures and seminars from the list.
(c) The numbers of students are less in England, and the contact between lecturers and students is greater. But there are more limitations on what one can do, and he feels that English students are not pushed so hard intellectually.

10.10.2

(a) Es ist immer noch der Fall.
(b) Im großen und ganzen.
(c) Mindestens vier Jahre.
(d) In den meisten Fällen.
(e) Das hängt vom Einkommen der Eltern ab.
(f) Ich würde ohne Arbeit nebenher gar nicht auskommen.
(g) Aus was weiß ich für Gründen.
(h) Im Prinzip
(i) Mann kann solange studieren, wie man will.

10.11.3

Compare your version with the written text of the conversation.

CHAPTER 11   SPORT UND FREIZEIT

11.1   Zur Ehre der Nation

Section A

11.2.1

(a) Skating.
(b) They train twice a week and have a friendly competition once a month.
(c) Because the younger they are the better their chances of development.
(d) They must be trained in the capacity to spot winners.
(e) No, they are the result of hard work over decades.
(f) The same setting as for an Olympic medal ceremony.
(g) First comes selection at school and in the communities, then the competitions in the Kreis, then at the level of the Bezirk, and finally the national Spartakiad games.

11.2.2

(a) beginnen; beobachten; begutachten; bezeichnen; betonen; bestätigen; benennen; beteiligen; erkennen; erklären; ertönen; gewinnen; gehören; veranstalten; marschieren; kommandieren; trainieren.

(b) anstrengen; anfangen; aufbauen; aufteilen; austragen; einpacken; sich herausstellen; nachempfinden; stattfinden; zuschauen.

Section B

11.4.1

(a) Die Knirpse haben mit vier angefangen.
(b) Da hat es sich herausgestellt, wer talentiert ist.
(c) Der Wettkampfleiter hat jedem ein blaues Band mit einer Medaille umgehängt.
(d) Sie haben sich im Stau zwischen Würzburg und Nürnberg vorausgeschoben/vorwärts bewegt.
(e) Die Fahrer sind auf kleinen Routen/ Nebebstraßen weitergefahren.
(f) Der Steinzerfall hat in Bremen rapide zugenommen.
(g) Die Regierung hat die Familienzusammenführung von Eltern und Kindern eingeschränkt.
(h) Die Bundesdeutschen haben die amerikanische Kultur aufgesäugt.

11.4.2

(a) Die Kinder gleiten gehockt auf ihren Schlittschuhen.
(b) 140 Kinder, aufgeteilt in mehrere Gruppen, gleiten über die Eisfläche.
(c) Friedrichstadt liegt im Norden, eingebettet zwischen zwei Flüssen.
(d) Von der Stettener Höhe sieht man den Hegau, wie ein Garten ausgebreitet.
(e) Ausgestattet mit geringen Geldmitteln, versuchen die Denkmalschützer, beschädigte Teile zu ersetzen.

11.4.3

(a) Die Kinder trainieren zweimal in der Woche.
(b) Einmal im Monat gibt es einen Wettkampf für rund 140 Kinder.
(c) Alle zwei Jahre beteiligen sich die besten Jungathleten an der zentralen DDR-Spartakiade.
(d) Etwa jeder zweite Schüler schafft die Qualifikation für den Kreiswettkampf.

(e) Im vergangenen Jahr beteiligten sich mehr als 600 000 Kinder an dem Wettkampf.

11.5 Freizeitverhalten der Bundesbürger

Section A

11.6.1

(a) The individual is responsible for his own leisure time.
(b) Leisure is seen as standing in direct contrast to work.
(c) The things people do in their leisure time are influenced by social factors.
(d) Research into leisure offers a new area of scientific study.

11.6.2

Refer back to the original text and compare your answer.

Section B

11.8.1

am Berghang (1.1); am Marktplatz (6.1); am Strand; am Stammtisch; an den Wochenenden (7.1); am Feldrand (8.1); am anderen Tag (9.5); am Sonntag; am nächsten Dienstag (3.2).

11.8.2

(a) Die individuellen Freizeitinteressen werden von gesellschaftlichen Faktoren beeinflußt.
(b) Die persönliche Situation gehört zu den wichtigsten Faktoren.
(c) Ein anderer wichtiger Faktor ist das Angebot an Freizeiteinrichtungen.
(d) Leute wollen Information über Freizeitmöglichkeiten.

11.8.3

(a) Es hängt von vielen wichtigen Faktoren ab, ob ein Einzelner sich für eine gewisse Sportart interessiert.

(b) Es hängt von der Schulbildung ab, ob Jugendliche sich für eine gewisse Sportart interessieren.
(c) Es hängt von der frühen Auslese ab, ob man Olympiasieger wird.
(d) Es hängt von der Schularbeit ab, ob Uwe zum Gymnasium geht.
(e) Es hängt vom Anwerbestop ab, ob mehr Ausländer nach Deutschland kommen.

11.9 Listening Comprehension

11.10.1

(a) In Germany it is possible to join a club and practise many sports without any great outlay.
(b) Gymnastics, ice-racing, table-tennis.
(c) It is too expensive, and is usually played by the hour on public courts.
(d) Walking, especially on Sunday afternoons.
(e) She thinks there is more chance for participation by older people in Germany. Tennis is the only sport she has seen in England where there is such participation.

11.10.2

(a) Was Freizeit betrifft.
(b) Es ist auch der Fall, daß . . .
(c) Von klein auf.
(d) Das ist die Ausnahme.
(e) Man spielt eben einfach.
(f) Man spielt nicht nur vor sich hin.
(g) Das gilt für alle Sportarten.
(h) Insgesamt.
(i) Ich glaube eigentlich nicht, daß man sagen könnte . . .
(j) Jogging war eine Zeitlang unheimlich in.
(k) Außer Tennis . . .

11.10.3

The answers here depend upon your personal responses.

11.10.4

London
7.4.89

TSV Waldruderring
Häherweg
8000 München 82

Sehr geehrte Damen und Herren,
ich bin Engländerin und werde vom 12. Juni an für drei
Monate in München arbeiten. In England spiele ich regelmäßig
Tischtennis, und ich würde dies auch gern in München weiter-
hin tun. Hat Ihr Verein eine Tischtennisabteilung? Wenn ja,
könnte ich für drei Monate Mitglied in Ihrem Verein werden?
Was würde das kosten? Könnten Sie mir bitte auch einen
Prospekt über die verschiedenen Sportmöglichkeiten in Ihrem
Verein schicken?
Vielen Dank für Ihre Mühe

Jane Smith

CHAPTER 12   DIE FRAU

12.1   Aktivitäten der Frauenbewegung in der BRD

Section A

12.2.1

(a) termination of pregnancy;
(b) women's movement; women's centres; women's (safe) houses;
    research into women's issues; women's studies;
(c) personal experience groups;
(d) competitive behaviour;
(e) initiatives to set up emergency call systems;
(f) relationships in life;
(g) wage for housework;
(h) sex-biased;
(i) allocation of work.

12.2.2

(a) There were protests against the penalties for abortion.

(b) A counter-culture based upon the women's movement.
(c) For individual women to meet and exchange information and experience.
(d) To study social circumstances among women and aspects of unknown history.
(e) The work of raising children.

12.2.3

Compare your version of the punctuated text with the original.

Section B

12.4.1

(a) In der Folge entwickelten sich Ansätze einer Art feministischer Gegenkultur.
(b) Weibliche Homosexuelle schließen sich zu sogenannten Lesbien-Gruppen zusammen.
(c) Frauenstudien an Universitäten beschäftigen sich mit Spuren bisher unbekannter weiblicher Geschichte.
(d) Aus dieser Sichtweise ergibt sich die Konsequenz, daß Frauen den Prozeß ihrer Befreiung selbst in Gang setzen müssen.

12.4.2

(a) außerhalb des studentischen Milieus;
(b) Ansätze einer Art feministischer Gegenkultur mit einer Vielzahl dezentraler Projekte;
(c) mit Spuren unbekannter weiblicher Geschichte.

12.5 Die Frau in der DDR

12.6.1

(a) equal opportunities;
(b) equal rights;
(c) equal treatment;
(d) women's earning capacity;
(e) employment.

12.6.2

(a) constitutional;
(b) fit for work;
(c) with equal rights;
(d) treated equally;
(e) in active employment.

12.6.3

(a) Women hold important positions in society; equal rights are seen as a social prerequisite; 85% of women are engaged in employment.
(b) The extra income brought in by the woman allows the family to afford the extras necessary for a higher living standard.
(c) The basis of Marxist thinking is that equal rights can only really exist in society if women are treated equally with men in terms of economics.

CHAPTER 13   MUSIK

13.1   Wiener Musikfestival – Wiener Festwochen

Section A

13.2.1

(a) Vienna has plenty of music except in the 'dead' month of August.
(b) The range of musical possibilities created an atmosphere in which they could work.
(c) They decide to show the rest of the world just how high their level really is.
(d) No, there are also dramatic productions, including Brecht, Kafka, a Japanese marionette theatre and Shakespeare.
(e) No, the purpose is to present a cultural experience, not to indulge in competition.

Section B

13.4.1

Dieses Jahr wird die Staatsoper eine neue Aufführung von Wagners *Die Meistersinger von Nürnberg* inszenieren. Zur gleichen Zeit wird die Brüsseler Nationaloper Verdis *La Traviata* aufführen. Die Wiener Philharmoniker und das Symphonierorchester werden bei der »Gesellschaft der Musikfreunde« spielen. Auch die Dresdner Staatskapelle und die Berliner Philharmoniker werden bei dem Festival auftreten. Man wird auch das Marionettentheater aus Japan sehen können. Die ganze Welt wird zum Musikfestival nach Wien kommen, aber es wird keinen Konkurrenzkampf geben. Tausende von Besuchern werden sich an den Darbietungen erfreuen können. Sie werden manches loben und manches auch kritisieren können.

13.4.2

Exeter

den 24. Januar

Lieber Franz,
ich habe eben das Programm der Wiener Festwochen für dieses Jahr erhalten. Das sieht ja ganz wunderbar aus, und ich möchte sehr gern dort hinreisen. Ich habe immer so viel über diese Festwochen gelesen, und bis jetzt habe ich niemals die Gelegenheit gehabt, das alles zu erleben. Die Festwochen finden im Mai und Juni statt, und ich könnte zwei Wochen Urlaub Anfang Juni nehmen. Würdest Du Dich auch dafür interessieren, und könntest Du auch Urlaub zu dieser Zeit nehmen? Dieses Jahr gibt es eine neue Inszenierung von Wagners *Die Meistersinger von Nürnberg*. Auch *La Traviata* wird aufgeführt. Ich weiß, Du hast Oper so gern wie ich. Im Theater führt man *Mutter Courage* auf, und es gibt viele Konzerte und andere Veranstaltungen. Es wäre besonders schön, wenn wir das alles zusammen miterleben könnten. Schreib mir bald, ob es geht, und ich werde sofort hinschreiben, und Reservierungen machen.

Viele Grüße

Dein Freund Michael

13.5   Das deutsche Doppel

Section A

13.6.1

(a) Geboren wurden sie beide vor 300 Jahren, doch gelebt haben sie in zwei Welten.
(b) Bach entstammte einer Musikerfamilie, deren Mitglieder Kantorenstellen innehatten.

(c) Er wollte nicht, daß sein Sohn ein schlechtbezahlter Organist werde.

(d) Beide blieben ihrer Familientradition treu.

(e) Händel wollte weder mit der deutschen Musikerzunft noch mit den Frauen etwas zu tun haben.

(f) Als Gast von Fürsten führte er ein Leben im großen Stil.

(g) Bach hauste in einer Dienstwohnung, zu deren Eingang man durch einen Friedhof gehen mußte.

(h) Der eine bevölkert seine Opern mit kraftvollen Menschen, der andere besang die Leiden des Menschenseins.

13.6.2

(a) Handel's ancestors were coppersmiths, a notary, a supervisor of the salt works in Halle. His father was a barber and surgeon. Bach came from six generations of musicians who had held posts as town musicians, organists and choirmasters.

(b) Bach married twice and had 20 children. Handel had no interest in women.

(c) Bach lived in the German provinces, spending the greater part of his life as choirmaster at the Thomaskirche in Leipzig. Handel travelled first to Hamburg, then to Rome and finally to London.

(d) Bach's library consisted of the Bible and theological tomes. Handel set to music the work of great poets such as Ariosto, Milton, Racine and Tasso.

(e) Handel moved in aristocratic circles. Bach was always a servant of noblemen.

(f) Handel was a composer of the Enlightenment, who sought to offer the masses clear and comprehensible music. Bach remained a mystic, building an interior world in his compositions.

Section B

13.8.1

(a) Händel und Bach wurden beide vor 300 Jahren geboren.

(b) Die Mitglieder der Familie trafen sich wenigstens einmal im Jahr.

(c) Er konnte nicht verhindern, daß sein Sohn allabendlich musizierte.

(d) Bach blieb zeitlebens in der deutschen Provinz.

(e) Bach wurde schließlich Kantor in Leipzig.

(f) Händel studierte erst Rechtswissenschaften.

(g) Händel wurde derweilen Geschäftsführer der Royal Academy of Music.

13.8.2

(a) Bach entstammte einer Musikerfamilie.
(b) Er verbot ihm jeglichen Umgang mit der Musik.
(c) Beide blieben ihrer Familientradition treu.
(d) Er machte den Italienern vor, wie man italienisch komponierte.
(e) Seine Bibliothek bestand aus der Bibel, Gesangbüchern und Bänden über Theologie.
(f) Man sagte, sein Geschäftsgebaren sei so methodisch wie sein Kontrapunkt gewesen.

13.8.3

(a) Händel und Bach haben das gleiche Geburtsjahr, dennoch haben sie in verschiedenen Welten gelebt.
(b) Händel hatte keine musikalischen Vorfahren. Bach hingegen entstammte einer Musikerfamilie.
(c) Händels Vater verbat ihm den Umgang mit der Musik, doch musizierte er allabendlich.
(d) Bach heiratete Anna Magdalena und zeugte 20 Kinder. Händel dagegen hatte nichts mit Frauen zu tun.
(e) Der eine führte ein Leben im großen Stil, der andere hauste in einer Dienstwohnung in Leipzig.
(f) Bach imitierte in jungen Jahren Adelsmanieren, dennoch blieb er immer Diener von Fürsten.
(g) Bach blieb zeitlebens ein Mystiker. Händel hingegen war ein Aufklärer mit Tönen.

CHAPTER 14   LITERATUR

14.1   »Ich werde nicht gehorchen«: Hermann Hesse

Section A

14.2.1

(a) His work was too full of feeling and too romantic.
(b) Because of his interest in oriental mysticism.

(c) He has an appeal wherever there are movements for an alternative society.

(d) He was in conflict with his father over his ambition to be a writer.

(e) He called them biographies of the soul, which did not deal with stories, but were basically monologues in which the individual is contemplated in relation to the world and himself.

(f) He revolts against empty authority, outdated norms and bourgeois values, mediocrity, the consumer society and profit, church and school.

14.2.2

(a) Hesses Vater wollte nicht die Verantwortung dafür übernehmen, daß sein Sohn die Laufbahn eines Schriftstellers antreten würde.

(b) Hesse nahm 1946 den Goethe-Preis an.

(c) Hesse wurde endlich nach seinem Tod akzeptiert.

(d) Hesse wollte sein Schicksal nicht hinnehmen.

(e) Hesse erhielt 1946 den Nobelpreis für Literatur.

(f) Hesse wurde als Ehrengast in der Schweiz empfangen.

(g) Hesse fand bei seinem Vater niemals Zustimmung für die Wahl seiner Karriere.

(h) Hesse ist ein beliebter Schriftsteller unter jungen Leuten.

(i) Erst einige Jahre nach seinem Tod sind Hesse und seine Werke populär geworden.

(j) In einigen seiner Gedichte verwendet Hesse die volkstümlichen Rhythmen des Volkslieds.

(k) Hesse mußte erkennen, wie schwer es war, Schriftsteller zu werden.

(l) Hesses Werk wird jetzt überall in der Welt annerkannt.

14.3   Interview mit Dürrenmatt

Section A

14.4.1

(a) A revolutionary believes he can change the world by politics, whereas a rebel believes that man himself is a colossal mistake, and only insight into that mistake can remedy the situation.

(b) The problem lies with man himself.

(c) He should have said to himself that he would marry only women younger than himself and would kill no man older than himself.

(d) His reason and intelligence tell him what man will do with his discoveries.

(e) One should reflect on what to do, not just evade the issue.

Section B

14.6.1

(a) Was wäre aus Händel geworden, wenn er nicht hätte musizieren können?
(b) Was wäre aus Bach geworden, wenn er nicht hätte komponieren können?
(c) Was wäre aus Hesse geworden, wenn er nicht hätte Romane schreiben können?
(d) Was wäre aus Goethe geworden, wenn er nicht hätte Gedichte schreiben können?
(e) Was wäre aus Dürer geworden, wenn er nicht hätte Bilder malen können?

14.6.2

(a) Ohne viel Ruhe wären die Kantaten nie geschrieben worden.
(b) Ohne ein gutes Theater wären die Stücke nie aufgeführt worden.
(c) Ohne Geduld wäre der Nobel-Preis nie erhalten worden.
(d) Ohne Zeit wären seine Pläne für die Bundesrepublik nie durchgesetzt worden.
(e) Ohne Geld wären die alten Denkmäler nie gerettet worden.

14.6.3

(a) Er hätte fliegen sollen.
(b) Wir hätten Luzern besuchen sollen.
(c) Wir hätten fliegen sollen.
(d) Sie hätten einen Komposthaufen anlegen sollen.

14.7 Listening Comprehension

14.8.1

Authors	*Works*
Lenz	
Marx	*Das Wintermärchen*
(Goethe)	*Faust*
Martin Walser	*Die Brandung*
Hesse	*Narziß und Goldmund*
	Steppenwolf

Böll
Brecht
Dürrenmatt   *Der Verdacht; die Physiker*
Frisch   *Die Brandstifter*

14.8.2

ein paar Bücher raus;
unheimlich modern;
sehr schwierig;
auf dem laufenden;
normalerweise;
heim;
die neuesten Bücher;
dann auch;
momentan;
gefragt;
lese;
sehr gern;
vorletzte;
ganz toll.

14.8.3

Answers to this exercise will vary according to each individual student.

CHAPTER 15   DIE DEUTSCHE SPRACHE HEUTE

15.1   Vom kaviar – »Sie« und Müsli – »Du«

15.3.1

Sie – when buying haberdashery, caviar, toilet paper, medicaments.
Du – When buying jeans, muesli and records.

15.3.2

The changing fashions in the use of Sie and du reveal interesting changes in German society. Some of the old barriers and inhibitions have gone completely, particularly in those areas which are representative of alternative life-styles, or where the participants are predominantly young people. The division is not so sharply defined in the area of holiday and food reports, where both styles of address are found. Traditionally, the use of du went hand in hand with the use of the first name, but that is no longer the case, hence the reference to Mischtechnik.

15.4 Listening Comprehension

15.5.1

Same age – du; teaching colleagues – depends on the school. Some schools where all the colleagues are per Sie. Others where they may be per du within a department; rarely the case that students/pupils call teachers/lecturers du; in professional life, Sie is still the rule; old friends of the family tend to use Sie with first names; first names with Sie are usual in schools after the pupils have reached the age of 16; use of du among colleagues can lead to jealousy – why is one called du and not the other?

15.5.2

it would never occur to me; that is less common; well where I come from that would almost never be the case; unless they offer you du straight away; but it also depends very much on the people themselves; basically there are still rules; because then everything imaginable is read into it; in school that is quite often the case; it hardly ever happens, however, that someone would use the surname.

15.6 Sprache im Wandel

15.8.1

grün began to be used in an agricultural context around 1972. Later in the 1970s, the word came to be used more and more as a linguistic identifier for certain modes of thought and certain groupings of people all concerned with aspects of improving the natural environment, and partly opposed to modern agriculture.

15.8.2

Bürgerinitiativen – local initiatives; Umweltschutz – protection of the environment; Giftmüll – poisonous refuse; Bio-Gemüse – organic vegetables; KZ-Hühner – chickens reared intensively (literally: concentration camp hens); Null-Wachstum – zero growth; Konsumterror – consumer terrorism; Konsumverzicht – rejection of the consumer society.

15.9   Zur Entwicklung der deutschen Sprache in der DDR

15.11.1

There were fears that the division of the country might lead increasingly to a linguistic divide, so that at some later date Germans in the East would not be able to understand Germans in the West. There were discussions as to whether one should talk of a language split, or whether the German of East and West were just varieties of German, like the Swiss and Austrian varieties. But the actual grammatical system of German in the two parts has remained largely unaffected, and it is above all the *vocabulary* which has been affected by the division. There is a large number of new formations on both sides of the frontier. The population of the GDR is much better acquainted with the developing vocabulary of the West because they watch Western TV stations, and have contacts with individuals. It is more difficult for citizens of the Federal Republic, for the GDR vocabulary is largely unknown in the West.

15.11.2

Ernährungstechniker – food technician; Feldbaumeister – senior agronomist; Horterzieher – educationist in an institution (Schulhort) which looks after children out of class hours; Verdienstmedaille der Seeverkehrswirtschaft – order of the merchant navy; verdienter Züchter – someone who has received an award for animal husbandry; Getreidewirtschaftsbetrieb – grain industry works; Pflanzenproduktionsbetrieb – plant production works.

15.12   Das Schweizerdeutsch

15.14.1

The variety of Swiss dialects and their generally Alemannic character can be traced back to Swiss history and the federal tradition. But the present situation is also a result of linguistic efforts during this century. The need for the Swiss to establish a quite different profile from Hitler's Reich meant that the Swiss German language movement gained in importance. Hence it might be said, though it would annoy the Swiss somewhat, that the present significance of Swiss German owes something to Hitler.

A GUIDE TO THE

PRONUNCIATION

OF GERMAN

This short summary of German pronunciation can do no more than offer a brief introduction to the pronunciation of standard High German. This is the pronunciation normally heard on radio and TV, and on the stage, and is used by many native speakers of German. Regional variations in pronunciation are quite widespread, particularly in South Germany, Austria and Switzerland, but the pronunciation described here is a norm which is everywhere understood, and to which even regional speakers approximate.

Any written guide to pronunciation is bound to be of limited value unless it is linked to the chance to hear the sounds described. However close to the sounds of English certain German sounds may be, it is only by hearing the sound pronounced that important differences can be noted and imitated. The descriptions given here should therefore be read in conjunction with the tape accompanying the book, or by listening to broadcasts, native speakers, etc.

1 STRESS

1.1 Stress Within the Word

Each German word of more than one syllable has a syllable which carries a *heavier stress* than the rest of the word. Throughout the vocabularies of this book, the stressed vowel or vowel combination is printed in *bold type*. As a very general rule, stress tends to fall on the *first* syllable, but there are important exceptions to this rule:

(a) words whose first syllable contains an unstressed *e* for example: geg**e**ben; bek**o**mmen.

(b) Words beginning with the unstressed prefixes *ent-, ver-, zer-*, etc. (For a full list see the section of the Grammar Summary dealing with Inseparable Verbs.) For example: zerschneiden; verbieten, entscheiden.

(c) Many words *borrowed from other languages*, for example: Präsident.

(d) A number of German *place-names*, for examples *Berlin; Hannover.*

The regularity of first syllable stress can be seen by the way this stress *shifts to the first syllable* as compound nouns are built up, for example: Belastung, Umweltbelastung; Bürger, Bundesbürger.

1.2 Sentence Stress and Intonation

In the normal musical pattern of sentence pronunciation, particular words of importance carry a *heavier emphasis* than others. Small words, such as prepositions or articles, may be glossed over, and particular nouns, verbs or adjectives carry the emphasis. As in English, attention can be drawn by stress to a particular word in a statement. For example, mein Vater heißt Heinrich would normally carry the stress on *Vater*. In particular circumstances, however, one might say **mein** Vater heißt Heinrich (my father and not yours), or mein Vater heißt **Heinrich** (and not Fritz). In addition to such stressing of words within the sentence there are the musical patterns of intonation, which may be summarised as follows:

(a) The pattern used to make statements, give commands or put questions containing a specific question word such as wer? or wo?

For example, in the conversation accompanying Chapter 14 we hear:

So allgemein, was gelesen wird, kann man nicht sagen.

Ja, Hesse ist sehr beliebt, wenn man so sechzehn, siebzehn ist.

(b) A rising intonation used for general questions, for example in 14.3:

In der Schule?

(c) Another variation of the rising intonation is used for incomplete statements, or leading to the end of a subordinate clause, when there is a sense that there is more to follow, for example, if the sentence given in (a) above had not been completed it might have sounded like this:

So allgemein, was gelesen wird . . .

These patterns may be varied in longer sentences, and by the desire to *emphasise a particular word*.

2 VOWELS

In general, the difference between German vowels and English vowels is that the German vowels are *pure*, and do not 'slide' into diphthongs as English vowels often do. German is also spoken with more energy and tenseness than English, which seems rather lazy and slack in comparison. To the five vowels of English are added the three vowels with Umlaut. Each of these 8 vowels has short and long forms, making a total of 16 possible sounds. Two sounds are identical (short *ä* and short *e*), but unstressed e is added, keeping a total of 16. To these 16 vowels are added the three diphthongs *ei, au* and *eu/äu* to complete the list described below.

Sound	Nearest English Sound	Forms of Spelling	Examples
e(long)	*ee* in *meet*	i ie ih	Stil; viel; ihr
i(short)	*i* in *gift*	i	dick; Kind
e(long)	*a* in *made*	e ee eh	leben; steht; Meer
e(short)	*e* in *bed*	e ä	Mensch; fällt
ä(long)	No real equivalent but like long *e* above.	ä äh	Käse; während
a(long)	*a* in *calm*	a aa ah	kam; Jahr; Statt
a(short)	*a* in *fan*. (Note that this is the sound which precedes r in German, e.g. Arbeit).	a	dann; Wand
o(long)	*o* in *go*	o oh oo	wo? Ohr; Boot
o(short)	*o* in *cod*	o	Post; Dorf
u(long)	*oo* in *mood*	u uh	gut; Ruhr
u(short)	*oo* in *good*	u	dumme; Wurst
e(unstressed)	*a* in *opera*	e	Besuch; diese
ü (long)	This vowel gives particular problems to speakers of standard English, though it appears in Scottish and a number of English dialects.	ü üh	fühlen; würde

	Put the lips into the position to produce oo as in food. Keep the lips in that position and produce the sound ee as in meet.		
ü(short)	is formed in the same way but shorter in pronunciation, and rather closer to the English sound *i* in gift	ü	dünn; fullen
ö(long	*ur* in *urn*	ö öh	Vögel'; Föhn
ö(short)	similar but shorter	ö	können
ei	*i* in *bike*	ei ai	mein; Saite
au	*ow* in *cow*	au	blau; faul
eu aü	*oy* in *boy*	eu äu	neun; Bäume

3 CONSONANTS

3.1 Voiced and Unvoiced Pairs

One important distinction which will help to explain the German consonants is the distinction between *voiced* and *unvoiced* consonants. For example, in the pair of consonants *p/b, p* is pronounced with the puff of breath only, whereas for *b* the vocal chords are also vibrated – that is to say it is voiced. The same distinction applies to the pairs of consonants *t/d, k/g, f/v,* and to the voiced/unvoiced pronunciation of *ch*. The importance of this distinction is that voiced consonants do not appear in final position, so that whenever *d, g* and the others are *final* they are pronounced like the corresponding unvoiced consonant: for example, Hand (pronounced Hant); brav (pronounced braf); halb (pronounced halp). The unvoiced *g* at the end of words may be pronounced as k or as ch. For example, billig may sound like billik or billich. Both pronunciations are acceptable, and the variation depends on regions and individual speakers.

3.2 Glottal Stop

The glottal stop is, strictly speaking, a form of *consonant*. There is no indication in spelling of the glottal stop, but it is a significant feature of German pronunciation, giving the spoken language some of that energy and tenseness referred to earlier, compared with the more relaxed pronunciation of English. The glottal stop is the slight catch in the throat which occurs, even if only slightly, before words beginning with a vowel. Some forms of English have a glottal stop, for example the Cockney pronunciation of *butter* or *bottle*, where *tt* is dropped and replaced by a catch in the throat, *bu–er; bo–le*. In

German combinations such as war ich, da ich, the glottal stop prevents the two words from running on smoothly as would be the case in a similar combination of sounds in English. Note that the glottal stop does not occur in the compounds with auf, aus, unter, etc., such as hinauf, hinunter, heraus. In the combination of da plus preposition, the lack of glottal stop is shown in the spelling by the addition of r: darunter, darauf.

3.3 Pronunciation of Individual Consonants

Bearing in mind the points made already about voiced/unvoiced distinctions, English speakers should encounter no great difficulty in pronouncing the pairs p/b, t/d, k/g, f/v. Nor should there be problems with m, n and h, which are all close to the English pronunciation. The main point to note with regard to the above sounds is that the sound f is represented in German spelling by both f and v, (Vogel sounds like fogel). The English v is represented in German spelling by w, (will sounds like vill). The following notes refer to sounds which might give difficulty.

Written Form	Description of Sound	Examples
l	German always has a clear l in whatever position, and never the 'dark' l which occurs particularly at the end of English words such as *well*. The tip of the tongue should touch the teeth ridge and not slip back.	Land; malte; will
s ss ß	Pronounced as ss. This pronunciation is used for s when final or before a consonant within a word.	aus; besser; blaß Wespe; Liste
s	Pronounced like English z when initial or between vowels.	Sand; sehen; Rasen
s	Pronounced like English sh when initial before a consonant. Also when an initial sp or st occurs in the middle of a compound word	Stadt; sparen; stehen; gespart besprechen; Hauptstadt
sch	Pronounced close to English sh, but with lips more protruded.	Schein; falsch
tsch	Like English ch in church.	deutsch

g(soft)/ *j*	Pronounced like English *s* in *pleasure* This sound only occurs in foreign loan-words	Garage; Journalist
ch	A sound which does not exist in standard English, though it occurs in Scottish *loch*. There is also an unvoiced form of *ch* which has a less rough articulation and more of a hissing sound. This sound occurs after vowels *i, ei, eu* and after a consonant.	machen; kochen ich; weich; Milch
j	Pronounced like English *y* in *young*. The same sound occurs in the combination *ie* and *-tion* in words of foreign origin.	ja; Jahr Linie; Nation
r	Some speakers use a front-type rolled *r*. More common is the back-type *r* formed by forcing the air through a small space between the back of the tongue and the soft palate. At the same time the uvula is vibrated	Rand; Beruf
ng	Like English *ng* in *sing*, and never with the extra sound of *g* heard in *finger*.	Klang; singen
z/tz	Like English *ts* in *cats*	zehn; Katze

4 PRACTISING THE SOUNDS IN COMBINATION

Listening to the rhythms and patterns of sound in conversation is an essential way of acquiring a good accent. Another excellent form of practice is to make use of songs and verse. The following short selection of verses, mainly written for children, has been chosen to help practise certain sounds in combination.

4.1 (*ei*; *u*; *eu*; *o* (long and short); *ä*; *e* (long and short); combination *chz*; *chst*

> *Nein!*
> Pfeift der Sturm?
> Keift ein Wurm?
> Heulen
> Eulen
> hoch vom Turm?

Nein!
Es ist des Galgenstrickes
dickes
Ende, welches ächzte
gleich als ob
im Galopp
eine müdgehetzte Mähre
nach dem nächsten Brunnen lechzte
(der vielleicht noch ferne wäre).

4.2 (*a* (long and short); *au*; *o*(long)

Der Lattenzaun

Es war einmal ein Lattenzaun
mit Zwischenraum, hindurchzuschaun.

Ein Architekt, der dieses sah,
stand eines Abends plötzlich da –

und nahm den Zwischenraum heraus
und baute draus ein großes Haus.

Der Zaun indessen stand ganz dumm,
mit Latten ohne was herum.

Ein Anblick gräßlich und gemein.
Drum zog ihn der Senat auch ein.

Der Architekt jedoch entfloh
Nach Afri- od- Ameriko.

Both the rhymes come from Christian Morgenstern's collection *Alle Galgenlieder*. Morgenstern was born in Munich and lived from 1871 until 1914. He is well-known for his inventive nonsense verse.

4.3 (*ö*; *ü*; *ä*)

Linkshänder
Sie möchten das schöne Händchen haben.
Ich halte ihnen das linke hin.
Sie nennen mich einen Unglücksraben.
Sie hätten gern einen Musterknaben.
Ich bleibe wie ich bin.

(Hans Stempel/Martin Ripkens,
© Verlag Heinrich Ellermann, München 1972)

4.4 (*ch* (voiced and unvoiced); *r; ng; l; ech*)

Hungerblümchen
Ich bin kein Prachtstück, bin kein Held,
verachtet stehe ich im Feld,
hab keine Stimme, die da gellt,
kann schreien nicht im großen Chor,
doch leise sag ich dir ins Ohr;
der Hunger ist noch in der Welt.

(Rudolf Otto Wiemer,
© Rowohlt Taschenbuch Verlag)

GRAMMAR SUMMARY

The Grammar Summary provides revision of the basic grammar of the language and deals with the main features of more advanced use as exemplified in the texts of this book. The index following this summary is intended to provide a cross-reference system between the texts and the Grammar Summary. This Summary does not claim to be complete, and students seeking further explanation should consult one of the grammars listed in the Bibliography.

CONTENTS

(Note that figures in parentheses refer to texts in this book where the examples given can be found.)

1 NOUNS

1.1 Gender

The general rules for deciding on whether a particular noun is masculine, feminine or neuter are given below.

(a) *Masculine by Meaning*

  (i) Names of male persons and animals: *der Vater; der Arzt.*
  (ii) Most instruments and inanimate agents ending in *er: der Computer; der Wecker.*
  (iii) Makes of cars: *der Ford; der Mercedes.*
  (iv) Seasons, months, days of the week, points of the compass: *der Frühling; der Mai; der Freitag; der Norden.*

(b) *Masculine by Form*

  (i) Nouns ending in *ich; ig; ing; ling; der Teppich; der Honig.*
  (ii) Foreign borrowings ending in *ant; ast; ismus; der Remonstrant; der Tourismus.*
  (iii) Most nouns formed from strong verb stems with no endings added: *der Biß, der Wurf;* (formed from *beißen; werfen*).

(c) *Feminine by Meaning*

  (i) Names of female persons and animals: *die Mutter; die Stute.*
  (ii) Most makes of aeroplanes: *die Boeing.*
  (iii) Many German rivers: *die Donau; die Mosel; die Ruhr. But note: der Rhein; der Main.*
  (iv) Cardinal numerals: *die Fünf; eine Eins.*

(d) *Feminine by Form*

  (i) Most nouns ending in *e: die Blume; die Schule.* But not when such nouns refer to male persons or animals: *der Junge; der Löwe.* Note also the group of weak masculine nouns such as *der Name.* There are a few neuter nouns ending in *e: das Auge; das Ende; das Gebäude.*
  (ii) Nouns ending in *ei; heit; keit; schaft; ung: die Möglichkeit; die Freundschaft; die Bildung.*

(iii) Foreign borrowings ending in *a; anz; enz; ie; ik; ion; tät; ur: die Kamera; die Biologie; die Musik; die Kapazität.*

(e) *Neuter by Meaning*

(i) Most terms for the young: *das Baby; das Kind; das Lamm.*
(ii) Continents, and most towns and countries: *das Asien; das schöne Italien. But note: die Schweiz; die Tschechoslowakei; die Sowjetunion.*
(iii) Metals: *das Eisen; das Kupfer. But note: der Stahl.*
(iv) Infinitives of verbs used as nouns: *das Dröhnen* (1.1).
(v) Letters of the alphabet.
(vi) Fractions: *das Viertel. But note: die Hälfte.*

(f) *Neuter by Form*

(i) Most nouns beginning *Ge-: das Gebäude; das Gesicht. But note: der Gedanke; die Gefahr.*
(ii) Diminutive nouns ending in *chen; lein: das Mädchen; das Fräulein.*
(iii) Nouns ending in *nis: das Einverständnis; das Gefängnis.*
(iv) Nouns ending in *tum: das Eigentum. But note: der Irrtum.*
(v) Foreign borrowings ending in *at; ett; fon; ment; das Telefon; das Kabinett.*

(g) *Compound Nouns*
Compound nouns, which are formed from a combination of one or more simple nouns, always take the *gender of the last item*: *der Umweltschutz; die Umweltverschmutzung.*

1.2 Plurals

There are regular ways in which plurals are formed, but there are *exceptions* to these rules. In general, it is best to learn the *plural form* when the *word* is learned.

(a) *Masculine Plurals*

(i) Many masculine nouns form the plural -*e*, with *Umlaut* if possible: *der Stuhl, die Stühle; der Paß, die Päße; der Tisch, die Tische.*
(ii) Many masculine nouns ending in *el; en; er* do not change in the plural: *der Onkel, die Onkel; der Schatten, die Schatten; der Lehrer, die Lehrer.* Some nouns of this type add an *Umlaut: der Apfel, die Äpfel; der Bruder, die Brüder; der Garten, die*

Gärten; der Laden, die Läden; der Mantel, die Mäntel; der Vater, die Väter; der Vogel, die Vögel.

(iii) A small number of nouns add e to form the plural even when there is a vowel which could take an Umlaut: *der Abend, die Abende; der Dom, die Dome; der Pfad, die Pfade; der Schuh, die Schuhe.*

(iv) A few nouns have plural ¨-er: *der Mann, die Männer; der Mund, die Münder; der Wald, die Wälder*

(v) There is a group of weak masculine nouns – that is, they take -n or -en in all cases except nominative singular: *der Bauer, die Bauern; der Herr, die Herren* (Herrn in other cases of the singular); *der Mensch, die Menschen.*

(vi) Masculine nouns ending in e add n in the plural: *der Name, die Namen.*

(b) *Feminine Plurals*

(i) The great majority of feminine nouns add -n or -en: *die Schule, die Schulen; die Schwester, die Schwestern; die Tafel, die Tafeln.*

(ii) Two nouns ending in -er add Umlaut in the plural: *die Mutter, die Mütter; die Tochter, die Töchter.*

(iii) A small group of nouns form the plural ¨-e: *die Bank, die Bänke* (= bench. *Note: die Bank, die Banken* = bank); *die Hand, die Hände; die Nacht, die Nächte; die Stadt, die Städte; die Wand, die Wände; die Wurst, die Würste.*

(c) *Neuter Plurals*

(i) Most neuter plurals are formed ¨-er: *das Buch, die Bücher; das Glas, die Gläser.*

(ii) Nouns ending in el; er; chen; lein do not change in the plural: *das Mädchen, die Mädchen; das Ufer, die Ufer.*

(iii) Some monosyllabic neuter nouns add -e in the plural: *das Bein, die Beine; das Boot, die Boote; das Haar, die Haare; das Heft, die Hefte; das Jahr, die Jahre; das Meer, die Meere; das Pferd, die Pferde; das Schiff, die Schiffe; das Tier, die Tiere; das Zelt, die Zelte.*

(d) *Plural of Foreign Nouns*

(i) Masculine nouns of foreign origin ending in -er do not change: *der Revolver, die Revolver.* Most others add e: *der Boß, die Boße.* Many other masculine nouns of foreign origin end on a stressed syllable and are weak in declension – i.e., they add -en in all cases, singular and plural: *der Präsident, die*

Präsidenten; der Komponist, die Komponisten. Most nouns ending in *-us* have plural *usse: der Autobus, die Autobusse.*
(ii) Feminine nouns all add *-n* or *-en: die Armee, die Armeen.*
(iii) Neuter nouns do not change if they end in *en; er; das Examen, die Examen; das Theater, die Theater.* Other neuter nouns usually add *e: das Konzert, die Konzerte; das Telegramm, die Telegramme.* A large number of foreign nouns form their plural by adding *-s: das Auto, die Autos; das Hotel, die Hotels; der Park, die Parks; der Klub, die Klubs.*

(e) *Further Points to Note*

(i) Some nouns are used *only in the plural: die Eltern; die Ferien. Note also die Möbel* is nearly always used in the plural.
(ii) *Weihnachten; Ostern; Pfingsten* are usually treated as plural: *fröhliche Weihnachten!* – merry Christmas!
(iii) Some nouns are *singular* in German though *plural* in English: *die Brille* (spectacles); *die Hose* (trousers); *die Treppe* (stairs); *die Schere* (scissors, shears). These nouns can be used in the plural when they mean, for example, several sets of shears, or several pairs of trousers.

1.3 Declension of Nouns

(a) *Forms for all Nouns except Weak Masculines*

Singular	*Masculine*	*Feminine*	*Neuter*
Nom.	der Mann	die Frau	das Buch
Acc.	den Mann	die Frau	das Buch
Gen.	des Mannes	der Frau	des Buches
Dat.	dem Mann	der Frau	dem Buch(e)

Plural			
Nom.	die Männer	die Frauen	die Bücher
Acc.	die Männer	die Frauen	die Bücher
Gen.	der Männer	der Frauen	der Bücher
Dat.	den Männern	den Frauen	den Büchern

(b) *Points to Note*

(i) Masculine and neuter nouns in the genitive usually add *-s* to a word of *more than one syllable (des Wagens)* and *-es* to a *monosyllable (des Buches).* Most foreign nouns add only *-s (des Klubs).*

(ii) The *e* shown in parentheses after the dative neuter singular is nowadays only found in fixed expressions such as *nach Hause*, and even here it is often dropped in conversation.

(iii) All nouns of whatever gender add *-n* or *-en* in the dative plural: *in 180 Bahnhöfen* (7.5). The only exception to this rule is plurals formed with *-s: in den Hotels*.

(iv) Proper nouns add *-s* to indicate possession, rather like the English 's: *Uwes Mutter* (10.1); *Kafkas »Der Prozeß«*, (13.1).

(v) Family names add *-s* in the plural: *die Müllers; die Schmidts*.

(vi) Names of countries do not normally change in the plural: *die zwei Deutschland*. In some cases they add *-s: die vielen Chinas*.

(c) *Forms for Weak Masculine Nouns*

	Singular	*Plural*
Nom.	der Name	die Namen
Acc.	den Namen	die Namen
Gen.	des Namens	der Namen
Dat.	dem Namen	den Namen

(Also:*der Friede; der Gedanke; der Glaube; der Wille.)*

(d) A special case is offered by *das Herz*, which has genitive and dative *des Herzens, dem Herzen*.

1.4 Declension of Nouns of Weight, Measure, Value

(a) Nouns which denote *weight, measure* or *value* remain in the singular when they are preceded by a cardinal number or by an adjective indicating number: *zwei Glas Bier; zehn Pfund Kartoffeln; vier Dutzend Eier*. Note that the noun following the measure stands in apposition, and is therefore in the *same case* as the measure word, and not in the genitive as in English. Compare: *zwei Glas Bier* and *two glasses of beer*. When the measure word is followed by an *adjective*, usage varies. Compare: *er schrieb drei Dutzend virtuose italienische Opern* (13.5) and: *einige Dutzend lieblicher Seen* (5.1).

(b) The word *Stück* is used a great deal in shopping to indicate a number of almost any article or object: *Was kosten die Orangen? Geben Sie mir bitte drei Stück*.

(c) *Mark* and *Pfennig* are similarly used in their singular form when talking about cost: *das kostet 95 Mark*.

(d) Apart from *die Mark* just mentioned, feminine nouns of measure are used in the plural form: *drei Flaschen Wein*.

(e) Note that many nouns denoting quantity, whether used in the singular or plural, are followed by a noun in apposition, as described in paragraph (a) above: *eine Gruppe Touristen; zwei Schachteln Zigaretten; eine Menge Geld*.

1.5 Use of Cases

Throughout this Grammar Summary there are frequent references to the four cases. Although students of this book will have covered the German case system already, here is a brief reminder of the use of the cases.

(a) *Nominative case* is used for the subject of the sentence and as the complement of the verbs *sein, werden, bleiben, heißen, scheinen*.

(b) *Accusative case* is used for the direct object, after certain prepositions (see Grammar Summary 14.2), and in certain expressions of time (Grammar Summary 1.3).

(c) *Genitive case* is used to express possession, and can often translate English *of*: *im Auftrag des Kommandanten* (1.1) – *on behalf of the commandant*. There is a tendency to avoid the genitive in conversation, where it may sound rather stilted. In conversational use the dative after *von* may be preferred – e.g., *das Haus von meinem Bruder* rather than *das Haus meines Bruders*. There are some uses of the genitive in adverbial constructions: *guter Laune – in good spirits; schlechter Laune – in bad spirits; meines Erachtens – in my opinion*.

(d) *Dative case* is used for the indirect object and after many prepositions (Grammar Summary 14.1).

2   THE DEFINITE ARTICLE

2.1   Forms

The forms of the definite article are given in the table of nouns in paragraph 1.3 (a) of this Summary. The definite article combines with certain prepositions to make *contracted forms*, notably
*an + das = ans;   an + dem = am;   auf + das = aufs;
durch + das = durchs;   in + das = ins;   in + dem = im;*

zu + der = zur;   zu + dem = zum;   von + dem = vom;
bei + dem = beim.

2.2 Uses

Many of the uses of the definite article are comparable with the use of English *the*. The following points refer to usage which is different from English.

(a) Use of the article with abstract nouns is usual in German, *Im Gegensatz zur Arbeit erscheint die Freizeit* . . . (11.5); *ihm fehlt die Konzentration* (10.1). There are some variations: *Dankbarkeit zählt nicht viel* (9.1).

(b) The article is used with nouns denoting arts, sciences: *er hat im Rechnen ein paar Schwierigkeiten* (10.1).

(c) The article is used with nouns denoting species and substances . . . *die das Gift in Parks einsetzen* (8.1).

(d) The use of the article with parts of the body and articles of clothing is common but not obligatory: *ich wasche mir die Haare.*

(e) The article is used in a number of cases with proper nouns – e.g. with the names of feminine countries: *in der Zentralschweiz* (5.1); also with certain other geographical names: *zwischen dem obern Zürichsee und dem Brünigpaß* (5.1).

(f) The article is used with seasons, months and meals: *im Sommer; nach dem Mittagessen.*

(g) The article precedes *meist* when used adjectivally; *die meisten Ausländer* (9.1).

3 THE INDEFINITE ARTICLE

3.1 Forms

	Masculine	Feminine	Neuter
Nom.	ein	eine	ein
Acc.	einen	eine	ein
Gen.	eines	einer	eines
Dat.	einem	einer	einem

3.2 Uses

Uses of the indefinite article are comparable with English, but note that it is omitted after *als* meaning *as* and followed by an occupation: *als Musiker . . . als musikalische Seher* (13.5).

4 THE ADJECTIVE

(a) *Uninflected Use of the Adjective*
Adjectives are used in their simple form, without endings, when they are not immediately followed by a noun which they describe: *die Denkmalschützer sind . . . machtlos* (8.5).

(b) *Inflected Use of Adjectives*
When an adjective is followed by a noun it is *inflected* – that is to say, it takes adjectival endings. There are three types of declension of adjectives, weak, mixed and strong.

(i) *Weak declension* has only two possible endings, *e* or *en*, as shown in the following tables:

	Masculine	Feminine	Neuter	Plural
Nom.	-e	-e	-e	
Acc.	-en	-e	-e	-en
Gen.	-en	-en	-en	
Dat.	-en	-en	-en	

The weak endings are used following the definite article and after *dies-; jen-; jed-; welch-; manch-; solch-;* also after *alle* in the plural: *das letzte Stück; das weiße Haus; in das faltige Gesicht;* (1.1); *angesichts der ersten Demokratie; am Knotenpunkt des wichtigsten Verkehrsweges* (5.1); *solche schwachen Momente* (10.5).

(ii) *Mixed declension* takes *en* in all the places where weak declension has *en*. The only difference, therefore, is in the masculine and neuter nominative and the masculine accusative.

	Masculine	Feminine	Neuter	Plural
Nom.	-er	-e	-es	-en
Acc.	-en	-e	-es	-en
Gen.	-en	-en	-en	-en
Dat.	-en	-en	-en	-en

These endings are used after the indefinite article and after *kein* and the possessive adjectives *mein, dein, sein, ihr, unser, ihr, euer: in seiner rechten Hand; ein hochgewachsener, dunkler Mann* (1.1); *die machen einen großen Fehler; aus einer westdeutschen Kleinstadt* (2.1) *ein anderes Beispiel* (3.2).

(iii) *Strong declensions* are used when the adjective stands alone in front of a noun. Since there is no other word to show the case and gender of the noun, the adjective shows these features. They are also used after numerals, after *viel, viele, ein bißchen, etwas* and in the plural after *einige, manche, mehrere.*

	Mascu-line	Feminine	Neuter	Plural
Nom.	-er	-e	-es	-e
Acc.	-en	-e	-es	-e
Gen.	-en	-er	-en	-er
Dat.	-em	-er	-em	-en

aus östlicher Richtung fliegend; von westlichen Winden beherrscht; zwei politische Kontinente; bei schönem Wetter; zwischen beiden Stadtteilen (4.1); *saubere Luft; mit schwarzer Schmiere* (8.5).

(c) *Adjectival use of Participles*
Present and past participles are often used as adjectives and follow the rules of inflection described above: *das sie teilende Bauwerk; von der untergehenden Sonne angestrahlt* (4.1).

(d) *Adjectival Nouns*
   (i) Any adjective can be used as a *noun*. In such a case, the word is written with a capital letter and has endings as though it were followed by a noun: . . . *von anderen Berufstätigen* (10.5); *die Kleinen werden beobachtet* (11.1); *ich bin für die Grünen* (8.9). Note the inflection of the adjectival noun after *etwas, nichts, viel: viel Schlechtes* (2.1).
   (ii) A special case is provided by *deutsch* which has two forms of adjectival noun. A person is referred to by *der Deutsche* or *die Deutsche* according to sex; *das Deutsche* is a neuter noun meaning the German language, for which one can also say *die deutsche Sprache.* See text 15.9 for examples.

(e) *Indefinite Adjectives*
The following are known as indefinite adjectives: *ander; bestimmt; folgend; gewiß; mehrere; übrig; verschiedene; viele; wenige.* (See also Grammar Summary 8.5.) When used with a following noun they take endings like any other adjective: *mit anderen Worten; zu den vielen Heurigenlokalen; auf eigene Faust.* (5.5). Most of these indefinite adjectives are used with *plural nouns.* When another adjective is used between the indefinite adjective and the noun, the adjective usually takes the strong endings: *einige markante Denkmäler* (5.5).

(f) *Adjectives Followed by Dative*
A number of adjectives are followed by the dative case, and may therefore be compared with English adjectives followed by *to*: *das kommt mir sehr fremd vor; das ist mir ganz gleich.*

(g) *Possessive Adjectives*
They are declined like *kein* in singular and plural: *von seiner Einstellung; an unserer Schule; mit meiner Mutti* (10.5).

(h) Adjectives are formed from the names of towns by adding *-er*, and they are then not declined: *vom Bremer Landesmuseum* (8.5); *Wiener Festwochen* (13.1).

(i) When referring to decades – e.g., the 1970s, German forms an indeclinable adjective by adding *-er* to the numeral: *die amerikanische Jugend der sechziger Jahre* (14.1).

5 THE ADVERB

5.1 All adjectives and participles may be used as adverbs and are then not inflected: *geschickt nützen sie den Schwung* (11.1). Here *geschickt* is used adverbially and would be translated into English as *cleverly*. An adverb may also qualify an adjective: *lächerlich jung* (4.1) = *ridiculously young*: *sie führen einen schier aussichtslosen Kampf* (8.2) = *they conduct a wholly hopeless battle*. In English, adverbs may often differ from adjectives, particularly by adding the ending *ly*, but German shows no such changes.

5.2 There are also a large number of words which are used *only as adverbs*, some of which are given below.

(a) *Adverbs of Degree*
(i) *sehr* may be used with a following adjective: *die nicht sehr erfahren sind* (8.1). When used with a verb, *sehr* means very much, greatly: *er hat sich darüber sehr gefreut.*
(ii) Colloquial German makes a good deal of use of intensifying adverbs such as *richtig, total, unheimlich: ich reise unheimlich gern* (7.9).
(iii) *zu* is equivalent to English *too*: *10 Rappen zu wenig* (9.5).

(b) *Adverbs of Place*
(i) *da* and *dort* both mean *there*, but *dort* is more definite and specific: *darum fühle ich mich dort sehr wohl* (10.5); *damit*

man da schon eine Wohnung hat (6.9). *da* can also have a rather indeterminate meaning similar to English *then*: *da fahr ich gern Bus, da fahr ich gern Zug* (7.9).

(ii) *oben* and *unten* can be translated *up above* and *down below*: *der Topf steht unten an der Treppe* (9.5); *die Stadt von oben zu betrachten* (4.1).

(iii) *hüben und drüben* meaning *over here and over there*, is often used nowadays to refer to the two Germanies: *der Wortschatz, der hüben und drüben betroffen ist* (15.9).

(c) *gern(e)* means *gladly, willingly* and is most frequently used to express *liking*: *ich fahre unheimlich gern mit dem Zug* (7.9). The negative is also possible: *ich fahre unheimlich ungerne Auto* (7.9). Other possibilities include the use of *gern* with *möchte*; *eigentlich möchte Frau Blum den Milchmann gern kennenlernen* (9.5).

(d) *Interrogative Adverbs*
(i) *warum?: Warum auch?* (2.1)
(ii) *wie?* is an interrogative adjective meaning *how?*: *Holland in Norddeutschland? Wie das?* (6.1).
(iii) *wo?* is an interrogative adverb of place: *aber wo?* (6.1).

6 COMPARISON OF ADJECTIVES AND ADVERBS

(a) The usual way for adjectives and adverbs to form the *comparative* is similar to English, adding *-er* to the simple form, frequently adding an Umlaut in the case of monosyllabic adjectives – e.g. *lang/länger: Hinweise auf längere Staus* (7.1); *ein paar Monate später* (2.1).

(b) The *superlative* is formed by adding *-st* to the adjective or adverb, *(-est* after the final consonants *s, ß, x, z*). The superlative of adjectives normally appears preceded by the definite article, and the usual adjective endings are added: *aber auch des wichtigsten Verkehrsweges; mit dem längsten Straßentunnel der Welt* (5.1). The superlative of adverbs has the same form as that described for adjectives but it is preceded by *am* and not by the definite article: *am empfindlichsten gegen Säureangriffen sind Kalk und Sandstein* (8.5); *dann ist mir natürlich am besten* (7.9).

(c) The following adjectives and adverbs form irregular comparatives and superlatives:

bald	eher	am ehesten	*soon, sooner, soonest*
gern	lieber	am liebsten	*gladly, rather, best of all*
groß	größer	der größte	*big, bigger, biggest*
gut	besser	der beste	*good, better, best*
hoch	höher	der höchste	*high, higher, highest*
nah	näher	der nächste	*near, nearer, nearest/next*
viel	mehr	der meiste	*much, more, most*
wenig	weniger	der wenigste	*little, less, least*

Some examples of these in the texts are: *das, was ich am liebsten habe* (7.9); *am nächsten Dienstag* (3.2); *mehr und mehr kommen die Tickets aus dem MOFA-Terminal* (7.5); *je jünger die Kinder, desto besser die Entwicklungschancen; die besten messen ihre Kräfte* . . . (11.1).

(d) *Forms of Comparative Statement*

  (i) Expressing *equality*: *so* . . . *wie* or *ebenso* . . . *wie* are used, equivalent to English *as* . . . *as*: *so gut wie machtlos* (8.5): *ebenso erstaunlich wie amüsant* (5.5). Another possibility is *sowohl* . . . *als auch*: *sowohl was Häuser betrifft als auch Wohnungen* (6.4).

  (ii) Expressing *superiority*, equivalent to English comparative followed by *than*: *vom saueren Regen viel stärker betroffen als in England* (8.9); *unsere Wohnungen sind billiger als bei euch* (2.1). An older form of the language used *denn* in comparisons of this kind, and this is still sometimes found, for example in a fixed expression such as *mehr denn je* = *more than ever*, and in 4.1 *erscheint sie eher als städtebauliches Kunstwerk denn als Grenze*.

  (iii) *Inferiority* is expressed by *nicht* . . . *wie*.

  (iv) *Progression* is sometimes rendered as in English: *mehr und mehr* . . . (7.5), but more commonly by *immer* + comparative. Similar usage is found with *immer wieder* = *again and again*: *trotzdem wird immer wieder* . . . *geredet* (9.1).

  (v) *Proportion*, as in English *the more* . . . *the more* is rendered by *je mehr* . . . *desto mehr*: *je weiter man von München wegzieht, desto eher kann man sich ein Haus leisten* (6.9).

  (vi) After *sein*, the superlative may take either the form with the definite article or with *am*: *am empfindlichsten* . . . *sind* (8.5): *das liebste ist mir das Flugzeug* . . . *Dann ist mir natürlich am liebsten wenn* . . . (7.9).

(vii) The absolute superlative is used, not to imply a comparison with anything else, but to express the *highest degree* of what is being described: *bei mir ist immer nur die Frage, möglichst schnell am Ort anzukommen* (7.9). Similar usage is found with *äußerst*.

(viii) Note the following group of *adverbial superlatives*: *höchstens, meistens* = *at the most*; *wenigstens* = *at least*; *frühestens* = *at the earliest*; *spätestens* = *at the latest*: . . . *trafen sie sich wenigstens einmal im Jahr* (13.5); *sie nimmt meistens zwei Liter* (9.5).

7 THE PERSONAL PRONOUN

7.1 Forms

	Nom.	Acc.	Dat.
I	ich	mich	mir
you (familiar, sing.)	du	dich	dir
he	er	ihn	ihm
she	sie	sie	ihr
it	es	es	ihm
we	wir	uns	uns
you (familiar, plur.)	ihr	euch	euch
you (polite)	Sie	Sie	Ihnen
they	sie	sie	ihnen

7.2 Uses

(a) *Sie, du, ihr*

The familiar forms of the second person are used when addressing relatives, close friends, children and animals. *Sie* is the most normal form of address to strangers, adults and acquaintances. However, usage is variable and you will find more on this subject in text 15.1, and in the recorded conversation 15.9.

(b) *Some uses of es*

(See also Section 12.10 on impersonal verbs.)

(i) *es* is used to refer, in advance, to a following clause: *im Urlaub ist es eigentlich gut, wenn das relativ lange dauert* (7.9). Here, *es* refers to the whole meaning of the *wenn* clause.

(ii) *es* is used as a pronoun of general reference: *versuchen Sie es mit der Realschule* (10.1). In this case, *es* does not refer to any one object but to a whole idea – i.e., *try things out at the Realschule.*

(iii) *es* is used as a general all-purpose subject with *sein* and *werden*, just like *it* is English: *ich weiß nicht, wie es an anderen Schulen ist* (10.5).

(iv) There are a number of expressions, similar to impersonal expressions, where *es* stands for the following clause: *den Milchmann interessiert es nicht, in welchem Stock Frau Blum wohnt* (9.5).

(c) *Use of damit, darauf, etc.*

There are a group of prepositions which are followed by the 3rd person pronouns when people are referred to, but when the reference is to objects, a compound form *da* + preposition is more usual. For example, compare: *der Milchmann ist einer von denen, die ihre Pflicht tun* (9.5) with *mehr als die Hälfte davon auf klassischen Reiserouten* (7.1). Other examples are: *. . . setzt sich dazwischen zum Kaffee hin* (6.9); *nicht nur die Bauern sind dafür verantwortlich* (8.1); *dazu muß ich sprechen . . . muß ich selber daran arbeiten* (3.2). Further uses of these compound forms with a following clause *(dafür daß . . .)* are discussed in Section 12.16. Note the use of *daher* to mean *hence, therefore*: *die Häuser haben daher nur selten Keller* (6.1).

(d) *Reflexive Pronouns*

These have the same form as the personal pronouns except for the use of *sich* as the reflexive of the 2nd person polite form *Sie*, and the 3rd person forms *es, sie, er*. The reflexive pronoun used with a verb may be in the accusative or dative case; for example in *erschrocken drehen sich die beiden Offiziere um* (1.1) the reflexive pronoun *sich* is the direct object of *drehen*. But in *der Milchmann macht sich keine Gedanken* (9.5), the direct object of the verb is *keine Gedanken* so *sich* is now indirect object. Compare also the following examples: *wollen wir uns nichts vormachen . . . da denkt man sich* (10.5), both using reflexive pronouns as indirect object, and in *der Folge entwikkelten sich Ansätze . . . Frauenstudien beschäftigen sich mit Spuren . . .* (12.1), where *sich* is direct object. The word *einander* is a so-called reciprocal reflexive, meaning *one another*. It can be combined with a preceding preposition: *in der zwei Kontinente aneinander stoßen . . . wird der Ortsfremde die beiden Stadtteile nicht voneinander unterscheiden* (4.1).

8 MISCELLANEOUS ADJECTIVES AND PRONOUNS

8.1 Demonstrative Adjectives and Pronouns

(a) *der, die, das* with all the forms of the definite article may be used as a demonstrative adjective, if stressed.

(b) *der, die, das* as also used as demonstrative pronouns, especially when used as a stressed form of the personal pronoun: *solche schwachen Momente, die haben wir auch . . . wir hatten einen Lehrer, der war nicht beliebt* (10.5). *das* is widely used as a general neuter demonstrative pronoun: *das ist bestimmt noch nicht typisch . . . das hat dann solche Ausmaße genommen* (10.5).

(c) *dieser* and *jener* may be used as adjectives or pronouns: *dieses und vieles mehr . . . mit dem längsten Straßentunnel der Welt, jenem 16 Kilometer langen durch den Gotthard* (5.1); *wer diese Stadt besucht . . . dieses Wahrzeichen Wiens* (5.5); *jene Ausländer* (9.1).

(d) *derselbe, dieselbe, dasselbe* are used to mean *the same*: *es ist immer dasselbe* (2.1).

8.2 Interrogative Pronouns

(a) *Forms*

Nom.	wer? (who?)	was? (what?)
Acc.	wen?	was?
Gen.	wessen?	wessen? (more usually wovon?)
Dat.	wem?	–

(b) *Uses*

(i) In the nominative, *wer?* and *was?* are used like English *who?* and *what?*: *wer kann hier noch im Ernst behaupten . . . ? . . . was wäre unser Land?* (9.1).

(ii) When the interrogative pronoun referring to an object is used with a preposition, a compound question form is made with *wo* + preposition: *wofür das alles?* (8.1).

(iii) *was!* may be used as an exclamation of surprise.

(iv) *wer* may have the sense of *whoever, somebody who*, when followed by a clause: *wer dort gewinnt* (11.1); *wer von Hamburg aus in Richtung Norden die »Grüne Küstenstraße« befährt* (6.1); *wer aus dem Wald heraustritt* (6.5).

8.3   Interrogative Adjectives

(a) *Forms*

	Masculine	*Feminine*	*Neuter*	*Plural*
Nom.	welcher?	welche?	welches?	welche?
Acc.	welchen?	welche?	welches?	welche?
Gen.	welches?	welcher?	welches?	welcher?
Dat.	welchem?	welcher?	welchem?	welchen?

(b) The forms of *welcher?* are used like an adjective agreeing with a following noun. It is equivalent to English *which?* or *what?*

(c) A further form of interrogative adjective is *was für (ein)?* meaning *what sort of?*: *was für einen Streit es darüber in der Öffentlichkeit gibt* (3.1).

8.4   Relative Pronouns

(a) It is possible to use *welcher* (see 8.3 above) as a relative pronoun: *stehen blieben die Gesteinsmassen, welche die Lavaschlote umgaben* (6.5). More commonly, the following forms are used:

	Masculine	*Feminine*	*Neuter*	*Plural*
Nom.	der	die	das	die
Acc.	den	die	das	die
Gen.	dessen	deren	dessen	deren
Dat.	dem	der	dem	denen

(b) *Uses*

(i) The relative pronoun in English is *which* or *who* in a sentence such as *the man who owns the dog*, or *the ball which was lost*. The word to which the relative pronoun refers, in this case *man* or *dog*, is called the *antecedent*. In German it is important to remember that the relative pronoun agrees with its antecedent. For example: *der Offizier, der noch immer den Zettel in der Hand hält* (1.1). Here the relative pronoun *der* is singular, masculine because the antecedent is *der Offizier*. Having decided what the gender and number of the antecedent are, one must then decide what *function* the relative pronoun is performing in its clause. Is it the subject of the clause or the direct object? Or is it in the genitive or governed by a preposition? In the sentence already quoted, the relative pronoun *der* is in the nominative case because it is the *subject* of the verb *hält*, and therefore the subject of the relative clause. Note the following examples: *viele Pflanzen, die am Feldrand standen* (8.1) – plural, subject of *standen*; *in einer Dienstwohnung, zu deren Eingang man durch einen Friedhof gehen mußte* (13.5) – feminine, singular, dative after *zu und meint, die Politik zu kennen, die die Geschichte ändert* (14.2) – feminine, object of *ändert*. The relative pronoun can often be omitted in English, but *never* in German.

(ii) When the antecedent is *alles, etwas, nichts, vieles* or *das*, the relative pronoun is *was; eine Sammelname für das, was die Chemieindustrie Pflanzenschutzmittel nennt* (8.1). *was* is also the relative pronoun if it is intended to refer to the *whole of the preceding clause*, and not just to a single word: *darum muß ich wissen, was es kostet, was für einen Streit es darüber in der Öffentlichkeit gibt* (3.2); *Sabine arbeitet in der evangelischen »Jungen Gemeinde«, »was mir unheimlich Spaß macht«.* (2.1).

(iii) Where there is a preposition in the relative clause and the antecedent is an *object* or *general idea*, it is possible to use a compound form *wo* + preposition as the relative pronoun: *Versuchsergebnisse in den USA, wonach nur klare Routenbeschreibungen befolgt werden* (7.1); *das ist es, worauf die Münchener am stolzesten sind* (6.5).

(iv) The forms *wo, wohin, woher* may all appear as relative pronouns, used like English *where* in similar cases: . . . *auch in die Nordsee, wo sie dazu beitragen, Tiere zu vergiften* (8.1).

(vi) For the use of *wer* as relative pronouns see Section 8.2 (b) (iv).

8.5 Further Miscellaneous Adjectives and Pronouns

(a) *alles, alle*

alles = everything is the most usual form to be found in the singular: it may also be found inflected in certain expressions: *vor allem in Staatsbürgerkunde* (2.1); *und über allem schwebt der Duft von Rosenstöcken* (6.1). Usually, when English *all* needs to be translated into the singular in German, *ganz* is most frequently used: *verteilt sich der Zuzug nicht gleichmäßig auf das ganze Land* (9.1). When *alles* is followed by an adjective, the adjective has a capital letter: *alles Gute*. *alle* in the plural means *everybody*, or translates English *all*: . . . *daß die DDR-Bürger alle versuchen, nach West-deutschland zu kommen* (2.5). *alle* is inflected in the dative and genitive cases as will be seen from the following examples: *nicht nur bei mir sondern bei allen* (10.5); *auf fast allen Gebieten* (12.5); *alle* is followed by weak adjectival endings: *auch alle möglichen Sportarten* (11.9). In the plural there is the uninflected form *all*, followed by the definite article or by a demonstrative adjective: *zwischen all diesen Rechtecken* (4.1).

(b) *anders*

anders means *else* in the combinations *niemand anders* and *wer anders?* It can be used to mean *different* or *differently*: *jeder anders gebuckelt* (6.5). As an adjective *anders* loses the final *-s* and takes adjectival endings: *am andern Tag* (9.5). *der hat Schüler vorgezogen, andere ungerecht behandelt* (10.5). *Note that* ander- is always written with a *small letter* even when, as in the last example, it is an adjectival noun.

(c) *sonst*

sonst is commonly used with the meaning *else, otherwise*: *und sonst Tennis hab ich gespielt* (11.9); *Menschen, die sonst in ihrem Blechgehäuse isoliert sind* (7.1).

(d) *beide*

When preceded by the definite article, *beide* is inflected like any other adjective, and means *two*: *die beiden Männer* (1.1). Used without the article *beide* means *both*, either as an adjective or as a pronoun: *Schreiben Sie Ihre Reden selbst oder lassen Sie die von anderen schreiben? Beides* (3.2). *zwischen beiden Statteilen* (4.1).

(e) *einer, eine, eines* are used as pronouns to mean *one, anyone, someone*: *der Milchman ist einer von denen* . . . (9.5); *und nur einer ist angekommen* (10.5); *eines ist klar* (13.1).

(f) *ein paar*, meaning *a few* remains uninflected: *deshalb hat er wohl auch im Rechnen ein paar Schwierigkeiten* (10.1).

(g) *einiges* can occur in the singular, meaning *a few things*: *es stimmt schon so einiges drum herum* (6.9). It most frequently appears as *einige* in the plural, either standing alone as a pronoun meaning *some, a few*: *einige prahlen sogar später mit ihren Staurekorden* (7.1), or as an adjective with a following noun: *einige markante Denkmäler* (5.5). *Note that* adjectives following *einige* take the strong endings.

(h) *etwas* is indeclinable. In conversation it is often shortened to *was: man lernt auch was dazu* (11.9). *etwas* is used in the following ways:

(i) to mean *something, anything*: Händel wollte weder mit der deutschen Musikerzunft noch mit den Frauen etwas zu tun haben (13.5);

(ii) to mean *a little* when followed by an adjective: *nach etwas mehr als drei Grundschuljahren* (10.1);

(iii) to mean *something* when followed by an adjectival noun, which then takes strong endings: *etwas Schlechtes*;

(i) *irgend* is an indefinite adverb which can be used as follows: *irgend jemand* = *somebody or other*; *irgend etwas* = *something or other*: *wenn irgend etwas in der Nähe ist* (8.9); *irgendwie* = *somehow or other*: *irgendwie finde ich das feige* (2.1); *irgendwo* = *somewhere or other*; *für mich ist es eigentlich schöner, als irgendwo in der Gegend herumzuziehen* (7.9).

(j) *jeder* is declined like *dieser* and means *each, every*. It may be an adjective or a pronoun: . . . *wird jeder Lehrer erst mal nach den Ursachen fragen* (10.5); *für jeden Beruf* (14.3); *jeder von ihnen hat neue Hosen* (1.1); *jeder bekommt einen Arbeitsplatz* (2.1).

(k) *jemand* and *niemand* are used just like their English equivalents *somebody, nobody*. It is quite usual in modern German for them to be used uninflected, though the inflected forms are also used: *wenn jemand die Politik zum Beruf machen will* (3.2); . . . *bevor sie jemandem das du anbieten* (15.4); *aber niemand kennt den Milchmann* (9.5).

(l) *kein* is declined like *ein* in the singular and like *diese* in the plural: *heute keine Butter mehr* (9.5); *der Uwe ist kein schlechter Schüler* (10.1); *die haben gar keine Angst* (2.1).

(m) *man* is the equivalent to English *one* in a general sense: *man zeigt, daß man dazugehört* = *one shows that one belongs* (7.1). Another way of translating *man* might be *people*, or *you*, or else the use of the Passive Voice in English: *1137 begann man mit einem römischen Bau* = *in 1137 a romanesque building was begun* (5.5). When *man* is used in cases other than the nominative, it takes the forms of *ein*: *das betrifft einen nicht* = *that doesn't affect one* (2.5).

(n) *mancher* is declined like *dieser* and means *many a*: *manches DDR-Wort* (15.9).

(o) *nichts* is invariable: *aus dem Handelszentrum wurde nichts* (6.1). An adjectival noun after *nichts* takes strong endings: *nichts Gutes*.

(p) *solcher* = *such (a)* is declined like *dieser*, and may be used in singular or plural: *solche schwachen Momente* (10.5); *solches biederes Musikantentreiben* (13.5).

(q) *so* combines with *etwas (was)* to mean *such a thing, something like that*: *eine Phase, wo sie so was machen* (11.9), *so* is frequently used with *viel* or with a following adjective as an intensifier: *sie treiben das so weit* (8.9). *so* may be used as an adverb to mean *in such a way*: *so verschwinden die althergebrachten Schalterhallen* (7.5); *so können wir uns ungefähr ein Bild von euch machen* (2.1).

(r) *viel, wenig*

    (i) *viel* and *wenig* may be used as pronouns meaning *much* and *little*. They are often uninflected, but the forms *vieles; weniges* are also used: *dieses und vieles mehr . . . die Zentralschweiz bietet viel* (5.1). The inflected form may be used when referring to a number of things all connected together, and could be translated *a lot of things*.

    (ii) *viel; wenig* may be followed by a noun in the singular or plural. In the plural the forms are *viele; wenige* in the nominative/accusative, and *vielen; wenigen* in the dative. As stated above, the singular forms are usually uninflected though there is one exception: *vielen Dank*. Note the following examples of singular and plural use: *wie nur wenige Jugendliche in der DDR* (2.1); *erst wenige Jahre nach seinem Tod* (14.3); *ähnliches gilt von vielen anderen Branchen* (9.1).

    (iii) *viel; wenig* may be used in the singular or plural with a following adjective or noun. In this case the adjective takes strong endings.

    (iv) *viel* may be used to intensify an adjective in the comparative: *ein viel größeres Problem* (14.3).

    (v) Compound forms of *viel* and *wenig* may be written as one or two words, *so viel/soviel; so wenig/sowenig*. In general, the rules are as follows: with *so* they are written as one word in certain set phrases: *soviel ich weiß*. They are written as two words if *so* is an adverb intensifying an adjective: *wir haben so viel Zeit*. With *zu* they are written as one word if the stress falls on *viel* or *wenig*: *ich finde das zuviel*. They are written as two words if *viel* is inflected: *zu viele Sachen*. They are also written as two words if the stress falls on *zu*: *Sie haben wirklich zu wenig gemacht*. With *wie, wiewenig* is always written as one word; *wieviel* is one word but *wie viele* is two.

9 NUMERALS

9.1 Cardinal Numerals – Forms

0	null	11	elf
1	eins	12	zwölf
2	zwei	13	dreizehn
3	drei	14	vierzehn
4	vier	15	fünfzehn
5	fünf	16	sechzehn
6	sechs	17	siebzehn
7	sieben	18	achtzehn
8	acht	19	neunzehn
9	neun	20	zwanzig
10	zehn	21	einund- zwanzig

22	zweiundzwanzig
23	dreiundzwanzig
30	dreißig
40	vierzig
50	fünfzig
60	sechzig
70	siebzig
80	achtzig
90	neunzig
100	hundert *or* einhundert
101	hunderteins

102	hundertzwei
103	hundertdrei
121	hunderteinundzwanzig
200	zweihundert
1000	tausend
1001	tausendundeins

2000	zweitausend
1 000 000	eine Million
2 000 000	zwei Millionen

3 234 756
drei Millionen
zweihundertvierunddreißigtausendsiebenhundertsechsund-
fünfzig.

1989 neunzehnhundertneunundachtzig.

9.2 Some Notes on the Use of Cardinal Numbers

(a) *eins* is used with final -*s* when counting, but loses this *s* in compound numerals – e.g., *einundzwanzig*. When used with a noun it is declined like the indefinite article. When used with *Uhr*, *ein* is never inflected: *kurz nach ein Uhr*.

(b) *zwei* sometimes occurs as *zwo*, particularly when giving telephone numbers, and when there might be some confusion with *drei*.

(c) Cardinal numbers have a form ending *-er* to denote decades: *die amerikanische Jugend der sechziger Jahre* (14.1). Note that this form is *invariable*. It is also used when denoting value, for example when buying postage stamps you could say either: *zwei sechziger Briefmarken*, or *zwei Briefmarken zu sechzig*.

(d) *Million* is used *only as a noun* and takes plural endings: *etwa 4, 5 Millionen Ausländer* (9.1). *hundert* and *tausend* may also be used as nouns, as in *Tausende von Besuchern* (13.1), and they are then written with a capital letter. Otherwise they are adjectives with a small letter: *in der seit gestern tausend Jahre vergangen sind* (4.1).

(e) Cardinal numbers may be qualified by *etwa, rund, ungefähr* (all meaning *approximately*); *über = over*, and *knapp = barely*: *etwa 2000 Tonnen Pestizidwirkstoffe* (8.1); *rund 140 Kinder* (11.1); *über ein Dutzend lieblicher Seen* (5.1).

(f) In *decimals*, German follows the normal continental usage of a comma for the decimal point: *4,5 Millionen* (9.1). This would be spoken: *vierkommafünf Millionen*. In writing thousands, it is usual to leave a space between the thousands and the noughts (400 000). In writing numerals out in full, only millions are written as a separate word. Even long numerals are written as a single word (see Example in Section 9.1 above).

(g) *Age* is expressed in a number of ways: *im Alter von 9 oder 10 Jahren* (10.1); *die ältesten sind gerade fünf Jahre (alt)* (11.1); *Sabine wird im Juli sechzehn (Jahre alt)* (2.1); *ich bin fast 50 Jahre alt geworden* (3.2); *bestimmt schon an die Siebzig* (1.1).

9.3   Ordinal Numerals

The ordinal numerals are formed by adding *-te* to cardinals from 2 to 19, and *-est* to cardinals from 20 upwards. The following are the only variations: *der erste = the first*; *der dritte = the third*; *der siebente = the 7th*; *der achte = the 8th*. Ordinals take the usual adjectival endings: *der Fahrer schaltet vom zweiten Gang in den ersten* (1.1).

9.4   Fractions

(a) *Hälfte* means *half* when used as a noun: *mehr als die Hälfte davon* (7.1). Linked to another numeral the form is *eineinhalb*

$(1\frac{1}{2})$; *zweieinhalb* $(2\frac{1}{2})$, etc. *halb* can be linked with an adjective, as in text 6.5: *der letzte halbvermoorte Rest.*

(b) The other fractions are all formed by adding *l* to the final *-te* of the ordinals. They are all *neuter nouns* – e.g., *das Viertel; das Achtel.*

9.5 Uses of *mal* and *Mal*

(a) *mal* is compounded with cardinal numerals to make *once, twice,* etc; *das habe ich schon einmal gesehen* (6.1). *Note also erstmals; erreichte die Frauenbewegung erstmals Frauen . . .* (12.1).

(b) *Mal* is written as a separate word with a capital letter to mean *time, occasion*: *ein drittes Mal* (4.1).

9.6 Other Uses of Numerals

(a) *Dates* are expressed as follows: *elfhundertsiebenunddreißig (1137) begann man mit einem römischen Bau* (5.5). Note that the English preposition *in* does not need to be translated with dates.

(b) *Telephone numbers* are usually given in pairs of numerals: *94 32 86 = vierundneunzig zwounddreißig sechsundachtzig.*

(c) *Prices* are expressed thus: *12,85DM = zwölf Mark fünfundachtzig (Pfennig).*

10 PARTICLES

Particles are the little words, such as *denn, doch, mal, ja, aber,* which occur very frequently, particularly in the spoken language, and give spoken German much of its flavour. The use of such particles is difficult for foreigners, and it is not always easy to explain their force and meaning in a sentence. Listen to the dialogues on tape and study the texts of the dialogues, so as to understand the particles when used in context. The following list of particles is arranged alphabetically and attempts to give an explanation of the main uses, with examples taken from the texts of the book in most cases.

(a) *aber*

  (i) Used to give emphasis: *das ist aber gut = that is good*!

(ii) Used with the sense of *but: however: das ist richtig, aber manchmal . . .* (10.5).

(b) *allerdings* can be used to agree with a statement made by another person, or to concede a point (compare English use of *though; mind you*): *oft hängt es allerdings von der persönlichen Wertung ab* (11.5); *wer allerdings Wien kennenlernen will* (5.5).

(c) *auch*

(i) Used with its main sense: *also; too: die wird auch im Fernsehen übertragen* (3.2).

(ii) Used with *oder* to mean *or else: oder auch, wenn man einkaufen geht* (6.9).

(d) *denn*

(See Section 13.1 (a) for use as a conjunction; for use in comparisons see Section 6 (d) 2.) Inserted into a question, *denn* makes the question less abrupt, or expresses an interest: *Ist denn der Uwe ein Versuchskaninchen?* (10.1).

(e) *doch*

(i) Means *yet; nevertheless: doch wir zahlen für Gärten . . .* (8.1).

(ii) Used with the meaning *after all; all the same; despite everything: vielleicht doch lieber zum Gymnasium* (10.1).

(iii) Used to *intensify* a statement: *Mensch, du weißt doch.*

(iv) Used to *contradict* a negative statement or question: *warst du noch nie in Deutschland? – Doch!*

(f) *eben*

Can be used to *explain* something: *mein Traum war's eben* (10.5); *gibt's aber auch eben überall die Plätze* (11.9).

(g) *eigentlich*

Used with the meaning *actually: das Lernen dürfte ihm eigentlich nicht schwer fallen* (10.1). It is also used to soften the force of a question: *Wo kommen Sie eigentlich her?*

(h) *einmal, mal*

For uses of *einmal = once* see Section 9.5. In colloquial use the shorter form *mal* is often used with the following meanings:

(i) With an *imperative*, corresponding to English *just: mach du das mal klar mit der Schule!* (10.1)

(ii) In other positions, *just* may again be the nearest English equivalent: *ob dieses Mädchen mal eine Turnerin . . . werden könnte* (10.1).

(iii) Other idiomatic uses include expressions of *time*: . . . *wird jeder Lehrer erst mal nach den Ursachen fragen* (10.5).

(j) *etwa*

(i) Means *approximately, about*: *um etwa eine halbe Million abgenommen* (9.1). It also has this meaning when used with dates: *seit etwa 1972*.

(ii) Has the meaning *for example*: *Sandstein etwa besteht aus Körnchen* (8.5).

(k) *ja* has, of course, *yes* as its first meaning. Used in other positions it can express a wide range of feelings, including *surprise* and *indignation*: *die ganze Diskussion geht noch weiter, es geht ja in die Friedensbewegung* (8.9). *ja* expresses also *certainty, conviction*: *wenn es vorkommt – es kann ja vorkommen* (9.5); *denn das Festival soll ja die eigenen künstlerischen Erfahrungen bereichern* (13.1).

(l) *nämlich* can be used just like English *namely*, but idiomatically has the meaning *you see*: *man lernt nämlich so viele Leute kennen* (7.3); *denn ich lebe nämlich gern in Dortmund* (6.9).

(m) *noch*

(i) Means *still, yet*: *da war der Schuldkomplex noch viel zu groß* (2.3).

(ii) *noch* may have the meaning of *more, further*: *die ganze Diskussion geht noch weiter* (8.9).

(iii) *noch nicht* = *not yet*: *Kinder sind noch nicht weit genug entwickelt* (10.5).

(iv) *immer noch* or *noch immer* is an emphatic form of *noch*: *noch immer schmettern die Startenöre ihr hohes C* (5.5).

(n) *nun*

(i) it is used to mean *now* but not with such a definite sense as *jetzt*. Compare: *Darum muß Weizäcker nun wirklich gehen* (3.2), and *ich meine was jetzt die DDR da gewinnt* (2.5).

(ii) *nun* can also mean *well, now* in a conversational sense: *nun also, was machen wir jetzt*.

(o) *schon*

(i) The main meaning is *already*: *bestimmt schon an die Siebzig* (1.1).

(ii) Can act as a *reinforcement* to a statement: *ich glaube schon* (8.9). *eigentlich schon* (2.1).
(iii) Gives a persuasive note to a question: *was heißt das schon im vierten Schuljahr?* (10.1).

(p) *überhaupt* used with a negative means *not at all*: *Anfahrtswege mag ich überhaupt nicht* (7.9).
(q) *wirklich* means *really, truly*: *. . . ist das Niveau in Wien wirklich hoch* (13.1).
(r) *wohl* means *admittedly, certainly*: *deshalb hat er wohl auch im Rechnen ein paar Schwierigkeiten* (10.1).

11 EXPRESSING TIME

11.1 Time o'clock

Note examples from text 3.2:
(a) *Punkt 17.30.* This could be expressed as follows: *siebzehn Uhr dreißig: fünf Uhr dreißig; halb sechs.*
(b) *erst nach 21 Uhr.* This could be expressed *erst nach einundzwanzig Uhr,* or *erst nach neun Uhr abends.* The 24 hour clock is more widely used than in Britain, particularly for travel timetables, concert performances, etc.

11.2 Dates

(a) For years, see the section on numerals. For day of the month, see text 14.1. *geboren am zweiten Juli . . . erst wenige Jahre nach seinem Tod – am neunten August.* It is normal practice to put a *full stop* after the numeral when writing the date: *geboren am 2. Juli.* At the head of a letter the date is written : *den 2. Juli;* or *2. Juli.*
(b) *heute, gestern, morgen*
  (i) *heute* means *today*: *heute keine Butter mehr* (9.5) or *nowadays*: *bleibt heute kein Stein mehr verschont* (8.5). *heute* can be combined with other parts of the day – e.g., *heute vormittag* (3.2).
  (ii) *gestern* means *yesterday*: *in der seit gestern tausend Jahre vergangen sind* (4.1). It can also be combined with other parts of the day – e.g., *gestern abend.*
  (iii) *morgen* means *tomorrow*: *heute Spartakiade-Sieger – morgen Olympia-Teilnehmer* (11.1). Note the use of

morgen früh = *tomorrow morning*: *morgen in der Frühe* = early tomorrow morning.

11.3 Expressing Duration, Definite Time, etc.

(a) *Duration of time* is expressed in the accusative case, often with *lang* added to the end of the phrase: *der 30 Jahre lang . . . eingeschrieben war* (10.9); *jeweils 2 Stunden lang* (11.1).

(b) *Definite time* is also expressed in the accusative: *jeden Tag* (3.2). With days of the week, either the accusative may be used *(nächsten Sonntag)*, or a phrase with *am: am nächsten Sonntag* (3.2).

(c) *Indefinite Time* and *repeated actions* are expressed in the genitive case: *eines nicht allzu fernen Tages* (15.9). It is the genitive of repeated action that accounts for the final *-s* in *morgens: der Milchmann kommt morgens um halb vier* (9.5). In the same text are examples of days of the week used with this sense of repetition: *täglich, sonntags und werktags*.

(d) *ago; before; after*

(i) *ago* is expressed by *vor* followed by the dative: *vor exakt 300 Jahren* (13.5).

(ii) *before* may be a preposition *(vor)*, adverb *(vorher)* or conjunction *(bevor)*. Note the following examples of these uses: *Punkt 17.30 stehen sie vor dem Tor* (3.2). *Die vorher im Boden versunkene Donau* (6.5). *Bevor ich die Politik zu meinem Beruf gemacht habe* (3.2).

(iii) *after* also has three possible forms. *nach* is a preposition: *erst nach 21 Uhr* (3.2); *nachher* could be translated *previously*, and hence *nachdem* must be used with a clause – e.g., *nachdem ich aufgestanden bin*.

(e) *erst*

(i) Meaning *firstly*: *wird jeder Lehrer erst mal nach den Ursachen fragen* (10.2).

(ii) Meaning *not until*: *erst nach 21 Uhr* (3.2).

(iii) Meaning *not more than*: *Kinder, die erst vier Jahre die Schule besucht haben* (10.1).

(f) Use of *an, in, um, zu* in *time phrases*

(i) *an* is used with days of the week and dates: *am nächsten Sonntag* (3.2); *am 2. Juli* (14.1). It is also used with *day* itself:

am andern Tag (9.5); *400 000 Fahrzeuge am Tag* (7.1), and with the various periods of the day and week: *am Abend; am Morgen; am Nachmittag; am Wochenende* (3.2).

(ii) *in* is used with *Augenblick, Stunde, Woche, Jahr* and with months, years, seasons: *zweimal in der Woche . . . einmal im Monat* (11.1); *im Jahr 1971* (12.1). *in* can be used as in English to refer to the coming end of a period of time: *in fünf Minuten* (3.2).

(iii) *um* is used mainly to indicate time o'clock: *man sollte um vier aufstehen* (9.5), but can also be used with a date to mean *approximately*.

(iv) *zu* is used with certain festivals: *zu Weihnachten*, and is particularly used with *Zeit: da gibt es zur Zeit viel Krach* (3.2). This may also be written as one word: *zurzeit*.

(g) *Translating 'for'*

(i) When talking of a period of time *already completed in the past*, or which *will take place in the future*, use the accusative as described in Section 11.3(a); *dennoch blieb er seinen Lebtag lang Diener* (13.5).

(ii) If talking of a period of time which began in the past, but the effects of which are still continuing, use *seit: die eben seit 20 Jahren studiert haben* (10.9). In such an expression, it is more normal to use the present tense – i.e., to say *I have been studying for 3 years* = *ich studiere seit 3 Jahren*.

(iii) *Looking forward to the future*, für: *kommen Sie für einige Tage nach Wien*.

(h) *Omission of preposition*
No preposition is used with *Anfang; Mitte; Ende: Anfang März; Mitte Januar; Ende August*.

12 THE VERB

12.1 Conjugation of the Auxiliary Verbs *haben, sein, werden*
(a) *haben* – to have

Indicative	*Subjunctive*
	Present Tense
ich habe	*Subjunctive cont.*
du hast	ich habe
er/sie/es hat	du habest

Indicative cont.	*Subjunctive cont.*
wir haben	er/sie/es habe
ihr habt	wir haben
Sie haben	ihr habet
sie haben	Sie haben
	sie haben

Imperfect Tense

ich hatte	ich hätte
du hattest	du hättest
er/sie/es hatte	er/sie/es hätte
wir hatten	wir hätten
ihr hattet	ihr hättet
Sie hatten	Sie hätten
sie hatten	sie hätten

Perfect Tense

ich habe gehabt (etc.)   ich habe gehabt (etc.)

Pluperfect Tense

ich hatte gehabt (etc.)   ich hätte gehabt (etc.)

Future Tense

ich werde haben	ich werde haben
du wirst haben	du werdest haben
er/sie/es wird haben	er/sie/es werdet haben
wir werden haben	wir werden haben
ihr werdet haben	ihr werdet haben
Sie werden haben	Sie werden haben
sie werden haben	sie werden haben

Future Perfect Tense

ich werde gehabt haben (etc.) ich werde gehabt haben (etc.)

Conditional	*Conditional Perfect*
ich würde haben	ich würde gehabt haben OR
du würdest haben	ich hätte gehabt
er/sie/es würde haben	*Imperative*
wir würden haben	hab(e)! haben Sie! habt!
ihr würdet haben	*Participles*
Sie würden haben	*Past*: gehabt
sie würden haben	*Present*: habend

(b) *sein – to be*   *werden – to become*

Indicative	*Subjunctive*	*Indicative*	*Subjunctive*

Present (sein) / Present (werden)

Indicative	*Subjunctive*	*Indicative*	*Subjunctive*
ich bin	ich sei	ich werde	ich werde
du bist	du seist	du wirst	du werdest
er ist	er sei	er wird	er werde
wir sind	wir seien	wir werden	wir werden
ihr seid	ihr seiet	ihr werdet	ihr werdet
Sie sind	Sie seien	Sie werden	Sie werden
sie sind	sie seien	sie werden	sie werden

Imperfect (sein) / Imperfect (werden)

Indicative	*Subjunctive*	*Indicative*	*Subjunctive*
ich war	ich wäre	ich wurde	ich würde
du warst	du wärest	du wurdest	du würdest
er war	er wäre	er wurde	er würde
wir waren	wir wären	wir wurden	wir würden
ihr wart	ihr wär(e)t	ihr wurdet	ihr würdet
Sie waren	Sie wären	Sie wurden	Sie würden
sie waren	sie wären	sie wurden	sie würden

Perfect / Perfect

ich bin gewesen	ich sei gewesen	ich bin/sei geworden

Pluperfect / Pluperfect

ich war gewesen	ich wäre gewesen	ich war/wäre geworden

Future / Future

ich werde sein	ich werde sein	ich werde werden

Future Perfect / Future Perfect

ich werde gewesen sein (etc.)	ich werde geworden sein

Conditional / Conditional

ich würde sein	ich würde werden

Conditional Perfect

ich würde gewesen sein

Conditional Perfect

ich würde geworden sein

Imperative

sei! seien Sie! seid!

Imperative

werde! werden Sie! werdet!

Participles

Present: seiend (rarely used)
Past: gewesen

Participles

werdend
geworden

12.2 Conjugation of Weak Verbs

Weak verbs are those which form the Imperfect by adding *-te* to the stem, and have a past participle ending in *-t* – e.g. *holen; holte; geholt* – to fetch.

	Indicative	*Subjunctive*	*Passive*
Present	ich hole	ich hole	ich werde geholt
	du holst	du holest	du wirst geholt
	er holt	er hole	er wird geholt
	wir holen	wir holen	wir werden geholt
	ihr holt	ihr holet	ihr werdet geholt
	Sie holen	Sie holen	Sie werden geholt
	sie holen	sie holen	sie werden geholt
Imperfect	ich holte	ich holte	ich wurde geholt
	du holtest	du holtest	du wurdest geholt
	er holte	er holte	er wurde geholt
	wir holten	wir holten	wir wurden geholt
	ihr holtet	ihr holtet	ihr wurdet geholt
	Sie holten	Sie holten	Sie wurden geholt
	sie holten	sie holten	sie wurden geholt
Perfect	ich habe geholt	ich habe geholt	ich bin geholt worden
Pluperfect	ich hatte geholt	ich hätte geholt	ich war geholt worden
Future	ich werde holen	ich werde holen	ich werde geholt werden

Future Perf	ich werde geholt haben	ich werde geholt worden sein
Conditional	ich würde holen	ich würde geholt werden
Cond Perfect	ich würde geholt haben	ich würde geholt worden sein

Imperative	hole!
	holen Sie!
	holt!

Participles	*Present*: holend
	Past: geholt

12.3 Conjugation of Strong Verbs

Strong verbs change the vowel of the stem in the Imperfect and sometimes also in the Past Participle.

tragen – to carry

Present Indicative	*Present Subjunctive*
ich trage	ich trage
du trägst	du tragest
er trägt	er trage
wir tragen	wir tragen
ihr traget	ihr traget
Sie tragen	Sie tragen
sie tragen	sie tragen

For compound tenses and Passive Voice compare with the verbs already given in 12.1 and 12.2 – e.g., *ich habe getragen; ich werde getragen*, etc.
Imperative: *trag(e)!; tragen Sie!; tragt!*
Participles: *tragend; getragen.*

12.4 Conjugation of Mixed Verbs

A small number of verbs have the weak endings *-te* for the Imperfect and *-t* for the Past Participle, but change the vowel in the Imperfect like a strong verb: *brennen; brannte; gebrannt.*

12.5 Notes on Verb Forms

(a) *Stem ends in sibilant*

In this case, the 2nd person singular of the Present Tense adds only *-t: schließen – du schließt; lesen – du liest; waschen – du wäscht.*

(b) *Stem ends in d or t*

In this case the stem is always followed by e inserted before the ending: reden – du redest, er redet; wir haben geredet.

(c) *Vowel changes in the Present Tense of Strong Verbs*

In the 2nd and 3rd persons singular of the Present Indicative, strong verbs show the following vowel changes.

long *e* changes to *ie: lesen; ich lese, du liest, er liest*
short *e* changes to *i: helfen; ich helfe, du hilfst, er hilft*
a changes to *ä: waschen; ich wasche, du wäscht, er wäscht*
au changes to *äu: laufen; ich laufe, du läufst, er läuft*
o changes to *ö: stoßen; ich stoße, du stößt, er stößt.*

Note the following common exceptions to the above rules: *gehen; du gehst, er geht: kommen, du kommst, er kommt: stehen; du stehst, er steht.*

(d) *Forms of the Imperative*

(i) The 2nd person singular *(du)* adds *e* to the stem to form the Imperative, but this *e* is optional and is often dropped in both spoken and written German. The ending is *never* added to the stem of strong verbs which change *e* of the stem to *ie* or *i: nehmen – nimm!; sprechen – sprich!.* It is not usual to use the pronoun *du* in the Imperative, though this is sometimes used colloquially or for emphasis: *mach du das mal klar mit der Schule* (10.1).

(ii) The 2nd person polite form *Sie* has the same forms as the Present Tense but with subject and verb inverted: *setzten Sie sich dafür ein . . .* (8.1). The pronoun *Sie* is always included.

(iii) The Imperative of the 2nd person plural *ihr* has the same form as the Present Tense, with the pronoun omitted: *laßt mich bloß zufrieden!* (10.5).

(iv) The inverted form of the 1st person plural *wir* is a form of the Imperative equivalent to English *let us: wollen wir uns nichts vormachen = let us not have any illusions* (10.5).

(e) *Verbs with no ge- in the Past Participle*

(i) Verbs with inseparable prefixes: *besuchen – besucht: verwenden – verwendet.*

(ii) Foreign loan verbs ending in *-ieren: trainieren – trainiert.*

12.6 Use of the Auxiliaries *haben* and *sein*

(a) The following verbs are conjugated with *haben* when they form the Perfect, Pluperfect and other compound tenses:
  (i) All verbs taking a direct object (transitive verbs): *ich habe einen schweren Start gehabt* (10.5).
  (ii) All reflexive verbs: *ich habe mich aktiv an solchen Sachen beteiligt* (8.9).
  (iii) Most impersonal verbs: *es hat geregnet.*
  (iv) Intransitive verbs not included in the categories listed in (b) below: *wir haben Böll nicht an der Schule gemacht* (14.3).

(b) A number of verbs are conjugated with *sein* in the compound tenses:
  (i) Verbs of motion: *viele Leute, die mit dem Rad überall hingefahren sind* (8.9).
  (ii) The following groups of verbs: *begegnen* – *to meet*; *gelingen* – *to succeed*; *bleiben* – *to remain*; *sein* – *to be*.

A full list of verbs taking *sein* as auxiliary is included in the list of strong verbs below.

12.7 Principal Parts of Strong Verbs

Infinitive	3rd Sing.	Imperfect	Past Participle	Meaning
backen	bäckt	backte,buk	gebacken	to bake
befehlen	befiehlt	befahl	befohlen	to command
beginnen	beginnt	begann	begonnen	to begin
beißen	beißt	biß	gebissen	to bite
biegen	biegt	bog	ist gebogen	to bend
bieten	bietet	bot	geboten	to offer
binden	bindet	band	gebunden	to tie
bitten	bittet	bat	gebeten	to ask
bleiben	bleibt	blieb	ist geblieben	to stay
braten	brät	briet	gebraten	to roast, fry
brechen	bricht	brach	gebrochen	to break
brennen	brennt	brannte	gebrannt	to burn
bringen	bringt	brachte	gebracht	to bring
denken	denkt	dachte	gedacht	to think
dürfen	darf	durfte	gedurft	to be allowed
essen	ißt	aß	gegessen	to eat
fahren	fährt	fuhr	ist gefahren	to travel
fallen	fällt	fiel	ist gefallen	to fall
fangen	fängt	fing	gefangen	to catch
finden	findet	fand	gefunden	to find
fliegen	fliegt	flog	ist geflogen	to fly
fliehen	flieht	floh	ist geflohen	to flee
fließen	fließt	floß	ist geflossen	to flow
frieren	friert	fror	hat gefroren	to be cold
			ist gefroren	to freeze over
geben	gibt	gab	gegeben	to give

gehen	geht	ging	ist gegangen	to go
gelingen	gelingt	gelang	ist gelungen	to succeed
genießen	genießt	genoß	genossen	to enjoy
geschehen	geschieht	geschah	ist geschehen	to happen
gewinnen	gewinnt	gewann	gewonnen	to win
gießen	gießt	goß	gegossen	to pour
gleichen	gleicht	glich	geglichen	to resemble
gleiten	gleitet	glitt	ist geglitten	to slide
greifen	greift	griff	gegriffen	to seize
haben	hat	hatte	gehabt	to have
halten	hält	hielt	gehalten	to hold
heben	hebt	hob	gehoben	to raise
heißen	heißt	hieß	geheißen	to be called
helfen	hilft	half	geholfen	to help
kennen	kennt	kannte	gekannt	to know
klingen	klingt	klang	geklungen	to sound
kommen	kommt	kam	ist gekommen	to come
können	kann	konnte	gekonnt	to be able
kriechen	kriecht	kroch	ist gekrochen	to crawl
laden	lädt	lud	geladen	to load
lassen	läßt	ließ	gelassen	to leave
laufen	läuft	lief	ist gelaufen	to run
leiden	leidet	litt	gelitten	to suffer
leihen	leiht	lieh	geliehen	to lend
lesen	liest	las	gelesen	to read
liegen	liegt	lag	gelegen	to lie
meiden	meidet	mied	gemieden	to avoid
messen	mißt	maß	gemessen	to measure
mögen	mag	mochte	gemocht	to like
müssen	muß	mußte	gemußt	to have to
nehmen	nimmt	nahm	genommen	to take
nennen	nennt	nannte	genannt	to name
pfeifen	pfeift	pfiff	gepfiffen	to whistle
raten	rät	riet	geraten	to advise
reiben	reibt	rieb	gerieben	to rub
reißen	reißt	riß	gerissen	to tear
reiten	reitet	ritt	ist geritten	to ride
rennen	rennt	rannte	ist gerannt	to run
riechen	riecht	roch	gerochen	to smell
ringen	ringt	rang	gerungen	to wrestle
rufen	ruft	rief	gerufen	to call
scheiden	scheidet	schied	geschieden	to separate
scheinen	scheint	schien	geschienen	to shine
schieben	schiebt	schob	geschoben	to push
schießen	schießt	schoß	geschossen	to shoot
schlafen	schläft	schlief	geschlafen	to sleep
schlagen	schlägt	schlug	geschlagen	to strike
schließen	schließt	schloß	geschlossen	to close
schneiden	schneidet	schnitt	geschnitten	to cut
schreiben	schreibt	schrieb	geschrieben	to write
schreien	schreit	schrie	geschrien	to shout
schreiten	schreitet	schritt	ist geschritten	to stride
schweigen	schweigt	schwieg	geschwiegen	to be silent
schwimmen	schwimmt	schwamm	ist geschwommen	to swim
sehen	sieht	sah	gesehen	to see
sein	ist	war	ist gewesen	to be
senden	sendet	sandte	gesandt	to send

singen	singt	sang	gesungen	to sing
sinken	sinkt	sank	ist gesunken	to sink
sitzen	sitzt	saß	gesessen	to sit
sollen	sollt	sollte	gesollt	to be obliged
sprechen	spricht	sprach	gesprochen	to speak
springen	springt	sprang	ist gesprungen	to jump
stehen	steht	stand	gestanden	to stand
steigen	steigt	stieg	ist gestiegen	to climb
sterben	stirbt	starb	ist gestorben	to die
tragen	trägt	trug	getragen	to carry
treffen	trifft	traf	getroffen	to meet
treiben	treibt	trieb	getrieben	to pursue an activity
treten	tritt	trat	ist getreten	to step
trinken	trinkt	trank	getrunken	to drink
tun	tut	tat	getan	to do
vergessen	vergißt	vergaß	vergessen	to forget
verlieren	verliert	verlor	verloren	to lose
wachsen	wächst	wuchs	ist gewachsen	to grow
waschen	wäscht	wusch	gewaschen	to wash
weisen	weist	wies	gewiesen	to point
werden	wird	wurde	ist geworden	to become
werden	wirft	warf	geworfen	to throw
wissen	weiß	wußte	gewußt	to know
wollen	will	wollte	gewollt	to want
ziehen	zieht	zog	gezogen	to pull
zwingen	zwingt	zwang	gezwungen	to force

12.8 Use of Tenses

(a) *Present Tense*

(i) There is no equivalent in German to the continuous form of the Present Tense. Therefore, *ich stehe* may be rendered in English as *I stand* or *I am standing*.

(ii) The Present Tense can be used to add a little drama to a narrative which is concerned with a past event. For example, text 3.2: *Der Bus fährt auf der Autobahn ... drinnen sitzen 26 Schüler*, etc.

(iii) The Present Tense is widely used instead of the Future Tense; for example, in text 13.1, some of the verbs are in the Future, and others in the Present, although they are both talking abut future events: *das Theater zeigt die polnische Aufführung ...*

(b) *Future Tense*

As just stated above, the Future may often be replaced by the Present. The Future is formed by using the auxiliary verb *werden* + Infinitive at the end of the clause: *das Ergebnis wird ebenso erstaunlich wie amüsant sein* (5.5).

(c) *Imperfect Tense*

The Imperfect has two clearly defined uses:

(i) The Imperfect is the standard past tense of German narrative prose, equivalent to the English Past Definite: *1621 wurde die Stadt gegründet, Herzog Friedrich schaffte hier eine Zuflucht . . .* etc. (6.1).

(ii) The Imperfect is used to describe a habitual or repeated action in the past, equivalent to English *used to . . .* :*als wir in den Jahren der Hochonjunktur um jeden Ausländer froh waren, der zu uns kam. Sie wurden am Bahnhof mit Blasmusik empfangen*, etc. (9.1).

(d) *Perfect Tense*

(i) The Perfect is the standard past tense of German conversation and of letter-writing. This means, that in speech, the Perfect expresses the English Past Definite, for which the Imperfect is used in written narrative: *Probleme hat er geklärt, wie ein Vater . . . der hat gewußt . . . das hat dann solche Ausmaße genommen* (10.5).

(ii) The Perfect is also used, in speech and in writing, to record events which took place in the past but whose influence is still felt in the present. This is the same usage as the English Perfect Tense: *ich habe mich aktiv an solchen Sachen beteiligt* = *I have taken an active part in such things* (8.9); *das habe ich schon einmal gesehen* = *I have already seen that before* (6.1).

(e) *Passive Voice*

The Passive is formed in English by the auxiliary verb *to be* + Past Participle. The active sentence *my father reads the book* can be expressed in the Passive as *the book is read by my father*. The tenses of the Passive are then formed by varying the tenses of the auxiliary verb, *has been read; will be read*, etc.

The Passive in German is formed by the auxiliary **werden** + Past Participle at the end of the clause. (See Section 12.1 for the full conjugation.) As in English, it is the auxiliary verb which then changes to show changes of tense. The agent, expressed in English with *by* is usually rendered by **von** (see paragraph (v) below). Note the following examples of the various tenses:

(i) *Present Passive*: *die beiden werden ins Haus gebeten* = *they are asked into the house* (1.1); *in der Schule wird sehr viel Schlechtes über euch erzählt* (2.1).

(ii) *Imperfect Passive*: ... *wurde die Schillerstraße gesperrt* = *the street was closed* (2.1).

(iii) *Perfect Passive*. In this construction the Past Participle of werden loses its *ge-*: *Gleichberechtigung der Geschlechter ist nicht nur als verfassungsrechtlicher Programm- satz ... verstanden worden* = *equal opportunities for both sexes have not only been seen as a paragraph in the constitution* (12.5)

(iv) *The Passive Infinitive* can be used like the Indicative Infinitive. For example, after a Modal Verb: *die nur durch Einsicht in diese Fehlentwicklung wiedergutgemacht wer- den kann* (14.3).

(v) As stated earlier, the agent of the Passive verb is usually expressed with *von*. There are occasions, however, when *durch* is used. The difference is that *von* usually indicates a more direct agent. Compare: *nachts vom Scheinwerferlicht angestrahlt* (4.1) and *die durch tönige und kalkige Bestandteile zusam- mengehalten werden* (8.5).

(vi) German frequently uses the Passive in ways which need a different form of expression in English. For example, in text 9.1, a statement such as *über die Ausländer wird oft geklagt* would be rendered in English by *there is a good deal of complaint about the foreigners*. A similar English expression would be used for ... *wird immer wieder geredet*, and *häufig wird ... gesprochen*.

(vii) In other cases, German may prefer a direct statement in the Active Voice where English makes use of a Passive. This can usually be achieved by using a construction with *man*. In the conversation recorded at 2.5, Gabi says: *man hat eigentlich von der Zeit nichts gehört*, for which one might say in English: *nothing was heard about that time*.

(viii) *The Passive of State*. It has been explained that the usual form of the Passive is *werden* + Past Participle. There is also a form of the Passive formed with *sein* + Past Participle which describes an *existing state* rather than a process or action. In text 7.1 compare the process described by *Zigaretten und Cola wurden von Wagen zu Wagen gereicht*, and *Menschen, die sonst in ihrem Blechgehäuse isoliert sind*. A further pair of examples from the same text: *diese Umleitungsschilder wer- den viel zu wenig beachtet*; and *Hinweise ... sind immer mit Umleitungsempfehlungen gekoppelt*.

(f) *Pluperfect Tense*

The Pluperfect is formed in English by *had* + Past Participle. In

296

German the Imperfect of the auxiliary *sein* or *haben* is used:
weil er stark schwefelhaftige Steinkohle verwendet hatte
(8.5); *bis zum Ende des vergangenen Jahres hatte die
MOFA-Zeitalter bereits in 520 Bahnhöfen begonnen* (7.5).

12.9 Separable and Inseparable Prefixes

(a) The inseparable prefixes are *be-, emp-, ent-, er-, ge-, miß-,
wider-, ver-, zer-*. None of these prefixes exists in the language
separately from the verbs to which they are joined. The inseparable prefixes are always *unstressed*. The Past Participles of
inseparable verbs do not begin *ge-*. You will find many example
of inseparable verbs in the texts. See in particular 10.1.
(b) The following prefixes may be separable or inseparable and
differ in stress accordingly: *über-, unter-, durch-, voll-, wieder,
wider-, hinter-*. As a general rule it can be said that these
prefixes are *separable* when the verb retains its original, physical
sense – e.g., *übersetzen* – *to carry over*; and *inseparable* when
the verb has a more figurative meaning: *übersetzen* – *to translate*.
(c) Separable prefixes are any not mentioned in (a) and (b) above.
Most separable prefixes exist as words in their own right, usually
prepositions such as *auf, aus, mit* etc. The separable prefix
always carries the *main stress* of the verb. Note the following use
of separable verbs:

  (i) In a main clause the prefix comes at the end of the clause:
*Stalins Angebot für ein Deutschland nach der Niederlage
fliegt ihrem Ziel entgegen* (1.1); *wir fangen am besten gleich
mit dem Gespräch an* (3.2).
  (ii) In a subordinate clause, where the verb is placed at the end
of the clause, the verb joins up again with its prefix: *. . . bis zu
dem Augenblick, da das Flugzeug in seinem Schatten aufsetzt* (4.1)l *wer aus dem Wald heraustritt* (6.5).
(iii) When used as a Past Participle, *ge* is inserted between the
prefix and the verb: *der hat Schüler vorgezogen . . . und hat
Kümmernisse der Kinder als Lappalien abgetan* (10.5).
(iv) Where the Infinitive is used with *zu*, the usage is as follows:
Frauen versuchen ihre Isolation aufzuheben (12.1).

12.10 Impersonal Verbs and Expressions

Impersonal expressions include the following:

(a) Phrases about the weather: *es regnete.*

(b) Miscellaneous expressions, for example the use of *es geht: weiter geht's vorbei* . . . (5.5); *obwohl wir alle Möglichkeiten der Großstadt haben, geht's bei uns nicht hektisch zu* (6.9). *Note also*: *es tut mir leid = I am sorry*; *es freut mich = I am pleased.*

(c) There are many examples of expressions with the impersonal *es*, where this pronoun anticipates a following clause which is the real subject of the sentence: *im Urlaub, ist es eigentlich gut, wenn das relativ lange dauert* (7.9). It is also often the case, as in English, that *es* may stand for a following noun which it anticipates: *es ist die erste Begegnung der DDR-Mädchen* (2.1).

(d) *there is* may be translated in two possible ways:

 (i) *es gibt,* followed by the accusative, is used to make *general statements*: *gibt es da später nicht Probleme?* (2.1); *da gibt es ein Feier* (3.2), *einen Grund . . . gibt es nicht* (9.1). It can be used in other tenses: *es wird keinen Konkurrenzkampf geben* (13.1).

 (ii) *es ist/es sind* usually describe a situation in *more specific terms* than the more general *es gibt*: *insgesamt sind es in diesem Sommer 130* (7.1).

(e) Impersonal expressions may occur in the Passive Voice, possibly with omission of *es: trotzdem wird immer wieder . . . geredet . . . an die Vergangenheit sei gar nicht erinnert* (9.1).

12.11 Modal Verbs

(a) *Forms*
There are six Modal auxiliary verbs, used mainly together with the Infinitive of another verb. The forms of the Modals are as follows:

Infinitive	Present Tense	Meaning of 1st person
können	ich kann, du kannst, er kann wir können, ihr könnt Sie können. sie können	I can; I am able
dürfen	ich darf, du darfst, er darf wir dürfen, ihr dürft Sie dürfen, sie dürfen	I may; I am allowed

mögen	ich mag, du magst, er mag	I like
	wir mögen, ihr mögt	
	Sie mögen, sie mögen	
müssen	ich muß, du mußt, er muß	I must; I have to
	wir müssen, ihr müßt	
	Sie müssen, sie müssen	
sollen	ich soll, du sollst, er soll	I am to
	wir sollen, ihr sollt	
	Sie sollen, sie sollen	
wollen	ich will, du willst, er will	I want to
	wir wollen, ihr wollt	
	Sie wollen, sie wollen	

(b) *Uses*

Modal verbs are almost always used with a dependent Infinitive without *zu*. Note the following examples of the uses of Modal verbs.

(i) *können* is equivalent to the English *can/am able* in its various tenses (*could, was able, will be able*, etc.): *da können sie mir nichts* (2.1); *die Insekten, die nur im Schatten dieser Kräuter leben konnten* (8.1). The Imperfect Subjunctive form *könnte* is used with the sense of *would be able, could*: *der Milchmann könnte ihr böse sein . . . könnte schlecht denken von ihr* (9.5). This form of the verb is also used to express a polite request: *könnten Sie mir bitte sagen . . .* ?

(ii) *dürfen* expresses the idea of *being allowed to*: *jene Landschaft, welche für sich wohl beanspruchen darf . . . (5.1); ich darf keine Frau heiraten* (14.3). When used in the negative, *dürfen* has more the sense of *must not*: *ich darf nicht bleiben.* Note the negative use in text 10.1: *das Lernen dürfte ihm nicht besonders schwer fallen = learning ought not to be too difficult for him.* Note the difference between *darf nicht* and *muß nicht.* In 7.7, for example, you will find *man muß nicht auf dem Platz sitzen bleiben,* meaning, *one does not have to remain seated. Expressed as man darf nicht sitzen bleiben* it would mean *one must not remain seated.*

(iii) *mögen* in the Present Tense has the sense of *liking* also expressed by *gern haben.* Compare, in 7.9: *Anfahrtswege mag ich überhaupt nicht . . . da fahr ich gern Bus . . .* A very frequent use of *mögen* is the Imperfect Subjunctive to mean *would like*: *eigentlich möchte Frau Blum den Milchmann kennenlernen* (9.5).

(iv) *müssen* expresses *obligation*, as in *must; have to*: *er muß der kommenden Generation auf den Weg helfen* (10.5); *sie müssen doch alle Gesetze unterschreiben* (3.2).

(v) *sollen*. It is not always easy to make a clear distinction between *sollen* and *müssen* in the Present Tense. *sollen* has more the force of *should* as opposed to *must*. Compare: *ich soll dort eine kleine Ansprache halten . . . darum muß ich wissen, um welches Ziel es geht . . . da muß also jemand nachforschen* (3.2). In the Imperfect Subjunctive, *sollte* has the force of *ought to*: *dann sollte er nicht gleich in die Politik gehen* (3.2); *und sollten Sie keinesfalls versäumen . . .* = *you really ought on no account to miss . . .* (15.1).

(vi) *wollen* expresses *want to . . .* : *warum ich Lehrerin werden wollte?* (10.5). In the Present Tense, the 1st person plural can be used to make a proposal: *wollen wir uns nichts vormachen* = *let us not fool ourselves* (10.5). In the same way you might say: *wollen wir nicht ins Kino gehen*?

(vii) As will be seen from all the examples, Modal verbs have a dependent Infinitive which goes to the end of the main clause. The Modal can also be used with a Passive Infinitive: *daß Substanzen . . . nicht mehr angewendet werden dürfen* = *should no longer be used* (8.1).

(viii) The Infinitive of the Modal verb is used with *um . . . zu* in the following way: *um gegen den Wind landen zu können* (4.1).

(ix) When used in the Perfect Tense, Modal verbs have the Infinitive form instead of the Past Participle, thus giving the effect of two Infinitives coming together: *er hat heute nicht kommen können*. Note the same construction in the Conditional Perfect, as in the following examples from text 14.3: *wenn er nicht hätte schreiben können* = *if he had not been able to write*: *was hätte er tun sollen?* = *what ought he to have done?*; *er hätte sich sagen müssen* = *he should have said to himself*.

(x) There are constructions where the dependent Infinitive of the Modal is the Past Infinitive: *es gibt bestimmte Richtlinien, was man letzlich belegt haben muß und gehört haben muß und gelernt haben muß* = *. . . must have learned*, etc.

12.12 Use of the Infinitive

(a) *Verbal nouns*. Written with a capital letter, the Infinitive acts as a neuter noun, which may often be translated by the English gerundive ending in *-ing*: *das Lernen dürfte ihm nicht be-*

sonders schwer fallen = *learning should not be too difficult for him* (10.1).

(b) *Infinitive* used without *zu*. The Infinitive is used as directly dependent on another verb, without an intervening *zu*, in the following cases:

(i) After Modal verbs, as described in 12.11 above.

(ii) After the verbs of perception *sehen, hören, fühlen; ich sehe ihn kommen*.

(iii) After *lassen*, meaning *to let, to allow* and also *to have something done*: *schreiben Sie Ihre Reden selbst, oder lassen Sie die von anderen schreiben* – . . . *do you have them written by others* (3.2); *die angrenzende Apotheke . . . läßt ahnen* . . . (6.1). *lassen* can be used reflexively: . . . *die sich mit Hilfe der Pestizide aufheben lassen* = *which can be* (i.e., *allow themselves to be) removed with the help of pesticides* (8.1). In the Perfect Tense, *lassen* forms a construction like a Modal verb: *sie hat sich die Haare schneiden lassen* = *she had her hair cut*.

(iv) After *gehen: wir müssen möglichst bald arbeiten gehen*.

(c) *Infinitive used with zu*. In most cases not mentioned above, the Infinitive is preceded by *zu*:

(i) After verbs other than those listed above: . . . *daß DDR-Bürger alle versuchen, nach Westdeutschland zu kommen* (2.5); *Wolfgang Böcher glaubt, den Grund zu kennen* (7.1). Where there is a Modal construction with a dependent Infinitive as explained above, *zu precedes* the Modal Infinitive. For example, *errichten können* = *to be able to establish*. Used with a construction requiring *zu*, it becomes: *in der Hoffnung ein Handelszentrum errichten zu können*(6.1).

(ii) Where the Infinitive phrase is the *complement of sein: Uwes Mutter ist nicht zu beneiden . . . ihr Hauptargument ist kaum zu widerlegen* (10.1).

(iii) After *um (um . . . zu* = *in order to)* and *ohne (ohne . . . zu* = *without): . . . um sich beraten zu lassen* (10.1); *um Straftaten zu verüben* (9.1). Note that in this construction, and in other constructions where *zu* occurs with a separable verb, *zu* is inserted *between* the separable prefix and the verb: *um ihn kennenzulernen* (9.5); *ohne Nachteile in Kauf zu nehmen* (9.1); *ohne . . . was hinter die Ohren zu kriegen* (15.1).

12.13 Participles

(a) *Present Participle*
This is formed by adding *-d* to the Infinitive. The main use of the Present Participle is as an adjective: *das aus dem Westen einfliegende Flugzeug . . . das sie teilende Bauwerk* (4.1). Such an adjective may also be used where appropriate as an adjectival noun: *ein Reisender* (4.1). The verbal use of the Present Participle is not at all as common as the English form in *-ing*, but does occur, for example in text 4.1: *zunächst in östlicher Richtung fliegend . . . jetzt aus dem Osten kommend.*

(b) *Past Participle*
(i) Occurs frequently as an adjective: *die hohe, abgemagerte Gestalt* (1.1); *der Hegau ist ein geheiligtes Land . . . die vorher im Boden versunkene Donau* (6.5).
(ii) It occurs in participial expressions: *kühn und herrlich geformt . . . jeder anders gebuckelt und gedrechselt* (6.5); *gleiten gehockt auf ihren Schlittschuhen* (11.1).
(iii) The Past Participle is, of course, widely used in a number of compound tenses such as the Perfect, Pluperfect, etc., as described in Section 12.8.

12.14 The Subjunctive

The forms of the Subjunctive are given with the verb tables in Sections 12.1; 12.2; 12.3. The Subjunctive is always *regular* in formation. Traditionally, the purpose of the Subjunctive has been to express doubt or uncertainty, as opposed to the certainty of the Indicative mood. Increasingly, in modern German, there is a tendency to avoid the Subjunctive, particularly in the spoken language. The Present Subjunctive in particular is felt to be affected in speech, and its form, in any case, often coincides with the Indicative. Similarly the form of the Imperfect Subjunctive of weak verbs is the same as the Imperfect Indicative, so that if a Subjunctive flavour is required it may be conveyed by the use of Modal verbs as described below. The main uses to note are as follows:

(a) *Conditional Sentences*
Conditional sentences are usually formed by using *wenn* = *if* to state the condition:

(i) In the Present Tense, there may be no real doubt involved, so the Indicative is quite normal: *wenn ich natürlich öffentlich sage, DDR ist Scheiße, dann holen sie mich* (2.1).
(ii) *was würden wir im Hotelgewerbe machen, wenn wir keine Ausländer hätten* (9.1). This is a regular sequence of tenses for forming conditional statements. The *wenn* clause is expressed in the Imperfect Subjunctive, and the main clause in the Conditional *(würde* + Infinitive). Another possibility is for both clauses to be phrased in the Conditional: *würde man ihn nach ihr fragen, würde er sagen* . . . (9.5). Note that it is not always necessary for the full condition to be stated for the Conditional to be used: *weil da viele Sachen sind, wo ich nicht hinterstehen würde* = . . . *which I would not support* (8.9). The full form of the conditional of *sein (würde* . . . *sein)* is often replaced by the Imperfect Subjunctive form *wäre: das wäre das beste* = *that would be best*; (7.9); *sieben wäre schon zu spät* = *seven would be too late* (11.1).
(iii) It is possible to express conditions by omitting *wenn* and inverting verb and subject: *gäbe es keine Ausländer, wären wir ein sterbendes Land* (9.1).
(iv) The Conditional Perfect is formed by the Imperfect Subjunctive of the auxiliary verb + Past Participle; *was wäre aus Dürrenmatt geworden?* = *what would have become of Dürrenmatt?* (14.3). When such a condition is expressed, the main clause is also in the Conditional Perfect: *was wäre geschehen, wenn er gekommen wäre.* The situation becomes more complicated where a Modal verb occurs in the construction. To express the English sentence *what would have become of Dürrenmatt if he had not written the book*, German would say: *was wäre aus Dürrenmatt geworden, wenn er das Buch nicht geschrieben hätte.* Add a Modal verb (. . . *if he had not been able to write the book*) and it becomes: *wenn er das Buch nicht hätte schreiben können.* In text 14.3 you will find the full sentence: *was wäre aus Dürrenmatt geworden, wenn er nicht hätte malen oder schreiben können* (= *if he had not been able to paint or write*). Note that, where two Infinitive forms come together in this way, almost always in Modal constructions, the normal rules for word order in subordinate clauses do not apply, and the auxiliary verb moves to a position where it *immediately precedes* the two Infinitives.
(b) *as if* may be translated *als ob* or *als wenn* with the following verb usually in the Subjunctive: *als ob es sich um siegreiche Fußballspieler handelte* (9.1). It is possible for the sense of *as if*

to be rendered simply by *als* if the Subjunctive follows: *als hätten sie Karies* = *as if they had caries* (8.5).

(c) *damit* introduces a subordinate clause meaning *in order that* . . . Such clauses will often be found in the Indicative *damit man sie nicht gleich für Sowjets hält* (1.1). But in more formal style, or if there is a sense of doubt, the Subjunctive is used.

(d) Certain expressions which imply a *negative* or *sense of doubt* may be followed by a Subjunctive: *es ist ein Fehlschluß zu glauben, daß das Du . . . exklusiv zu alternativen Zirkeln gehöre* (15.1); *auch möchte sie nicht, daß er mit ihrer Nachbarin ins Gespräch käme* (9.5).

(e) For particular uses of the Subjunctive of Modals *(möchte; könnte; sollte,* etc.) see Section 12.11.

(f) *Subjunctive of Indirect Speech*
Indirect statements such as *he said that . . . ; he explained that . . .* should, technically be followed by the Subjunctive; *das weissagt, er werde seinen Vater töten* (14.3). Here again, conversational usage often prefers the Indicative. Indirect questions are usually formed with a clause introduced by *ob*, as in *er fragt, ob . . .* or where a question is implied, as in: *es gab Diskussionen darüber, ob man die Sprachdifferenzen bereits als Sprachspaltung bezeichnen könne* = . . . *whether one might describe . . .* (15.9).

(g) There is a use of the Subjunctive which expresses a *wish* or *exhortation*: *an die Vergangenheit sei gar nicht erinnert* (9.1).

12.15 Verbs Followed by the Dative

(a) There are numbers of verbs which take a direct and an indirect object, for example *geben; schicken; bieten.* Here the indirect object will be in the dative case: *und bot den Staugeplagten eine farbig markierte Ausweichstrecke* (7.1); *und berechneten sie mir gleichwohl* (9.5). In text 1.1 the dative in the sentence *eine Frau öffnet ihnen* is explained by the fact that the direct object *(die Tür)* is not expressed. In the case of Reflexive Verbs, the Reflexive Pronoun is in the dative case if the verb also has a direct object: *er macht sich keine Gedanken* (9.5).

(b) There are a number of other verbs which are followed by the dative case, of which the most common are: *begegnen; danken; dienen; entsprechen; fehlen; gefallen; gehören; glauben; helfen; raten; vertrauen; widersprechen.* Note the following examples of these, and of some less common verbs, from the texts: *er muß der kommenden Generation auf den Weg helfen* (10.5); *Bach entstammte einer Musikerfamilie . . . der den Italienern vormachte, wie man italienisch studiert* (13.5); *vor allem das Buch »Siddartha« gefiel den Blumenkindern* (14.1); *alte Hasen wissen, wie man dem Kolonnen-Kollaps entkommt* (7.1); *dennoch kann man ihnen vertrauen* (7.1); *deshalb raten wir Ihnen* (8.1); *wahrscheinlich fehlt ihnen oft Geld* (9.5).

12.16   Verbs Followed by Prepositional Constructions

Many verbs are used in close conjunction with a particular prepositional construction: *die Wirte klagen nicht **über** die Ausländer* (9.1); *handelte es sich damals **um** lokal begrenzte Gefahren* (8.5); *ein Jahr lang haben wir **auf** diesen Tag gewartet* (3.2). Such constructions are straightforward when there is a noun directly dependent on the preposition, as in the examples just given. But when these verbs are followed by a *clause*, the structure has to incorporate the preposition. For example, *sich einsetzen für* means *to take up a cause*, and you might say *setzten Sie sich für die Friedensbewegung ein*. In text 8.1 you will find the use of this verb with a following clause: *setzten Sie sich dafür ein, daß im öffentlichen Grün keine Pestizide mehr angewendet werden.* Compare: *über alle Unterschiede*, and *besteht wohl allgemeine Konsens darüber, daß die deutsche Sprache weitgehend unberührt geblieben ist* (15.9).

13   CONJUNCTIONS

13.1   Co-ordinating Conjunctions

aber; und; denn; sondern
These conjunctions are followed by the *normal word order* – that is to say they link two main clauses, or introduce a main clause: *aber ich habe als Kind mich schon für Politik interessiert* (3.2); *nur schnell hinein, denn die Zeit ist knapp* (3.2); *nicht nur bei mir, sondern bei allen* (10.5). Note that *sondern* occurs only *after a negative*; *in allen handelt es sich nicht um Geschichten, sondern sie sind im Grunde Monologe* (14.1).

13.2 Subordinating Conjunctions

(for *daß* see Section 15.2(b))
Subordinating conjunctions send the verb to the end of the clause they govern.

(a) *Conjunctions of Time*
nachdem; wie; sobald; bevor; ehe; seitdem; seit; bis; als; da; wenn; während. Note the following points:
  (i) *When* is expressed *als* when it refers to a *single event* in the past: *als die Jumbos kamen* (14.3); *als wir um jeden Ausländer froh waren* (9.1). When the event refers to a *habitual action*, either in the past or the present (= *whenever*), the word used is *wenn: und wenn es vorkommt* . . . (9.5). *wenn wir aber merken, daß so etwas ein Lehrer intensiv betreibt* (10.5). Note that the question form is *wann?* in direct or indirect questions: *das beste ist, wann ich nicht weiß, wie ich ankomme und wann ich ankomme* (7.9).
  (ii) *until* is rendered by *bis: wir warten eben, bis die ersten paar Ferientage vorbei sind* (7.9); *er studierte erst Rechtswissenschaften, bis ihn das blühende Geschäft mit der Musik . . . nach London führte.* (13.5).
  (iii) *since* may be *seitdem* or *seit.*
  (iv) Other examples from the above list of conjunctions of time: *wie* expresses *as; when: wie ich aufgewachsen bin* (2.5). *bevor ich die Politik zu meinem Beruf gemacht habe* (3.2); *während rechts genügend große Lücken freibleiben* (7.1); *nachdem wir die englische und amerikanische Kultur geradezu aufgesogen haben* (9.1).

(b) *Conjunctions of Place*
wo; wohin; woher. Also such combinations as *worauf; worin* etc: *da weiß keiner, wie und wo er weitergeht* . ., *Böcher verweist auf Versuchsergebnisse in den USA, wonach nur klare Routenbeschreibungen befolgt werden* (7.1); *das ist es, worauf die Münchener am stolzesten sind* (6.9).

(c) *Conjunctions of Manner and Degree*
wie; als ob; for example: *ich weiß nicht, wie es an anderen Schulen ist* (10.2). Note also the use of *wie* in exclamations: *und wie der neulich seine Kettenschaltung am Fahrrad repariert hat!* = *and just look at the way he recently repaired the gears on his bike!* (10.1).

(d) *Causal Conjunctions*
da; weil are similar in meaning: *weil man nicht weiterkommt*

(10.5) *weil die Engländer sich mehr an die Geschwindig-keitsbegrenzung halten* (7.9).

(e) *Consecutive Conjunctions*
so daß = *with the result that: so daß sich der Deutsche in Ost und der Deutsche in West . . , gar nicht mehr verstehen würden* (15.9).

14 PREPOSITIONS

14.1 Prepositions Taking the Dative

aus; außer; bei; mit; nach; von; zu; seit; gegenüber

(a) The first meaning of *aus* is *out of: mehr und mehr kommen die Tickets aus dem MOFA-Terminal* (7.5). It can also be used to mean *from* when referring to a place: *Schüler aus einer westdeutschen Kleinstadt* (2.1); *26 Schüler aus der Klasse 8a* (3.2). It can mean made *from* when used with a material – e.g., *aus Holz* – and it is used with a number of verbs, *dieses aus den Kantonen . . . bestehende Land* (5.1); *Sandstein etwa besteht aus Körnchen* (8.5).

(b) *bei* is used to mean *at the house of, at home: bei mir* = *at home* (7.3); *die Wohnungen sind billiger als bei euch* (2.1). It is used in a number of expressions – e.g., *bei der Arbeit* = *at work* (1.1); *bei jüngeren Leuten* = *among younger people* (2.5). It can be used to indicate a not very exact position: *bei Geisel-wind* = *in the general area of Geiselwind* (7.1); *in Montagnola bei Lugano* (14.1); *beim Städtchen Aach* (6.5). It is used with shops and shopping centres: *informieren Sie sich bei Verbraucherzentralen* (8.5). It is used also to refer to collections of people: *bei den Grünen* (15.1); *beim Menschen* (14.3); *bei den Muslims* (9.1). It is frequently used in expressions referring to the weather; *bei schönem Wetter* (4.1). The combination *beim* = *bei dem* is found with verbal and other nouns to indicate *duration: beim Passieren der historischen Backsteinhäuserfronten* = *as you go past . . .* (6.1); *schon beim banalsten Einkaufsbummel* (15.1).

(c) *nach* can mean *after: erst wenige Jahre nach seinem Tod* (14.1). When used with the names of towns and countries, it means *to: wenn ich zurück nach Deutschland fahre* (7.9); *die ganze Welt wird nach Wien kommen* (13.1). It is also used with this sense in the expression *nach Hause: brachte immer ein gutes Zeugnis nach Hause* (10.1). Another meaning of *nach* is *according to*: *nach holländischem Vorbild angelegt* (6.1); *nach Ansicht der marxistischen Klassiker* (12.5).

(d) *zu* is used to mean *to* in a large number of expressions: *Sabine ging immer gern zur Schule* (10.1); *sondern nur zu uns kommen . . .* (9.1). There are numerous other idiomatic expressions, for example: *zu Hause* = *at home*; *zu Fuß* = *on foot* (1.1); *zu Beginn* (13.5); *zu Ende* (7.5); *zum Beispiel* (2.5); *zum Teil* (8.5). It is used in expressions of time such as *zur Zeit* (3.2). The verb *gehören* is sometimes used with a dative; sometimes it is followed by *zu*: *so gehören sie schon zu unserem Deutschland* (2.5).

(e) *von* translates most of the English uses of *from*: *von den sanften Hügeln* (5.1); *15 Kilometer von der Innenstadt* (5.5). It may also frequently render *of*: *zum Platzen voll von Urgeschichte* (6.5). A further sense of *von* is *about*: *trotzdem wird immer wieder von der Ausländer-Feindlichkeit der Deutschen geredet* (9.1). See also the paragraph relating to the use of *von* to indicate the agent with the Passive Voice (Section 12.8(e)(v).

(f) *mit* is used to mean *with*: *mit seiner älteren Schwester* (10.1). It is used with all forms of transport: *mit der Bahn; mit dem Auto*. Note also the expression: *mit anderen Worten* = *in other words* (5.5).

(g) *außer* means *apart from*: *außer diesen rein musikalischen Auftreten* (13.1).

14.2 Prepositions Taking the Accusative

bis; durch; für; gegen; ohne; wider; um

(a) *bis* can mean *until* or *as far as*: *von der Gründung der Bundesrepublik bis etwa 1972* (15.6). The force of *bis* may be extended by using it in the combination *bis nach* or *bis zu*: *von der Musik bis zum Wein* (5.5). *bis zu* can be used with a numeral to mean *as many as*: *in der, bis zu sieben verschiedene Glaubensgemeinschaften leben konnten* (6.1). When used in this way with *nach* or *zu*, of course, the dative follows and not the accusative as with simple *bis*.

(b) *durch* may be used as the preposition governing the agent of a Passive construction (see Section 12.8). Otherwise *durch* is used with the meaning *through*: *rennt man nicht durch die Straßen* (2.5).

(c) *gegen* = *against*: *gegen diesen Totalangriff* (8.5).

(d) *ohne* = *without*: *Gärtnern ohne Gift* (8.1). For *ohne . . . zu* + Infinitive see Section 12.12(c)(iii).

(e) *für* = *for*: *für Nahverkehrs-Fahrkarten* (7.5).

(f) For the use of *um* in expressions of time, see Section 11.3(f). *um* also means *around*: *die Mietshäuser, die um einen Innenhof herumgebaut sind* (4.1). The sense of *around* may, by extension, lead to the meaning *about; concerning*: *die Debatte um Hausarbeitslohn* (12.1). When used with the verb *abnehmen* = *to reduce*, the numeral which follows is preceded by *um; die Bevölkerung hat ohnedies um etwa eine halbe Million Menschen abgenommen* = . . . *decreased by about half a million people* (9.1). There are a number of verbs which form constructions with *um*. Note: *als wir um jeden Ausländer froh waren* (9.1); *handelte es sich damals um lokal begrenzte Gefahren* . . . (8.5); *darum muß ich wissen, um welches Ziel es geht* (3.2). Note also *bitten um* = *to ask for*.

14.3 Prepositions Taking the Dative or Accusative

The following prepositions take the *dative* when they refer to a fixed position, and the *accusative* when they indicate some sort of motion, or in some figurative uses: *in; an; auf; über; unter; vor; hinter; neben; zwischen.*

(a) *auf* = *on*, for example (dative): *auf der Holzbank* (1.1); (accusative): *der Mann schaut auf den Zettel . . . deutet auf ein Haus* (1.1). *auf* is used with languages: *auf deutsch* = in German (15.1), and forms constructions with a number of verbs. In such constructions *auf* is followed by the *accusative* case: *ein Jahr lang haben sie auf diesen Tag gewartet* (3.2); *Böcher verweist auf Versuchsergebnisse* (7.1); *verzichten Sie auf exotische Kulturen* (8.1). Note the combination *auf . . . zu*, as in *sie gehen weiter, auf das weiße Haus zu* = *towards the white house* (1.1).

(b) *an* can also mean *on*, the difference being that *auf* means *on top of*, whereas *an* means *on the side of*. Compare: *das Haus oben am Berghang* (1.1), and *auf der Holzbank* (1.1). *an* also means *at* in phrases such as *wir setzten uns an den großen Tisch* (3.2). It is the most usual preposition to use for attendance at an institution: *das Studium an der Universität* (10.9); *ich weiß nicht, wie es an anderen Schulen ist* (10.5). *an* is used with days of the week, *am Sonntag*. Note the construction *an . . . vorbei* as in: *die Fahrt führt am Rathaus vorbei* = *the journey goes past the Town Hall* (5.6).

(c) *unter* may mean *under*: *unterm Hohenstoffel*; (6.5); *in einem Alter unter 40* (9.1). Its most common other meaning is *among*: *einige markante Denkmäler, unter anderen auch eines für Johann Strauß* (5.5); *überall suchen Lehrer unter den Talenten nach den Weltmeistern* (11.).

(d) *über* has a number of uses, notably:

(i) = *about*: *informieren Sie sich über Wege eines Gärtnerns ohe Gift* (8.1); *in der Schule wird sehr viel Schlechtes über euch im Westen erzählt* (2.1).

(ii) = *above*: *von jeher spielte die Frauenerwerbstätigkeit in der DDR eine Rolle, die weit über der in vergleichbaren Industriestaaten liegt* (12.5).

(iii) = *more than*: *damit über 100 alte Anlagen überflüßig gemacht* (7.5).

(iv) = *over*: *in Spitzenzeiten rollen bis zu 400 000 Fahrzeuge am Tag mehr über bundesdeutsche Autobahnen* (7.1).

(v) = *across*: *gleiten gehockt über die Eisfläche* (11.1).

(vi) = *via*: *über die Luft und die Flüsse gelangen die Pestizide auch in die Nordsee* (8.1).

(e) *vor* has the sense of *in front of*: *punkt 17.30 stehen sie vor dem Tor* (3.2). In the same text you will find another example of *vor*, this time with the sense of *before*: *sein Arbeitstag beginnt vor sieben Uhr morgens*. Placed before an expression of time, *vor* = *ago*: *das Rathaus, das vor 100 Jahren errichtet wurde* (5.5).

14.4 Prepositions Taking the Genitive

The following prepositions normally take the genitive: *während; wegen; trotz; statt*. Examples from the texts: *wegen ihres Glaubens* = *on account of their faith* (6.1); *trotz Verbote* = *in spite of prohibition* (8.5); *statt dessen* = *instead of that* (8.5); *statt prosaischer Hausnummern* = *instead of prosaic house numbers* (6.1).

14.5 Translating *to*

Reference has already been made in the sections on *nach, zu* and *an* to the problems of translating the English preposition *to*. This section now summarises usage.

(a) *in* is used when it is implied that one is going *into a building*: *er geht jeden Morgen in die Schule.*

(b) *zu* is the most widely used preposition for *going to places*: *Sabine ging immer gern zur Schule . . . lieber gleich zum Gymnasium. Bloß nicht zur Hauptschule* (10.1). *zu* is also used for *going to a person*: *als wir um jeden Ausländer froh waren, der zu uns kam* (9.1).

(c) *auf* is used in a number of fixed phrases: *noch mal auf die Toilette* (3.2); *er geht auf die Straße. auf* can be used with *Schule* and *Universität* in the sense of *going to; attending*: *er geht noch auf die Schule.*

(d) *an* means *up to*: *sie geht ans Fenster.*

(e) *nach* is used with towns, countries and continents (see section 14.1(c)).

15   WORD ORDER

Earlier sections on the various parts of speech have given information about word order. This section aims to sum up the main rules for word order in German.

15.1   Main Clauses

(a) The normal order is *subject + verb + complement/object/adverb*. Note these sentences from text 1.1: *der Fahrer* (subject) *schaltet* (verb) *vom zweiten Gang in den ersten* (prepositional phrase); *die beiden Männer* (subject) *sind* (verb) *Amerikaner* (complement); *sie* (subject) *sehen* (verb) *einen Gärtner* (direct object) *bei der Arbeit* (adverbial phrase).

(b) In questions, the subject and verb are usually *inverted*: *wohnt hier Doktor Adenauer?* The direct main clause word order can be used if a questioning intonation is given to the voice or implied in the written text: *Sie wünschen, meine Herren?*

(c) If the main clause starts with anything other than the subject, the verb always comes as the *second main idea*: *das letzte Stück* (object) *gehen* (verb) *sie* (subject) *zu Fuß* (adverbial phrase); *erschrocken* (Past Participle used as adverb) *drehen sich* (reflexive verb) *die beiden US-Offiziere* (subject) *um* (separable prefix of the verb). It is possible for the main verb to be delayed if a descriptive phrase between commas follows the subject: *dieser Mann, bestimmt schon an die Siebzig, soll identisch sein . . .* etc. The phrase after *Mann* is felt to be in parentheses, and therefore the verb is still felt to be in second place. Where a sentence consists of a subordinate clause as well as a main clause, it is possible for the whole of the subordinate clause to occupy first place in the sentence, and the main verb will then be the next word:

1(subordinate clause)   2(verb)3(subject)
Wenn man zu mir Deutschland sagt, muß man nicht *präzisieren* (2.5).

The placing of a phrase, word or clause at the *beginning* of a sentence may be for variety and interest, or it may be for reasons of emphasis: *eine gemeinsame Identität gibt es nicht* (2.5) lays emphasis on the first idea expressed. Note similar emphasis in these examples from text 3.2: *mit zwölf habe ich jeden Tag zwei Zeitungen gelesen; am Sonntag bin ich in München; dazu muß ich sprechen etc.* In cases where the first idea of the sentence is lengthy, the main clause verb may sometimes be reinforced with *dann* or *da*, or with a pronoun, for example: *Also was ich so von Politikern höre, wenn die von Wiedervereinigung und solchen Sachen reden,* **da** *kann ich echt nur drüber lachen.* The main clause verb here is the Modal auxiliary *kann*, but it is so long delayed, by two clauses and a prepositional phrase, that the speaker inserts *da* to sustain the sentence. Note also, in text 5.5: *Wer allerdings Wien kennen will, wie es nicht im Reiseprospekt steht,* **der** *sollte sich auf Entdeckungsreise begeben.* Here *der* is not grammatically essential, and nor is *dann* in the following sentence from text 3.2: *Ich finde, wenn jemand die Politik zum Beruf machen will,* **dann** *sollte er nicht gleich in die Politik gehen.* There are no rules for such usage. It is a matter of sentence rhythms and personal preference. Participles and Infinitives go to the end of the main clause: *wären Sie bereit, die Verwaltung der Stadt Köln zu übernehmen?* (1.1); *ich bin fast 50 Jahre alt geworden* (3.2).

15.2 Subordinate Clauses

(a) The verb goes to the *end* of the clause after all subordinating conjunctions (listed in Section 13.2), and in relative clauses. The following examples are taken from text 1.1:

subject   verb   subordinate clause
sie   hören,   wie die Frau »Konrad« ruft.
subject   relative clause
Der Offizier,   der noch immer den Zettel in der Hand hält,
main clause
schaut auf die hohe Gestalt.

(b) *daß* introduces a subordinate clause after many verbs: *wenn der Bundestag meint, daß ich mich irre* (3.2); *nachträglich stellt er fest, daß sich einzig der Schatten . . . bewegen konnte* (4.1). *daß* also follows such verbs as *ich glaube, daß . . . ; ich weiß, daß . . . ; ich denke, daß . . . ; er sagt, daß . . .*, etc. In *reported speech or thought*, it is possible for *daß* to be omitted, in which case a main clause follows the comma after the verb: *wer kann hier noch im Ernst behaupten, wir seien übervölkert* (9.1); *er behauptet, der König Salomo diktiere ihm seine Weisheit* (14.3). See also Section 12.14(f) on the use of the Subjunctive in reported speech.

(c) In modern spoken German there is a tendency for the verb in the subordinate clause not to go to the very end of the clause if there is a prepositional phrase which can be felt to be slightly separate from the clause itself. Here again, this is a question of conversational rhythms, rather than of grammatical rules: *und daß man immer da sein muß, für seine Klasse* (10.5). This placing of the verb is particularly common in *comparative sentences: es ist aber auch so, daß die Grünen als Partei viel ernster zu nehmen sind, als die Grünen in England* (8.9). The same is true for comparative statements in a main clause, when there is an Infinitive at the end of the clause: *sie sind vom sauren Regen viel stärker betroffen, als in England* (8.9).

(d) Where the subordinate clause includes an Infinitive or a Past Participle, the finite verb follows them at the end of the clause: *bevor ich die Politik zu meinem Beruf gemacht habe; wenn jemand die Politik zum Beruf machen will* (3.2).

15.3 Position of Complements, Objects, Adverbs

(a) Object pronouns (including Reflexive pronouns) occur in the sentence as soon as possible after the subject and verb: *aber ich habe mich als Kind schon für Politik interessiert; ich will euch zwei Beispiele geben* (3.2).

(b) Note the rules for the *order of direct and indirect objects*. With two nouns, dative precedes accusative: *der Bahn ist darum bemüht, den Bahnhöfen . . . neue Zweckmäßigkeit zu geben* (7.5). With a noun and a pronoun, the pronoun comes first: *geben Sie ihm das Buch*. With two pronouns, accusative precedes dative; *geben Sie es ihm*.

(c) Adverbs and adverb phrases usually occur in the order *time – manner – place*. For example: *der sollte sich auf eigene Faust* (manner) *auf Entdeckungsreise* (place) *begeben*.

(d) The position of *nicht* can vary according to the emphasis intended in a sentence. The neutral position is early in the sentence, so that it negates the whole statement: *ob die Teilung des Landes nicht auch zu einer Teilung der Sprache führe* (15.9). In simple sentences *nicht* normally stays close to the verb: *dann sollte er nicht gleich in die Politik gehen; aber er hat nicht viel Freizeit* (3.2). When *nicht* qualifies an adjective or a Participle, it remains close to the word it qualifies: *wenn die Fahrbahn dann zwischendurch mal nicht eingeengt ist* (7.1); *besonders Bürger, die darin nicht sehr erfahren sind* (8.1). When emphasis is required, *nicht* is sometimes most effectively used at the *end* of the sentence: *einen Grund, feindselig gegen Ausländer zu sein, gibt es nicht* (9.1); *eine gemeinsame Identität gibt es nicht. Ich meine, was jetzt die DDR da gewinnt, das betrifft einen nicht* (2.5). Coming at the end of a statement or question, with a rising intonation, *nicht* acts as a question tag meaning *doesn't it?; isn't it?* etc.: *also vor allem bei jüngeren Leuten, nicht?* (2.5).

15.4 Analysis of Complex Sentences

Word order remains one of the problems of learning German for many students. The rules given in the preceding paragraphs about main clauses and subordinate clauses may be learned and well known, and still some sentences of more complicated passages can prove difficult to decipher. The passage in text 15.9 contains several of these complex sentences, one of which it might be helpful to examine more closely.

Erfahrungen der letzten Jahre zeigen, daß die Leute in der DDR, vermutlich durch intensive Nutzung westdeutscher Fernsehsendungen, im Hinblick auf neue Wörter in der Bundesrepublik kaum Schwierigkeiten haben.

(a) Look first for the main statement of the sentence: *Erfahrungen der letzten Jahre zeigen* (main clause) = *Experiences of recent years show*; *daß die Leute in der DDR kaum Schwierigkeiten haben* = *that the people of the GDR have hardly any difficulties*.

(b) Now look to see what it is they do not experience as a difficulty: *im Hinblick auf neue Wörter in der Bundesrepublik* = *with regard to new words in the Federal Republic*.

(c) There remains one further phrase: *vermutlich durch intensive Nutzung westdeutscher Fernsehsendungen*. This is the phrase which adds most to the difficulty of the sentence, as it interrupts the progress of the subordinate clause. *Vermutlich* means *presumably*, and this gives the clue to the meaning of the whole phrase, which guesses at the reason for the fact that GDR citizens do not have problems with West German vocabulary: *presumably because of their intensive watching of West-German TV programmes*

16 SPELLING, PUNCTUATION AND LETTER-WRITING

16.1 Spelling

(a) All nouns are written with a *capital letter*.

(b) *Sie* (2nd person polite *you*) and all parts of speech connected with it are written with a *capital*: *schon in Ihrer »Panne«, die Sie für die Bühne umschrieben* (14.3). Otherwise pronouns are written with a small letter except for *Du* and *Ihr* and their dependent parts in letter-writing.

(c) Indeclinable adjectives formed from the names of towns are written with a *capital letter*: *auf dem Bremer Marktplatz* (8.5).

(d) *deutsch* is written with a *small letter* when an adjective: *was deutsche Geschichte betrifft* (2.5). It also has a small letter when referring to the language, after the preposition *auf: sag es auf deutsch!* But the language is also referred to as *das Deutsche*, as in text 15.9: *ob das Deutsche Ost und das Deutsche West nicht eigentlich nur Variationen der einen deutschen Sprache seien*. A capital letter is also used when referring to the people: *sind die Deutschen wirklich ausländerfeindlich?* (9.1).

(e) Time phrases, including days of the week are often treated like adverbs and written with a *small letter*: *Der Milchmann kommt morgens um vier* (9.5); *nachmittags von der untergehenden Sonne und nachts vom Scheinwerferlicht angestrahlt* (4.1). There is a certain amount of latitude in such usage – e.g.: *zurzeit* and *zur Zeit* (3.2).

(f) *Use of Hyphen*. The hyphen is used when two or more compound words have their final component in common: *viele Pflanzen, die am Feld- oder Wegesrand standen* (8.1). The hyphen is also used when compounds are formed with acronyms: *aus dem Mofa-Terminal* (7.5), and in other cases where nouns are juxtaposed but do not actually form a compound: *Fahrausweis-Verkauf* (7.5); *Sondermüll-Sammelstelle* (8.1).

(g) Use of *ß*. This letter, a relic of the old gothic alphabet is called *eszett* or *scharfes S*. It is used in some positions instead of *ss*.

  (i) At the *end of a word*: *daß; muß*

  (ii) If *ss* is followed by a *consonant*: *mußten*.

  (iii) After a long vowel: *heißen*. But note that *ü* is a short vowel, therefore: müssen.

16.2 Punctuation

(a) The *comma* is always used before *aber, sondern, jedoch* – e.g.: *eigentlich kein richtiger Ort, sondern ein Patchwork* (6.1). Where two main clauses are linked by *und* or *oder*, a comma precedes the conjunction if the second clause has its own subject, but not if the subject is repeated. Compare: *sein Arbeitstag beginnt um sieben Uhr morgens und endet oft erst nach 21 Uhr*; and *ich fahre heute ab, und er bleibt bis morgen*. Subordinate clauses are always divided up by commas; (see the many examples in the texts).

(b) The *colon* is used to introduce direct speech: *er hätte sich sagen müssen: Das Orakel will mir eine Falle stellen* (14.3). In such cases, German often uses a capital letter after the colon.

(c) *Inverted commas*. The form used in this book » . . . « is quite widely used now in books and newspapers. Otherwise, the German form for inverted commas is „ " and for book titles as follows: *'Der Panne'*.

(d) The *full stop* is used in abbreviations: *z.B. = zum Beispiel*. When the abbreviations are used to make a new word, however, there are no full stops: *die BRD* (pronounced bay-air-day); *die DDR* (pronounced day-day-air).

(e) The *exclamation mark* is sometimes used in the initial greeting at the head of a letter. See Section 16.3 below for details.

16.3 Letter-Writing

For most people not involved professionally in using German, letters offer the most likely chance to make use of the written language. There are several exercises in this book which suggest letters you might write, and the examples given in the Key to Exercises will offer models for you to copy. The main points to note are as follows:

(a) *Formal letters*

The usual beginning for formal letters is *Sehr geehrte(r)*, for example, *Sehr geehrter Herr Meyer*. If addressing an organisation you can write *Sehr geehrte Damen und Herren*. After the opening of a letter it always used to be the custom to place an exclamation mark, *Sehr geehrter Herr Meyer!* However, usage is changing here, and it is now more common to find a comma, after which the letter itself begins with a small letter. (See, for example, the letters in the Key to Exercises for Chapter 5 and 6.) The usual ending for a formal letter is: *mit freundlichen Grüßen*, or, if very formal, *Hochachtungsvoll*.

(b) *Informal letters*

These begin with the correct form of the adjective *Liebe(r)*, for example *Liebe Helen*, or *Lieber Hans*. If writing to a whole family you might write *Liebe Freunde*, or use the name of the family in the plural, *Liebe Schmidts*. When writing the familiar forms of the 2nd person *Du* and *Ihr* in a letter, these pronouns and all their associated parts, such as *Dein, Euer* are written with a capital letter. Informal letters finish: *Viele Grüße; Viele liebe Grüße; Herzlich Grüße*. The date at the head of the letter is usually written: *10.Dezember 1989*; or *10.12.1989*; or *den 10. Dezember*.

INDEX
TO
GRAMMAR SUMMARY

Opposite each entry given in this index, the simple numerals refer to texts and chapters where examples of usage may be found. It is of course not possible to refer to all cases where an item is used, but this will provide a guide to some examples. If a numeral is in *italic type*, it refers to the text where the particular point is given more detailed treatment in the exercises of that chapter. If the numeral is in **bold type**, it refers to the section of the Grammar Summary where the point is explained. For example, under the entry *Adjectives – comparative* you will find that examples of usage are in texts 2.1, 5.1 and 5.5. The subject is dealt with in the exercises of text 7.5, and in Section 6 (a) and (c) of the Grammar Summary. It is hoped that this system will provide students with a helpful cross-reference system between texts and explanations:

BIBLIOGRAPHY

The following works are suggested for further reference:

1 DICTIONARIES

(a) *Collins German Dictionary* (Collins)
(Probably the best dictionary for general, non-specialist use).
(b) *Langenscheidt's Standard German Dictionary*
(Hodder & Stoughton)

2 GRAMMARS

(a) A. E. Hammer, *German Grammar and Usage*
(Edward Arnold)
(b) F. J. Stopp, *A Manual of Modern German*
(University Tutorial Press)

The various reference books published by Dudenverlag are invaluable. Note particularly:

(c) *Duden Rechtschreibung*
(d) *Duden Stilwörterbuch*
(e) *Duden Grammatik*

Duden also publish a range of useful and popular paperback books of reference for solving particular problems of grammar and spelling. Note particularly:
(f) *Fehlerfreies Deutsch – Grammatische Schwierigkeiten Verständlich Erklärt*

3 PRONUNCIATION

P. MacCarthy, *The Pronunciation of German* (OUP)

4 GENERAL INTEREST

(a) M. Clyne, *Language and Society in the German-Speaking Countries* (CUP)
(b) W. E. Collinson *The German Language Today* (Hutchinson)
(c) H. Bausinger *Deutsch für Deutsche* (Fischer Verlag)
(d) E. J. Passant, *A Short History of Germany* (CUP)

5 OPPORTUNITIES FOR HEARING GERMAN

Radio broadcasts from German stations can be received in the UK. In addition, the Overseas Service of the BBC broadcasts in German on 684 metres at certain times of the day, as announced in the press. A good deal of listening material, and other informative material is available from *Inter Nationes, Kennedyallee, Bonn*.

6 OTHER SOURCES OF INFORMATION

The various Institutes and Embassies are very helpful. The Goethe Institut, in particular, has an extensive library of books, magazines and recorded material, and a useful lending service.

(a) Goethe Institut, 50 Princes Gate, Exhibition Road, London SW7 2PG
(b) Embassy of the GDR, Press Dept., 34 Belgrave Square, London SW1 ???
(c) Austrian Institute, 28 Rutland Gate, London SW7 1PQ
(d) Swiss Embassy, Cultural and Information Section,16 Montagu Place, London W1H 2BQ